노인미술지도

홍순영 저

Senior Art Instruct

학지사

머리말

◆ 나이 드는 것의 아름다움

나이가 든다는 것은 작년과 비교해서 나이가 한 살 더 늘어난다는 것을 말한다. 대체로 1년을 기준으로 해서 새해가 되어 떡국을 먹으면 한 살을 더 먹었다고 하며, 태어난 것을 기준으로 자신의 생일을 음력 또는 양력으로 따져서 나이가 몇 살이라고 이야기한다.

초등학교 입학도 새해를 기준으로 하여 8세가 되면 이루어진다. 학교라는 곳은 또래 아동들이 함께 공부할 수 있도록 사회적인 구조화가 이루어져 있다. 이러한 과정을 통하여 고등학교까지 마치면, 형편 또는 상황과 가치에 따라 대학이나 직장으로 각자의 길을 가게 된다. 학교 시기를 큰 범주에서 보면 인생의 초년기에 속한다. 이후 성인이 되면 학교 시기와 같이 같은 나이의 사람들이 모이는 것이 아니며 각자의 생활상이 다르게 나타난다. 성인은 성인 초기, 성인 중기, 노년 초기를 맞이하고, 같은 연령대라고 하더라도 신체연령과 정신연령이 다르게 나타나며, 건강에 따라 개인 간에 5년, 10년의 차이가 나기도 한다.

이러한 시간의 흐름 속에서 어쩌면 학교 시기를 벗어나는 순간부터는 나이가 숫자에 불과할 수도 있다. 지금까지 무엇을 하고 살아왔든지, 어떠한 성과를 냈든지, 긍정적이든 부정적이든 모든 것은 개인에게 달려 있는 것이다. 한 사람이 가정에서 태어나서 죽음을 맞이할 때까지 자신에게 주어진 시간을 쓰면서 살아가고 있지만, 그 삶은 혼자만 사는 것이 아니라 누군가와 함께 살아가는 것임을 잊지 말아야 한다. 내가 쉬고 있는 동안 누군가는 전기를 공급해 주고 있고, 내가 공부를 하는 동안 누군가는 먹을 음식을 준비해 준다. 그렇지만 우리는 자신에게 연결된 모든 것이 함께 이루어진다는 것을 때로는 간과해 버리는 경향이 있다. 그러므로 잠시의 순간도 혼자서 모든 것을 이룬 것이 아님을 알아야 한다. 공동체 속에서 '함께'라는 것을 인지(認知)하는 순간, 우리는 사회적 구조와 인구 변동 등에 대한 관심을 갖게 된다. 단순히 노인인구 증가를 문제로 보는 데 그치지 않고 이를 어떻게 바라보고 사회적으로 그것을 어떻게 해결해야 하는지에 대한 의지와 노력도 생겨나게 된다.

대중매체는 노인인구 증가의 원인이 급속한 사회 변화에 따른 인구학적 측면에서의 변화에 있다고 보도하고 있다. 즉, 가족계획 사업이 전개되고 보건 분야가 개선된 것이 인구 증가율의 둔화와 연령구조의 변화를 가져왔으며, 산업화에 따른 인구 재분배 현상으로 도시 지역에 많은 인구가 집중되는 반면에 농어촌 지역에는 절대적인 인구수가 감소되고 있다고 한다. 이러한 인구의 변동은 인구 구성비의 변화와 사망률 저하에 따른 평균수명의 연장, 노인인구의 증대 등을 가져와 노인 문제를 야기하는 기본 요인이 되고 있다.

노인인구의 증가에 따른 사회적 문제가 대두되자, 노인들은 자신의 잘못도 아닌데 주눅이 든다. 이러한 현상은 위험한 집단적 괴리감을 초래할 수 있다. 노인인구 증가로 인한 경제적 불이익이 무의식적으로 젊은 세대와 성인들에게 간다는 사고가 팽배해질 가능성이 높아지면서 알게 모르게 사회적으로 노인들을 바라보는 시선이 부정적으로 형성되어 갈 수 있는데, 그 뿌리가 깊어지기 전에 노인에 대한 폭넓은 이해의 환경을 만들어 나갈 필요가 있다.

예전에는 초기 노령이 65세였으나 노인인구의 증가로 인해 이제는 75세가 되어야 초기 노령으로 인정하는 것처럼 구조적인 변화가 일어나고 있는데, 노인들은 여전히 사회참여를 원하고 있다. 지금의 노인 세대는 강한 세대이다. 전쟁 전후 시기를 경험하였고, 힘든 역경 속에서 살아오신 분들이다. 학습에 관한 혜택을 누리지는 못했지만, 어려움을 겪어 오신 강인한 세대이다. 젊은 세대들은 이런 노인들이 계셨기에 지금의 우리나라가 있는 것임을 알아야 한다. 지금의 75세 이상의 노인들이 단순히 노인인구의 수를 늘린 것으로만 보아서는 안 될 것이다. 오히려 그들의 노고에 보답할 수 있는 시간을 주시는 노인분들께 감사의 인사부터 드려야 할 것이다.

노인들에 대한 부정적 인식이 팽배해질수록 세대 간의 갈등은 커질 것이며, 사회적 문제는 더욱더 많아질 것이다. 이러한 사회적 문제를 해결할 수 있는 방법 중 하나는 젊은이들이 아이를 많이 낳는 것이며, 정부는 이를 정책적으로 뒷받침해 주어야 한다. 외국인 노동자들로 노동력의 빈자리를 메우기도 하지만, 한편으로는 중·장년층의 시기가 길어지면서 실버산업이 발달하고 있다. 이러한 현실적인 문제를 기반으로 하여 지속적으로 대두되는 것이 평생교육이고 평생학습이다.

나이가 들어 가는 것은 죄를 짓는 것이 아니며 매우 자연스러운 현상이다. 사회가 성숙하고 건강하게 나아가려면 노인들도 지속적으로 공부할 수 있도록 하여야 하며, 젊은 세대들도 나이가 들어 간다는 것을 인식하고 노인들을 성숙한 사고를 가지고 바라볼 수 있도록 교육하는 것이 필요하다. 사회적인 문제이든 개인적인 문제이든 어떻게 문제를 받아들이고 수용할 것인가에 대한 마음의 준비가 더 중요하다. 젊은이들과 성인들에게는 자신의 윗세대에 대한 전통적 공경과 충효사상이 지속적으로 교육되어야 하며, 노인들에게는 노인이 되는 것에 대한 사전 준비가 필요하다. 이에 대해 국가 또는 지역 기관 및 단체에서 노인교육이 평생학습 차원으로 잘 이루어져야 할 것이다.

세대 간의 갈등을 줄여 나가기 위해서는 노인들이 급변하는 사회적 현상을 유연하게 받아들일 수 있도록 환경을 만들어 주고 지속적인 교육을 해야 한다. 그리고 사회적으로 일어날 수 있는 문제점들을 하나씩 보완한다면 노인인구 증가에 따른 문제를 해결하는 데도 도움이 될 것이다.

이러한 지금의 상황에서 사회공동체적 접근의 좋은 방법 중 하나가 노인미술의 활성화임을 확신하며 노인미술의 이점을 확대하고자 여러 대학의 평생교육원에서 노인미술지도사를 배출하고 있고, 각 지역 시·군·구 내 지역 특성에 맞는 노인미술교육 프로그램을 요청과 협의에 의하여 개설 중이다. 노인미술지도사의 자격을 갖춘 이가 적고 '노인미술'이라는 용어 자체도 생소한 이가 많다. 이에 노인미술을 접한 분들이 노인미술지도를 주변에 많이 알려 함께 공동체적인 접근으로 성숙한 사회를 만들어 가는 데 동참하기를 기대한다.

◆ 노인미술은 성숙한 자아통합으로 가는 길

젊은 사람들에게는 늙음이 마치 젊음의 반대인 것처럼 보일 수 있다. 그러나 분명히 말하지만 그것은 개인의 연장선상에 있는 한 흐름이지, 젊음의 반대말이 아니다. 젊은이에게 좋은 것도 있고 힘든 것도 있는 것처럼, 노인이어서 좋은 것도 있고 힘든 것도 있다. 나이가 들면 개인적인 사고와 경험 등이 많이 축적된다. 원하든 원하지 않든! 아이에서 노인에 이르는 시기까지 살아가면서 일어나는 일상의 일들은 누구나 공통적으로 겪어 가는 생활일 뿐 문제는 아니다.

그런데 어느 순간 노인인구 비율 증가에 따른 사회적 문제를 간과할 수 없게 된 것도 사실이다. 예전에는 농번기에 아이들을 많이 낳았으며, 짧은 수명으로 노인 문제를 생각할 필요가 없었다. 그러나 지금은 의료적 성과 등에 따른 노인인구 증가가 사회적 문제를 야기하고 있다. 이를 사회적 접근으로 풀어 나갈 수 있는 방법 중 노인미술지도를 통한 '노인미술'은 개인적으로는 자아통합, 사회적으로는 사회통합을 가능하게 하며, 세대 간 소통 및 노인들의 치매 예방까지 상당한 역할을 하게 될 것이다.

　이러한 차제에 여러 사람의 요청도 있고 하여 '노인미술지도'에 관한 책을 출간하게 되었다. 노인미술이 가지는 다양성은 사회에서 일어날 수 있는 가족 문제를 해결하고 노인의 삶의 질을 향상시키는 데 도움이 될 것이다. 더불어 여가 활용을 통해 노인을 사회 참여자로 만들어 활기찬 노년기를 맞이할 수 있는 기회를 제공할 것이다. 노인을 소비자가 아닌 생산자로 만들고 미래의 예비노인에게 노인이 되는 것의 즐거움을 경험하게 함으로써 성숙한 노년을 맞이할 수 있도록 도와주는 안내자가 될 것이다. 사람들은 먼저 살아 본 사람들을 보고 배우듯 성숙한 노인이 되어 가는 과정을 노인미술을 통해 보고 배우게 될 것이다. 이것은 단순히 저절로 이루어지는 것이 아니며, 사회 속에서 보고 배우면서 젊은이들도 나중에는 노인이 되어 가는 것이다. 이러한 구조화 속에서 각자의 역할을 할 수 있도록 돕는 방편으로 노인에게 미술을 지도하는 것은 참으로 의미 있는 일이다.

　노인이 미술지도를 받는 것은 작은 의미에서는 노인의 여가 활용 및 정신건강을 위한 것으로 또는 자신의 감정을 표현하는 것으로 볼 수 있으며, 큰 의미에서는 사회공동체적 접근으로서 가족 간에 화합하고 세대 간 갈등을 줄여 나갈 수 있는 기회의 장이 된다. 또한 인지장애 및 치매를 예방하는 차원이 되며, 노인들이 활동하는 모든 곳에서 프로그램을 활용하는 것이 가능하기에 노인이 그것을 통해 삶의 활력소를 찾도록 돕는 과정에서 건강한 사회 분위기를 조성하는 것이 가능하다. 노인미술지도는 심리적으로 약해져 가는 노인들의 낮아진 자존감을 높일 수 있는 활동으로 의미가 있으므로 미술교육의 일반화가 필요하다고 할 수 있겠다.

미술지도가 일반화되면 사회 전반에 영향을 끼칠 수 있고, 특히 노인의 삶에 크게 영향을 끼칠 수 있는 강점이 많다. 그러므로 노인에게 미술지도는 더욱더 필요하며, 문화적·질적 향상이 사회의 선순환적 소비 형태를 만들어 나가게 될 것이다. 사회 전체가 함께 독려하고 격려하는 사회 구조화의 환경을 만들게 된다면 노인과 젊은 세대 간의 소통이 생산성으로 이어져 그 의미 또한 크다고 하겠다.

노인에게 자아통합의 의미는 성공한 삶이건 그러하지 못한 삶이건 그 모두를 받아들이는 것이다. 경제적으로 부유하든 부유하지 못하든 자신을 용서하고 타인을 용서하며 받아들이는 것이다. 그러나 노인에게 자아통합을 위하여 자신을 받아들이라고 말한다고 해서 그것이 바로 사고 변화를 이끄는 것은 아닐 것이다. 지속적인 교육을 통하여 노인이 자신도 모르게 자신을 수용하고 받아들이도록 해야 할 것이다. 노인미술지도는 노인에게 미술을 지도하는 과정에서 인간의 평생교육적 측면에서의 미술교육 일반화를 통해 전 생애적 자아통합을 이루도록 돕는 데 유익하다. 다시 말해, 노인이 자아통합을 이루어 가는 과정은 태어나서부터 임종 시까지 자신의 삶을 어떻게 받아들일 것인가에 대한 것이다. 그것은 자신의 삶을 긍정적으로 수용하고 받아들일 것인가, 아니면 실패한 것으로 받아들일 것인가에 대한 매우 주관적이고 독립적인 판단에 따른 자아통합이다. 마지막 임종에 이르기까지 삶의 유지 과정에서 매 순간 삶의 의미를 찾아 나갈 수 있도록 해야 하는데, 여기서 노인미술은 각 개인의 자아통합을 이루어 가도록 매개체 역할을 할 것이며, 그 활용 가치가 충분할 것이다.

이에 이 책에서는 노인에게 국가적 차원에서 하는 미술교육의 활용 가치와 개인의 미술교육의 효과에 대하여 다루었다. 특히 미술지도의 일반화는 노인의 자아통합을 돕고 지역사회 발전에 유익함을 가져다줄 것이다. 이것이 노인에게 미술지도의 의미와 가치를 숙지시키고 미술교육을 권장할 당위성을 준다. 이를 뒷받침해 주는 것은 국가적 관심과 사회적 인식 변화이며, 노인미술지도사들은 그 의미를 잘 이해하고 실천해야 한다.

노인미술지도는 노인복지와 미술, 가족 또는 사회 전반에 융합되어 있는 학문 분야로서 그 발전성이 매우 높다. 특히 노인 당사자라면 미술을 접할 수 있는 기회를 갖고 고령화에 대비하여 자신을 위해 준비하는 시간으로 함께할 수 있기를 기대한다. 이 책을 집필하는 데 한정란(2005)의 『노인교육의 이해』에서 노인미술지도에 대한 이해에 관해 많은 도움을 받았다.

그동안 노인미술의 저변 확대를 위해 애써 주신 한국통합미술교육협회 창립 제1, 2대 회장님을 비롯하여 한명옥 부회장님 그리고 여러 이사님께 감사드리며, 서울, 경기, 부산, 대구, 울산, 단양, 군위, 옥천, 경남 등 각 지역의 지부장님들께도 감사드린다. 노인미술지도사 양성을 위해 함께 연구해 오신 연구진과 강사님들께도 감사드린다. 그리고 민간자격증과 관련해 함께 힘써 주신 한국대학평생교육협의회 임서정 부장님과 대구대학교 조형예술대학 현대미술전공 구남진 교수님의 조언, 대구대학교 평생교육원 행정 담당 선생님들의 적극적 지지에 깊이 감사드리며, 어려울 때마다 궁금한 것을 물어보면 언제든 정겨운 목소리로 전화를 받아 주시고 조언해 주시고 편집을 맡아 주신 부모교육과 책쓰기 코치 신상대 박사님께 깊이 감사드린다. 또한 대구 동구 사랑채 노인복지센터 어르신들의 작품 및 활동 내용을 수록하도록 수락해 주신 김태순 원장님과 복지센터 어르신들께 감사드린다. 아울러 노인의 노화와 질환 및 노인의 죽음과 관련하여 도움을 주신 전지윤 호스피스 간호사님과 노인미술의 기본 원리와 환경매체와 관련하여 도움을 주신 이귀여미 선생님께 감사드린다. 노인미술을 최초로 대학 내 과목으로 정해 주시고 강의를 허락해 주신 부산예술대학교 복지예술치료상담과 김희경 교수님께도 깊이 감사드린다. 2010년 3월부터 지금까지 연구 대상이 되어 주시고 작품도 그려 주신 정향임 어르신께 깊이 감사드린다. 그리고 노인미술을 할 수 있도록 언제나 지지해 주고 애써 준 가족과 대구사랑나눔네트워크(사단법인) 민복례 대표님과 지인들에게 고마움을 함께 전하며, 나를 대신하여 어머님을 지도해 주신 홍명숙 선생님께도 감사드린다. 노인미술에 대한 진가를 미리 알아보시고 개설의 장을 만들어 주신 단양취업센터 조연화 센터장님께 감사드리며, 어르신들께 전문적으로 노인미술지도를 할 수 있도록 기회를 주신 공주기독교종합사회복지관 한성욱 관장님과 김은지 복지사님께 깊이 감사드린다. 마지막으로, 노인미술에 관한 나의 생애 첫 저서 출판을 허락해 주신 학지사 김진환 대표님과 편집부 김순호 이사님께 감사드리며, 편집 담당으로 너무나 고생해 주신 황미나 님께도 깊이 감사드린다.

노인미술지도사가 '노인을 위한, 노인에 관한, 노인에 의한'이라는 슬로건 아래 미술을 통하여 '함께' 나누고 소통하기를 그리고 이 땅의 많은 어르신의 삶과 노고가 노인미술과 함께 꽃피울 수 있기를 바라마지 않는다. 이 책이 노인과 관련된 모든 분께 고령화 준비와 자신을 돌아보는 기회를 만드는 데 도움이 되기를 기대하고 응원한다.

2021년 1월
홍순영

차례

| 제2부 **노인미술 기법과 작품** |

제 10 장 노인미술 사례 …… 233

제1부

노인미술지도 이론

제1장

노인미술지도 이해

1. 노인미술지도의 개념

노인미술지도는 노인에게 미술활동을 가르치는 과정이다. 이것은 노인이 미술을 전공하거나 미술과 관련된 일을 한다는 의미가 아니다. 노인미술은 '노인이 그림을 그리는 것'이고, 이러한 것을 '교육하는 과정'이 노인미술지도이다. 여기서 노인은 일반적으로 연령이 만 65세 이상인 사람을 말한다.

사전적인 의미로, 미술은 '공간 및 시각의 미를 표현하는 예술이며, 그림·조각·건축·공예·서예 따위를 포함하는 공간예술·조형예술'로 개념화된다. 그런데 미술을 이렇게 표현하면 선뜻 와닿지 않고 어렵게 느껴진다.

노인미술이 이처럼 어렵다면 누가 배우려고 하겠는가? 노인미술은 어렵지 않다. 단순하게는 노인이 그림을 그리는 것이다. 그렇지만 노인이 그림을 그린다고 모두 노인미술이라고 할 수는 없다. 그리고 이전부터 미술활동을 했거나 그림을 그리는 전공자가 노인이 된 경우는 '화가'라고 하는데, 이것을 지칭하는 것은 더욱 아니다. 그러므로 노인미술에서 의미하는 노인은 취미생활로 그림을 그리는 나이 든 사람이라고 보는 것이 더 바람직하다.

노인미술지도는 노인이 되어 그림을 접해 보기는 했지만 지속적으로 그림을 그리지 않았거나 다른 사람이 그림 그리는 것을 보는 정도의 수준에 그친 노인들에게 그리는 활동을 가르치는 과정을 말한다. 다만, 노인미술이라고 해서 미술이라는 것에만 한계 짓는 것은 아니며, 예술까지 포괄하는 의미도 갖고 있다.

노인미술지도는 2000년대에 들어와서 시작되었으며, 가정과 사회, 개인과 집단 등에서의 노인미술지도 운동의 하나로 미술교육의 일반화를 추구한다. '노인미술지도' 운동이란 노인미술지도 과정을 통하여 미술활동이 즐거운 문화라는 것을 인식시키고 치매 예방 및 정신건강 증진에도 미술활동이 효과적이라는 것을 알리는 운동을 말한다.

예전처럼 노인의 수명이 짧았을 때는 가정에서 가장으로서 바쁜 일상을 보내고, 나이가 어느 정도 들면 여가시간을 갖기도 전에 사망하기에 이르렀다. 이러한 상황이 대부분이었기에 노후의 여가에 대하여 별로 고민하지 않았다.

그러나 최근의 현상을 살펴보면 놀랄 만하다. 우리나라는 이제 전체 인구에서 만 65세 이상의 노인 비율이 14%를 상회하는 고령사회가 되었다. 바야흐로 100세 시대를 맞이한 것이다. 우리나라는 2000년에 고령화 사회로 진입하였고, 2017년에 고령사회가 되었다. 2017년의 우리나라 고령인구는 711만 5,000명으로 전체 인구의 14.2%를 차지하였다.

그리하여 65세 이상의 노인들에게 중요한 문제는 이제 65세부터 100세에 이를 때까지 어떻게 사느냐가 되었다. 이들은 건강 문제뿐만 아니라 여러 사회심리적인 문제를 가지게 되었고, 사회와 국가도 노인들의 삶의 질 향상과 소외계층에 대해 관심을 갖지 않을 수 없게 되었다. 특히 노인들의 여가 활용에 대한 관심은 물론, 노인문화에 대한 정책적 배려가 요구되는 시점이 되었다.

그렇지만 노인들의 여가를 풀어 나가는 프로그램이나 문화가 예술계에서 그 시작을 알리고는 있어도 아직은 다양하지 않다. 그래서 '노인미술'이 이런 것을 해소할 수 있는 충분한 소재가 될 수 있고, 노인의 또 다른 여가문화를 만드는 데 기여할 수 있다고 본다.

미술은 문화예술의 한 장르이고, 풍성한 소재를 가지고 있으며, 이러한 소재의 대부분은 이미 우리의 삶 속에 존재하고 있다. 따라서 미술은 노인들의 소일거리가 되고 여가문화로 충분히 자리 잡을 수 있다. 그렇기에 노인미술은 노인들이 남은 노후를 좀 더 적극적이고 행복하게 보낼 수 있도록 다양한 프로그램이 개발되고 보급될 필요가 있다.

2. 노인미술지도의 목적

아동에게 있어서 미술은 제2의 언어이며, 미술지도는 아동의 창의성 발달과 자기표현을 돕는다. 그리고 미술지도는 타 학문과 연계하여 학습 향상 또는 학습의 기초 쌓기를 가능하게 한다고 할 수 있다. 이에 비해 노인에게 있어서 미술지도는 인지 활성화로 치매와 같은 노인성 질환을 예방하고 여가문화를 비롯한 삶의 질 향상을 도모하는 것이다.

노인미술지도는 미술이 가지고 있는 장점을 극대화하여 자기표현을 자유롭게 하도록 함으로써 노인들의 회상을 돕고 자긍심을 심어 주며, 노인들의 여가 활용과 그들이 건강한 삶으로 나아갈 수 있도록 도와주는 데 그 목적이 있다. 즉, 노인에게 있어서 미술지도는 예술가가 되는 것이 아니라 자기표현을 마음껏 함으로써 삶의 질 향상과 자아통합을 이루도록 돕는 것이다. 노인미술지도에는 다음과 같은 13가지의 세부 목적이 있다.

1) 시지각 기능의 확대

시지각이란 '본다'는 의미와 지각을 통하여 '관찰한다'는 의미가 결합된 것이다. 외부세계에 대한 지각 경험을 가진 노인에게 '본다'는 의미는 단순히 눈에 보이는 것을 그대로 그리는 것이 아니다. 스스로 인지하고 정서로 느껴서 알고 있는 것을 그리는 것이다. 청소년이나 성인에게 시지각이 형태를 보이는 그대로 그려 내는 입체적인 것이라면, 노인에게는 시지각이 형태만을 단순화하여 자기가 알고 있는 것을 그려 내는 것이다. 이는 노인미술지도의 기초로서 연습을 통해 관찰력을 높일 수 있는데, 관찰은 이후의 인지기억에 유용하게 사용될 수 있고 대화의 장으로 연결될 수 있다.

2) 촉지각 기능의 확대

촉지각은 피부로 느끼는 감정이다. 노인미술에서 조소나 조형활동을 하는 것은 손의 압력이나 대근육과 소근육을 움직여 쇠퇴해 가는 촉감을 운동적 자극으로 키워 나가는 데 유용할 수 있다.

3) 인지 기능의 확대

심리학에서 인지는 중요한 부분이다. 과거 경험들을 어떻게 지각하여 기억하고 있는가에 따라 현재 가지고 있는 감정, 생각, 행동들이 다양하게 표출된다. 노인들에게 인지란 자신이 경험한 기억이며, 자신이 알고 있는 만큼의 기억이다. 노인미술을 통해 이러한 수많은 기억을 회상해 보게 하는 것은 자아를 통합하는 데 효과적이며, 기억력을 촉진시키는 데도 도움을 준다.

4) 창의성 기능의 확대

창의성은 아동미술지도에서 중요하며 독창성, 유연성, 유창성, 개방성, 정교성 등을 높이는 것이다. 노인미술지도에서도 창의성은 중요한 역할을 한다. 지적으로 발달된 노인의 경우, 하나의 선과 몇 가지의 도형을 숙지하고 그 선과 도형을 통하여 자기가 원하는 것을 표현해 냈다면 이 또한 창의성이라고 할 수 있다. 창의성은 노인마다 개인차가 큰데, 숙련된 연습을 통하여 노인이 자기표현을 주도적으로 이끌어 나갈 수 있다.

5) 주의집중 기능의 확대

주의집중은 아동에게 중요하지만 노인에게도 필요하다. 노인이 이 생각 저 생각으로 인하여 집중을 하지 못하고 불안해지거나 복잡해질 때, 무기력하거나 무료해질 때, 동기유발이 되지 않을 때, 미술교육과 미술지도는 노인의 집중력을 높이는 데 유용하다.

6) 표현력의 확대

표현력이란 자신의 생각을 밖으로 드러내어 다른 사람에게 의사를 전달하는 것으로, 미술표현을 제2의 언어라고 할 수 있다. 꾸미기, 만들기, 그리기 등을 통해 자신이 보고 느끼고 생각한 것을 시각적으로 드러내는 것이다. 노인들에게 표현이란 현재의 경험과 과거의 기억들을 재생하여 자신의 생각을 밝히는 것이다. 노인들이 미술의 다양한 표현방법을 숙지하여 마음에 묻어 두었던 감정들을 하나씩 표현해 낸다면, 정서적 순화를 이루는 것은 물론 현재를 더욱더 가치 있는 삶으로 꾸려 갈 수 있다.

7) 자신을 재발견하는 기능

미술지도에는 자기표현을 매개로 자신을 알아 가는 기능들이 많이 있는데, 이는 흔히 미술치료 입장에서 활용된다. 한편, 미술지도에서도 그림을 그리거나 조형활동을 하는 과정에서 그동안 발견하지 못한 자신의 능력과 가치를 재발견할 수 있게 하는데, 이러한 과정은 노인들의 자아통합에 도움을 준다.

8) 소통의 장을 위한 기능

다양한 매체를 활용하여 그림이나 조형으로 표현을 하고 나면, 대화를 나누며 그 작품이 무엇을 뜻하는지 소통을 하게 된다. 이러한 과정은 개별적으로 또는 집단적으로 열린 공간에서 일어나기 쉬우므로 가족 간 혹은 이웃 간에 그러한 활동이 가능한 환경을 조성하는 것이 중요하다. 이러한 소통의 장은 문화의 공간이 되고, 세대 차이를 줄이는 데도 도움이 될 수 있다.

9) 감성의 확장을 돕는 기능

아이들은 그리기, 꾸미기, 만들기 활동을 좋아한다. 이는 아이들이 자라면서 감각을 기르고 다양한 성장 · 발달을 촉진시키는 역할을 한다. 노인들에게도 마찬가지이다. 노인들이 무뎌져 가는 감성을 재생하고 더 높이기 위해서는 미술이 주는 아름다움과 유희의 즐거움을 가져야 한다.

10) 언어 기능의 확대

노인미술지도는 노인에게 다양한 작품활동을 통하여 자신의 생각을 표현하는 과정에서 언어 기능을 지속적으로 유지하게 한다. 언어는 노인들에게 자신의 생각을 표현하는 것뿐만 아니라 다소 떨어지는 언어 기능 또는 언어 감각을 유지 · 재생하는 것을 가능하게 해 준다. 따라서 노인미술교육은 또 하나의 언어, 즉 '노인 언어'라고 할 수 있다.

11) 사고의 확장

노인미술에서 노인은 조형물을 만들거나 그림을 그려 가는 과정에서 개인적으로나 집단에서 자신이 알고 있는 것만을 고집하는 것이 아니라 타인의 이야기를 들으면서 열린 사고를 할 수 있다. 열린 사고는 세상을 보는 눈이 달라지게 하며 타인을 좀 더 넓은 아량으로 이해할 수 있게 한다. 이를 통하여 가정이나 사회 등에서 예전에 고집했던 것을 좀 더 너그럽게 받아들일 수 있게 된다.

12) 노인미술교육의 일반화

우리는 매일 식사를 하고 일하기를 반복하며 살아가고 있다. 우리가 속해 있는 모든 것, 다시 말해서 보이는 모든 것이 미술이고 생활 그 자체이다. 미술은 특별한 사람들만 하는 것이 아니라 평범한 사람들도 얼마든지 할 수 있다. 노인 미술교육은 일반적인 것이며, 우리의 삶 속에 녹아 있다.

13) '나'에 대한 준비

늙는다는 것을 인정하는가? 당연히 그럴 것이다. 우리를 앞서간 부모들이 늙어 갔고, 사회에서 늙어 가는 수많은 노인을 볼 수 있다. 그런데 만약에 노인이 되어 여가가 생기면 그저 무료하게 시간만 보내며 살 것인가? 몸이 생각만큼 마음대로 움직여 주지 않는다면 그럴 수밖에 없을 것이다. 이때 누군가 와서 나에게 말을 걸어 주고 내 말을 들어 줄 수 있겠는가? 매일 먹고 입고 자는 것은 누구나 가능하겠지만, 좀 더 나은 여생을 보내기를 원한다면 취미생활이나 나만의 여가활동을 준비해 두어야 한다.

노인미술지도는 단순히 노인에게만 해당되는 교육이 아니며, 개인적·사회적으로 접근해야 한다. 노인과 관련된 사회 속에서의 노인, 가정에서의 노인, 개인의 내적 노인 등이 삶 속에서 모두 연결되어 있음을 인식해야 한다. 노인미술 활동에서 얻게 되는 유연성과 적응력 등은 노인이 개인적·사회적으로 바람직한 삶의 방향을 잡아 가는 데 효과적인 매개 역할을 할 수 있다.

3. 노인미술과 평생학습

1) 평생학습의 의미

평생교육은 흔히 '요람에서 무덤까지 계속되는 교육'을 의미한다. 즉, 평생교육은 전 생애에 걸쳐 인생의 합리적 설계와 개발을 위해 학교와 가정과 사회에서 이루어지는 모든 교육이라고 할 수 있다.

1990년 이후부터는 평생교육의 개념이 평생학습의 개념으로 전환되었다. 교육이라는 용어에 거부감을 가진 이들에 의한 문화운동, 다시 말해 가르치는 자 중심에서 배우는 자 중심으로의 인식 전환이 이루어진 것이다. 평생교육은 교육자 중심, 조직적ㆍ구조적ㆍ강제적 강요, 학습환경 정비와 다양한 지원활동 등으로 특징지어질 수 있다면, 평생학습은 학습자 중심, 우발적ㆍ자립적 학습활동의 개념으로 접근할 수 있고, 자유로운 의사에 따라 배우고 싶은 것을 자신에게 적절한 방법으로 배우는 학습자 중심의 사고가 전제된다고 할 수 있다.

우리나라 정부는 한국교육개발원이 발간한 정책개발을 위한 연구논문에서 학교교육체제를 평생교육체제로 전환할 것을 제안하면서 평생학습 사회 건설을 위한 원리를 다음과 같이 정리하였다.

첫째, 지역사회 재생을 위한 원리로서 평생학습사회를 제시하였다. 인간의 성장과 지역사회 발전은 국가를 지탱하는 두 기둥이다. 지역의 교육력은 청소년을 비롯하여 성인교육과 노인교육까지도 포함하며, 지역의 학습력을 복원하기 위해서는 주민들이 '학습마을 만들기'에 주체적으로 참여해야 한다.

둘째, 혁신을 통한 시스템의 재(再)활성화의 원리로서 평생학습사회를 제시하였다. 학습공동체의 혁신을 통해 조직과 지역사회 시스템의 재활성화를 도모할 수 있으며, 자기주도학습을 통해 개인 차원에서의 자기혁신도 이룰 수 있다.

셋째, 사회통합의 원리로서 취약계층에 대한 임파워먼트로 평생학습사회를 제시하였다. 이러한 시대적 흐름 속에서 평생학습에는 유아부터 노인까지 배경

요인에 관계없이 누구나 공평하게 참여하여야 한다.

2) 평생학습을 위한 선진국들의 노인교육 프로그램

영국은 노인교육에 대하여 여섯 가지 운동 및 정책을 제시하고 있다. 첫 번째는 '뉴딜50정책'이다. 이것은 50세 이상 인구의 재취업을 위해 제공하는 훈련 프로그램이다. 당초에는 청소년층을 대상으로 만들어진 프로그램이었으나 그 범위를 50세 이상으로까지 확대한 것이다. 두 번째는 노인이 더 많은 자원봉사를 할 수 있도록 기회를 확대하는 '노인 자원봉사운동'이다. 세 번째는 노인을 위한 협력적 정책 수립을 위해 '노인을 위한 범정부기관 연합체'를 구성한 것이다. 네 번째는 지역사회 학습을 진흥하고 교육과 학습의 기회를 공평하게 분배하여 소외된 노인이 좀 더 쉽게 접근할 수 있는 교육기회를 창출하는 '학습과 기술 법률 2000' 정책을 마련한 것이다. 다섯 번째는 교육부가 주도한 운동으로 노인의 학습 현장을 찾아 보고하고 인생 후반기에 있어서 학습의 효과를 널리 홍보하는 운동인 '인생후기학습'이다. 마지막은 '노인을 위한 더 나은 정부'를 만들어서 지역정부 연구 연합체의 지원을 받아 무엇보다 지역정부 차원에서 노인을 위해 서비스를 제공할 수 있는 모든 관련 단체 및 기관이 협력하는 것이다.

미국은 노인교육에 대해 각 지방행정 담당자, 노인클럽의 대표자 등으로 구성된 고령자 교육 촉진회를 두어 노인교육사업의 종합적 조정 등의 업무를 담당하게 하고, 고령자 연령에 어울리는 사회적 능력을 제고하는 학습활동으로서 취미, 교양, 체육, 레크리에이션 등을 중심으로 하는 고령자 교실을 운영하고 있다.

미국의 노인교육은 주로 소외계층을 위한 사회적 관심에서 시작하여 점차 전반적인 노후의 퇴직 적응을 위한 문제와 역할 변화의 창출에 중심을 두는 교육으로 발전하여 왔고, 주로 노인의 욕구 충족을 위한 사회교육의 형태와 과제로 정착되었다.

노인교육에 영향을 미치는 중요한 미국의 정책은 학비면제 정책이다. 이 정책은 1970년대 이후 급격히 늘어난 노인인구에 대응하기 위해 실시되었는데, 공적으로 재정 지원을 받고 있는 고등교육기관에서 일반 학생 등록이 끝난 후 빈자리가 있을 경우 노인들이 무상 혹은 저비용으로 등록을 하도록 한 것이다. 이 정책을 통해 노인들의 교육기회 확대를 더욱 원한다면 주정부는 재정 지원 등의 특혜를 대학 당국에 지원해야 한다고 주장한다.

일본의 노인교육은 노인대학과 노인대학원으로 구분하여 단계를 심화해 나가고 있으며, 교육시설별로 강좌를 특성화하여 연속적으로 시행하기도 한다. 이렇게 개별화, 세분화, 전문화하여 수강자를 수료 후에 교육자로 활용할 수도 있다. 단순히 학습자로서 여가 시간을 활용하게 하는 데 그치지 않고 자원봉사를 통해 평생교육자로서의 사회적 역할까지도 수행해 내게 할 수 있는 것이다.

또한 일본의 노인교육기관은 노인들이 여가를 선용하고 취미와 교양을 높이며 그들의 지식과 경험을 살려서 지역사회의 지도자로서 활동할 수 있도록 다양한 노인교육 프로그램을 운영하고 있다.

| 표 1-1 | **일본의 노인교육 프로그램**

종류	내용
엘더 호스텔 (Elder Hostel)	• 일본화 강좌(일본의 문화, 사회, 역사, 사적 또는 시설 견학, 시민과의 교류) • 국내강좌(문학, 역사, 자연과학, 사회과학, 컴퓨터 실습, 미술관, 박물관 등 사적 견학) • 해외강좌(문학, 사회, 현지인과의 교류) • 국제 정세와 역사, 교양, 학습 등
퇴직 근로자를 위한 인생설계	• 교양, 시사문제, 미니콘서트, 고전음악 감상 • 상식, 연금제도, 상속과 유언장, 장묘문화 등
노인자원봉사자 지도자 양성	• 친숙관계 만들기, 집단작업 및 발표, 미래 디자인과 사명 설정, 사례 소개 비디오 상영, 선행 소개 • 인체의 변화, 노화과정, 건강과 질병 등
노인기자 제도	• 지역사회 홍보지 제작, 지역사회 정보 취재 • 향토의식 고양과 연대감 함양 정보지 발행

세대 간 교류	• 운영위원회 개최, 구기경기와 기술 강습회 • 그라운드 골프, 3세대 교류 그라운드 골프 연수 • 지도자 연수회 개최
3세대 교류	• 옛날놀이교실(죽마, 팽이치기, 실뜨기, 종이접기) • 곤충채집교실(곤충학습, 채집과 표본 만들기) • 화지 만들기 교실 • 야생 새 관찰교실(새와 자연관찰) • 숯 굽기 체험 교실(숯 굽기, 죽탄 체험)
삶의 보람, 건강 만들기 실천 강좌 지도자 양성연수	• 강의(삶의 보람, 건강 증진, 지도자의 자질) • 사례연구(실천자의 사례보고) • 실기(강연 기술, 레크리에이션 실기) • 연습(강좌 기획, 모의강좌 실시)
뉴 스포츠 지도자 육성 및 보급	• 뉴 스포츠 교실 개최와 기술지도, 보급, 집단구성 방법 • 골프 실기 및 연습, 강의
노인지도자 양성 및 서클 활동 지원	• 활동 발표 연수회 개최, 활동사례발표(고령을 활기 있게 생활하기, 건강을 위한 식사학 등) • 기구놀이 연수회(스포츠 문화) • 서클지도자 연수회(활동사례 발표)
노인과 초등생의 IT 교류를 위한 교육	• 컴퓨터의 기본 조작과 문자 입력 • 인터넷의 구조 습득, 전자우편에 의한 대화
노인을 위한 휴식 농원	• 영농작업을 통한 건강과 삶의 보람 찾기, 친구 사귀기 • 노동과 수확의 기쁨 맛보기(꽃구경, 고구마 굽기 대회 등)

3) 우리나라의 평생학습과 노인미술지도

한국교육개발원은 2007년에 평생학습도시 조성사업이 다양한 성과를 나타내고 있다고 평가하였다. 평생학습도시 지정 확대에 따라 주민의 평생학습 참여율이 증가하고 있고, 기초지방자치단체 등을 중심으로 평생학습에 대한 사회적 관심이 증대하고 있으며, 지방자치단체의 평생학습 관련 재정 투자도 증가하고 있고 지역별 평생학습 추진체제가 강화되고 있다고 보고하였다. 또한 평생학습을 위한 네트워크가 형성되고, 평생학습 프로그램의 다양화 현상이 나타나고 있다고 평가하였다.

지금까지 우리나라는 평생학습이라는 것이 사치스러운 것, 개인과 민간 부문에서 알아서 해야 할 일감 정도로 인식되는 측면이 없지 않았다. 그러나 이제는 경쟁주의 사고에서 벗어나 진정 우리 공동체의 문제가 무엇이고 이를 해결하기 위해서는 어떤 단체가 어떤 역할을 해야 할지에 대해 허심탄회하게 의견을 나누고, 지역의 평생학습이 어디를 향해야 하는지에 대해 잘 살펴야 할 것으로 보인다.

평생학습의 일환이자 노인문화의 한 분야인 노인미술도 처음부터 있었던 것은 아니다. 그러나 전 세계적으로 평생학습의 개념에서 고령층이 많아지고 노인 연구가 활발해지는 과정에서 노인교육이 대두되었다. 이에 단순히 청소년들이 수행하는 국어, 영어, 수학의 기초학습을 위한 교육보다는 노인에게 다양한 여가 활용 및 치매 예방, 심리적 안정감과 삶의 활력소를 찾게 하는 일환으로 노인미술이라는 새로운 분야가 탄생하게 되었다.

우리나라에 예전부터 노인미술이라는 분야가 있었던 것은 아니다. 그렇다고 다른 나라에서 노인미술이라는 것을 가지고 온 것도 아니다. 노인미술이 시작된 것은 아마 원시문화부터일 것이며, 양반문화에서 농민문화, 일제강점기를 거쳐 문해교육, 노인교육에 이르러서 비로소 노인미술로 연결된 것이다.

우리나라에서는 필자가 지도교수로 있는 한국통합미술교육협회가 대구대학교를 통하여 한국대학평생교육협의회와 민간자격과정을 최초로 프로그램화하였고, 이를 민간자격증으로 제도화함으로써 공적인 활동을 시작하였다.

이렇게 탄생한 노인미술지도는 '노인이 개인적으로 미술활동을 하는 것'에 머물 수 있는 것을 공적으로 제도화한 것에 큰 의미가 있다. 젊은 사람들이 가정이나 사회에서 노인들에게 미술을 접할 수 있도록 권장하고 나눌 수 있는 매개체로서 미술교육의 일반화에 목적을 두고 이를 시작하였다. 이를 시스템화한 것은 차후 노인미술을 통해 노인들이 소비자가 아닌 생산자로서 활동을 할 수 있도록 하는 것에 그 가치를 두고 있다.

우리나라는 2000년대에 이르러 노인에 대한 관심을 가지면서 노인 관련 사업들이 시작되었다고 할 수 있다. 특히 미술교육은 노인에게는 그동안 거리가 먼 것이었으며, 사회복지단체나 지역사회에서 미미하게 시작되기는 하였지만 크게 두드러지지 못하고 오히려 미술치료와 연계되면서 노인들의 관심을 끌기 시작하였다. 이는 노인미술이라는 용어도 생소하고 일반적이지 않아서 미술치료라는 개념으로 인식된 것 때문이기도 하다. 그러나 노인미술은 미술치료와는 다른 교육 목적을 가지고 있으며 교육내용도 다르다. 최근에서야 노인에게 미술교육이 시작되었고, 많은 이가 경험이 적어 보호자들이 자신의 부모님께 미술활동을 권장하는 것에 대한 관심이 적다. 앞으로는 부모님께 미술활동이 권장되기를 바란다.

우리나라에서 노인에 대한 미술교육의 경우 2013년 대구대학교 평생교육원에서 제1회 강좌를 개설하였으며, 자격은 전국 최초로 한국대학평생교육협의회에서 민간자격으로 시작되었다. 처음에는 '노인미술교육사'가 2013년도에 생긴 민간자격으로 시작되었으나, 자격증 강화를 위해 1년간 유보 기간을 거치면서 2015년에 '노인미술지도사'라는 명칭과 자격증이 생기고 각 대학 평생교육원에서 민간자격과정을 개설하여 운영하기 시작했다.

이렇게 발전하기까지는 한국통합미술교육협회의 여러 연구진의 노력이 있었으며, 협회도 연구진의 변화를 가지면서 더욱더 발전을 거듭하였다. 한국통합미술교육협회는 노인들에게 미술교육을 통하여 여가 활용, 치매 예방, 지속적인 정신건강 유지를 할 수 있도록 하며, 미술교육의 일반화를 목적으로 운영되고 있다. 앞으로 '노인미술지도'에 대해 더 많은 노인이 관심을 가질 것으로 예상된다.

한국통합미술교육협회는 2015년에 대구대학교의 첫 강좌로 시작하여, 2020년 현재 전국 각 대학별 평생교육원(부산대학교, 경희대학교, 가톨릭대학교, 동국대학교, 인천대학교, 전주대학교, 가톨릭상지대학교, 대구대학교, 계명문화대학교, 대구보건대학교, 한남대학교, 세명대학교의 12개 대학 평생교육원)에서 노인미술지도사 과정을 개설하여 운영 중이다. 부산예술대학교는 복지예술치료상담과 내에서 '노인미술'을 한 과목으로 수업을 진행한다.

그 외 각 지역의 시·군·구에도 노인미술의 활용도가 높음을 지속적으로 홍보하고 있다. 지역적으로 군위군, 옥천 지역 등 몇 군데에서는 수업이 이루어졌다. 향후 노인미술지도의 저변 확대가 더 이루어질 것으로 예상하고, 생활지도사나 요양보호사 등 노인과 관련된 일을 하는 사람들이 노인들과 함께 활동할 때 꼭 필요한 것이 노인미술이 될 것이라고 강조하여 홍보하고 있다.

이에 필자는 노인미술을 통해 그동안 무기력하고 무능력했던 노인들이 벽화 그리기나 전시회 등의 집단활동을 통하여 사회에 기여할 수 있는 일원으로 다시 태어날 것이라고 확신한다. 그리고 시니어 노인미술지도사(65~75세)를 육성하여 젊은 노인(65~75세)이 나이 든 노인(85세 이상)을 지도할 수 있도록 하는 프로그램을 구상하고 있다.

한국통합미술교육협회는 각 대학별로 배출된 이들을 질적·양적으로 지도할 수 있는 환경을 조성하고, 노인정 또는 요양원, 홈케어(Home Care) 노인미술지도 등으로 확대해 가고 있다. 향후에는 점점 더 홈케어 노인미술지도로 발전하여 일자리 창출에도 큰 효과를 가져올 것으로 예상하고 있다.

제2장

노인미술의 기본 원리와 환경매체

1. 노인미술의 요소

미술교육에서 알아야 할 미술의 기본 요소가 있다. 자신이 원하는 것을 그리거나 만들 수 있기 위해서는 다양한 미술의 기본 요소를 숙지해야 한다. 이것은 우리가 숟가락과 젓가락을 사용하는 방법을 알아야 식사를 스스로 할 수 있는 것과 같다. 젓가락을 가지고 자신이 원하는 반찬을 집어 입으로 가져가기까지는 수많은 숙련된 노력과 내공이 있어야 하며, 그렇게 해서 자동화된 손으로 원하는 반찬을 입으로 가져가게 되는 것과 같은 방식이다. 그림을 그리는 사람이 미술의 기본 요소를 숙지하면 자신의 생각을 더욱 편리하게 표현할 수 있고, 표현하는 즐거움을 느낄 수 있다. 물론 미술의 기본 요소를 이해만 하면 되고, 외우지 않아도 된다.

미술에서는 반복적 연습을 통하여 손의 조작 능력을 기르면 오감이 함께 발달한다. 노인들에게 오감활동이란 심신의 유지·재생·발달을 의미하는데, 이는 인지 활성화에 큰 영향을 미친다. 노인들에게 미술교육은 쇠퇴해 가는 감각

을 사용하게 함으로써 예전의 활동적인 삶을 이어 나갈 수 있도록 하는 데 효과
적이다. 이런 연유로 노인미술의 교육적 가치는 점점 상승할 것임에 틀림없다.

1) 미술의 기본 요소

(1) 점

점(spot)은 눈의 목표를 세우는 표식, 조그마한 존재, 위치를 표시하는 존재
등의 개념을 갖고 있다. 조형에서의 점은 형태를 갖지 않으면 시각적으로 나타
낼 수 없기 때문에 크기와 모양을 갖는다. 또 그 크기에 따라 느낌은 서로 다르
다. 형(形) 속에서 밀도감 있게 작은 점을 규칙적으로 나열하여 찍게 되면 내부
가 꽉 차 보여 강하게 보이지만, 점을 너무 적게 찍으면 흐리게 보이기도 하고
부드럽게 보인다. 점의 위치와 연속 정도에 따라 움직임을 느끼는 리듬감도 생
긴다.

(2) 선

선(line)은 점을 그 기본 요소로 한다. 선은 물체를 묘사할 때 그 윤곽이 되기
도 하며, 형태를 암시하기도 한다. 미술은 선으로 감정을 표현하는 것으로, 평면
을 장식하여 자기만의 미적 세계를 조형화한다. 선은 점이 연결되어 형상화되
며, 수학적 선은 길이와 위치만 있고 폭과 부피가 없다. 직선에서는 속도감, 긴
장감, 예리함, 직접성 등이 느껴지며, 곡선에서는 유연성, 간접성, 부드러움, 여
유감 등이 느껴진다.

(3) 면

면(plane, surface)은 선을 그 기본 요소로 하는데, 이는 선에 의해 면의 윤곽이
표현되기 때문이다. 미술적 표현에서 면에는 여러 가지 표정이 있는데, 그것은
그 면의 외부 형태나 내부의 질감 등과 관련되며 그 크기와도 관련이 있다. 예를
들어, 면의 외부 형태가 부드럽게 처리된 농담이 있는 것이라면 보다 부드러운

형태가 될 것이다. 또한 면의 형태는 여러 가지 방법으로 입체감을 표현할 수 있으며, 리듬감이나 움직임을 느끼게도 한다.

(4) 형태

형태(shape, form)는 구상적 형태와 추상적 형태로 분류할 수 있다. 그리고 입체적인 경우와 평면적인 경우에 따라 그 이름이 다른데, 입체의 경우 폼(form)이라고 하고 평면의 경우 셰이프(shape)라고 한다. 형태는 사물 본래의 고유한 형태와 변형된 형태, 창조적인 형태로 나눌 수도 있고, 직선형과 곡선형으로도 분류할 수 있다.

(5) 색채

색채(color)는 조형요소 중에서도 가장 감각적이고 본능적이라고 할 수 있으며, 여러 방향으로 감정을 일으키는 주요 원인이 될 수 있다. 색의 성질은 색상, 명도, 채도의 세 가지 속성으로 살펴볼 수 있다.

(6) 명암과 음영

입체물이 빛의 방향에 따라 밝은 부분과 어두운 부분으로 구별되듯이 색의 밝고 어두움을 명암(value)이라 한다. 사물에 명암이 생기면 현실과 같은 입체감이 생긴다. 빛의 방향이 달라짐에 따라서 밝고 어두운 위치도 달라진다.

음영(shadow)에서 음(陰)이란 빛에 의해 물체에 생기는 그늘을 말하고, 영(影)이란 그 물체로 인해 다른 대상 위에 생기는 그림자를 말한다. 음영은 빛의 방향과 강약, 물체 면의 종류와 굴곡, 곡선의 종류 등에 따라 다양한 변화를 가진다.

(7) 질감

질감(texture, matiere)은 촉각에서 시각적 촉감에 이르기까지 모든 느낌을 말하며, 의식적인 의도하에 만들어진 것과 자연 그대로의 것으로 나눌 수 있다. 질감은 실제로 만져서 알 수 있는 촉각적 텍스처(tactile texture)와 눈으로 보아서 촉감의 차이를 구별하는 시각적 텍스처(visual texture)로 나눌 수 있다.

(8) 양감

양감(volume)은 흔히 부피감 또는 덩어리감이라고 한다. 양감은 형태, 명암, 색채를 통한 회화적 표현으로 가능하고, 입체적인 표현이나 사실적 표현 등으로도 가능하다. 또한 양감은 외적인 형태가 가진 실제적 무게에 대한 감각을 말하기도 하며, 현대의 건축이나 공예의 장르에서도 중시되고 있다.

(9) 공간

공간(space)에는 미술작품이 차지하는 물리적인 공간과 작품 속에 표현되어 있는 조형적인 공간이 있다. 공간은 상하, 전후, 좌우로 무한하게 펼쳐져 있어 자연의 대상을 에워싸고 있으며, 질서, 비례, 균형, 조화, 동세 등이 한 물체 형태의 특성을 형성한다. 따라서 하나의 입체가 형성될 수 있는 기본적 요소로서 공간은 절대적인 것이다.

(10) 구도

구도(composition)는 건축에 비유한다면 설계도와 같은 형과 색의 짜임과 계획이다. 조형요소로서의 구도는 미술적 표현에 임할 때 화면을 구성하는 계획으로서 화면에서 변화 있고 통일성 있는 아름다움을 느끼게 하는 큰 역할을 한다. 변화가 너무 많으면 혼란해지고 너무 없으면 단조롭게 되므로 질서, 조화 등으로 통일성을 이루게 하는 것이 바람직한 구도라 할 수 있다.

2) 미술의 기본 원리

(1) 통일

통일(unity)은 형, 색, 양, 재료 및 기술상에서의 미적 관계의 결합이나 질서를 말한다. 구성요소나 그것의 상관관계에서 이질적 요소가 강하고 극단적으로 변화에 치우칠 때는 혼란과 무질서가 초래되며 지나치면 단조롭고 무미건조해지기 쉬우므로 적당한 변화와 통일이 있어야 재미있는 작품이 된다.

(2) 조화

조화(harmony)란 둘 이상의 요소 또는 그것의 상호관계에 대한 미적 가치 판단으로, 서로 배척하지 않고 통일된 전체로서 종합적이고 감각적으로 그 효과를 발휘할 때에 일어나는 미적 현상이다. 조화는 홀로 이루어질 수 없으며 둘 이상의 상호관계에 의해 생기고, 전체적인 질서를 잡아 주는 데 중요한 역할을 한다.

(3) 균형

균형(balance)이란 대칭과 달리 형태상의 시각적·정신적 안정감을 말한다. 균형은 선, 면, 형태, 크기, 방향, 질감, 색채 등 시각요소의 배치량과 성질 등과의 결합에 의해서 표현되며, 동적 균형과 정적 균형으로 구분할 수 있다. 균형이 무시되었을 때에는 시각적으로 불안함과 초조함의 감정을 느끼게 된다.

(4) 대칭

대칭(symmetry)은 좌우 또는 상하로 동일한 형(形)이 마주 보게 위치한 것이다. 대응하고 있는 모든 점이 서로 같은 거리로 유지되는 질서에 의해 배치상의 안정된 통일감을 얻게 해 주는 것을 말한다. 대칭의 장점은 정돈하기 쉬운 기본적인 스타일로서 질서와 안정감을 나타내는 데 좋고, 정적이며 전통적인 효과를 얻는 데 적합하다는 것이다. 단점은 보수적이고 딱딱한 느낌을 주며 변화가 거의 없다는 것이다.

(5) 규모

규모(scale)는 사람이나 사물이 갖고 있는 고유의 외형적인 크기를 말한다. 크기는 선, 면, 입체가 상호의 공간적 간격을 가질 때 비교될 수 있다. 같은 사물형태라도 크기에 따라 느낌과 감정이 다르다. 시각미술에 있어 규모는 중요한 역할을 한다. 규모는 대개의 경우 작품 속에서 등한시되지만, 웅장함이나 장대함, 압도감을 느끼게 하는 것과 '귀엽다' '가련하다' 등의 이미지를 표현하는 데 중요한 함수로 작용한다.

(6) 비례

비례(proportion)는 단위 형에 규칙적 운동의 변화를 주어서 부분과 전체의 관계를 확실하게 대비시키며 보다 풍부하게 하는 수적 변화를 말한다. 또한 비례란 크기나 조화의 비를 말하며, 균형과 직접적인 관계가 있다. 고대 건축가들은 분할을 신비한 미의 상징으로 생각하며 건물의 시각적 비례를 중요시했는데, 가장 아름다운 비례로 간주되는 것은 역시 황금분할(golden-section)이며, 특히 시각예술에서는 중요한 역할을 한다.

(7) 율동

율동(rhythm)은 같은 형의 반복이나 유사한 형태의 동적 반복에서 찾을 수 있는데, 통일성을 전제로 한 동적 변화라고 할 수 있다. 율동은 각 요소들의 강약이나 단위의 장단이 주기성이나 규칙성을 가지면서 연속되는 운동을 말한다. 구성에서 율동이 무시되었을 때는 부드러운 질서와 운동감을 느끼지 못하게 되며, 화면이 딱딱하고 어색한 느낌을 주게 된다.

(8) 동세

동세(motional)는 운동, 변화, 동작 등을 말한다. 즉, 인물이나 동물의 움직임, 작가의 감동, 감정의 움직임 등을 운동감 있게, 때로는 색채와 형태, 표현하고자 하는 방향, 각도, 잔상, 특징적인 요소들을 과장하여 표현할 수 있다.

(9) 변화

변화(variety)는 통일과 떼어 놓을 수 없는 관계에 있다. 지나친 변화는 정리감과 완성도가 떨어지므로 통일의 구속을 받게 되며, 변화의 요소가 없다면 재미가 없어질 것이다. 또 통일에 너무 치중하면 단조로운 시각의 정지 상태를 가져오게 된다. 그러므로 작품이나 생활에서도 통일감 있는 적당한 변화는 새로운 활력을 느끼게 해 줄 수 있다.

(10) 강조

강조(accent)란 어떤 주변 조건에 따라 특정한 부분을 강하고 두드러지게 하는 요소이다. 이것은 전체적 통일감을 얻기 위한 부분적 방법이기도 하겠지만, 때에 따라서는 아주 강한 통일감을 나타낼 수도 있다.

강조의 한 방법으로는 특정 부분만 검게 하여 주목성을 높이는 방법이 있는데, 이때는 명시도가 높은 색을 사용한다. 강조에 대한 유의점은 두 개 이상이 강조되면 그 힘이 덜 발휘되고, 크기 또한 필요 이상으로 확대되면 효과가 떨어지는 제한성이 있다는 점이다. 강조 부분이 전체 화면에서 지나치게 제한적일 때는 단조롭고 운동감도 느끼지 못하게 되며, 형태, 색, 명도 등도 강조가 무시되었을 때는 시각적 효과가 떨어진다. 그러므로 강약, 대소, 명암, 채도, 모양 등이 적절히 조절된 변화 있는 강조의 요령이 필요하다.

(11) 점증

점증(gradation)은 점이 또는 점진이라고도 하며, 순서에 따른 질서 있는 변화를 말한다. 점증은 무엇보다도 원근의 효과나 평면상의 입체적 효과로 나타낼 수 있는 시각 요소이다.

(12) 반복

반복(repetition)은 일정한 간격을 두고 단위가 되풀이되는 것을 말한다. 이것은 음악, 무용, 시 등에서 시간적 간격으로 생긴다. 단순한 반복은 단조롭고 쉽지만, 시각적 반복의 변화를 가진 연속적인 리듬을 되풀이할 경우에는 매력적인 표현이 된다. 이러한 것을 복잡한 연속 리듬에 의한 반복 교차라고 한다. 같은 형이나 색 등이 화면에서 전형적으로 반복되는 경우 통일감과 안정감을 갖게 되며, 반복이 지나칠 경우는 흥미가 없어지고 지루하거나 싫증이 나게 된다.

(13) 착시

착시(optical illusions)란 눈의 생리작용에 의하여 일어나는 시각적인 착각을 말한다. 하나의 형에서 그 형을 만드는 선이 다른 선의 간섭을 받는 경우에 일어나는 현상이고, 이러한 착각은 길이의 착각, 넓이의 착각, 색의 착각, 위치의 착각, 속도의 착각 등의 여러 유형으로 나타난다.

2. 미술지도 환경과 표현

사전에서 환경이라는 단어를 찾아보면 "생물에게 직접적 · 간접적으로 영향을 주는 자연적 조건이나 사회적 상황" 그리고 "생활하는 주위의 상태"라는 설명이 나온다. 생활환경은 생활하고 있는 주위의 자연적 조건이나 사회적 상황이며, 자연환경은 인간 생활을 둘러싸고 있는 자연계의 모든 요소라고 할 수 있다. 노인미술의 환경은 물리적 환경과 사회적 환경으로 구분할 수 있으며, 여기에서 이를 구체적으로 살펴보기로 한다.

노인미술은 당장 밥 먹는 것과는 거리가 멀지만, 문화수준이 높아지면서 밥 먹는 것만큼이나 중요하게 떠오르고 있는 여가 또는 취미 생활과 밀접한 관계가 있다. 노인인구의 증가와 고령화에 따른 많은 여가시간은 취미생활에 대한 관심을 불러올 수밖에 없게 된 것이다.

1970년대, 1980년대만 하더라도 여가문화란 거의 생각하지 않았으며, 주로 실생활에 직접적으로 활용되는 실용적이고 생산적인 것만이 가치가 있는 것으로 인식되었다. 그러나 2000년대에 들어서면서 사람들이 제2의 인생 또는 노후생활, 건강한 여가와 취미 생활, 삶의 질 향상에 관심을 가지면서 사고방식도 많이 바뀌었다.

노인미술은 노인들의 삶의 질 향상과 남은 삶에 대한 자아통합을 이루도록 돕는다. 노인미술은 노인들이 여가 활용과 취미생활을 좀 더 가까이 접할 수 있도록 돕는 매개체이다. 사회적으로는 노인미술에 관심을 가지는 것 자체가 노인들에게 여가와 취미 생활을 할 수 있는 환경을 만드는 것이 된다.

옛날 같으면 있을 수 없는 일이기는 하지만, 현재 사람들에게는 돈이 전부라고 생각하는 사고가 팽배해 있다. 그리고 이제는 정보화나 세계화가 당연한 것으로 받아들여진다. 노인들은 자신들이 뒷전으로 밀려나는 환경이 안타깝기는 하지만 받아들일 수밖에 없다.

그러나 그런 노인들을 그냥 내버려 둘 수도 없는 노릇이다. 우리 부모가 노인이고, 우리도 언젠가는 노인이 된다. 그러므로 우리 스스로 노인이 될 준비를 해야 하고, 노인이 살 만한 환경을 조성해 가야 한다. 노인들이 예쁜 화장을 하거나 멋진 옷을 입고, 물감과 붓을 들고 그림을 그리며 봉사하는 모습을 상상해 보라! 상호작용하며 문화를 만들어 가는 노인미술 환경을 조성해 가는 것이다.

노인에게 그동안의 삶의 무게를 잠시나마 가볍게 하고 자아통합을 할 수 있는 환경을 만들어 가는 것이 바로 노인미술지도이다. 노인미술을 통해 노인에게 심신의 안녕감을 갖게 하고, 필요한 존재임을 스스로 인식하게 하고, 삶을 긍정적인 사고로 살아가게 할 수 있는 환경을 조성하는 것은 우리가 앞으로 완수해야 할 큰 사명이기도 하다.

1) 노인미술의 교실환경

미술교실이라고 하면 화실 또는 어린이들이 다니는 미술학원 정도로 개념화되고 있었으나, 이제는 미술학원이 노인미술교실로 바뀌고 있다. 열린 공간을 마련해 노인들의 여가 활용을 돕는 물리적 환경을 만들어 가는 것이 중요하다.

노인들이 그림을 그리거나 예술활동을 하는 것은 익숙하지 않다. 그러나 기회가 주어지고 반복 연습의 경험이 쌓이면 자신감을 얻게 된다. 그리고 노인들이 예술활동의 즐거움을 갖게 된다면 분명 미술교육의 일반화도 이루어질 것이다. 이런 방향으로 노인들의 인식을 개선하기 위해서는 작게는 개인과 개인이 서로에게 예술활동을 할 수 있도록 용기를 심어 주고, 크게는 지역 단위의 열린 공간에 미술교실을 만들어 미술활동을 일반화해야 할 것이다.

(1) 물리적 환경과 노인미술

고령층이 많은 미술교실은 실내에서 걷거나 활동할 때 걸리지 않는 열린 공간이 필요하다. 책상은 노인이 편안하게 그림을 그릴 수 있도록 넓은 것이 좋고, 의자는 쿠션이 있는 것이 좋다. 미술실의 조명은 환하고 밝아야 하며, 밝은색으로 꾸며져 있으면 더 좋다. 개수대는 붓을 씻거나 물을 받는 곳으로 미술실 내 또는 근거리에 있는 것이 바람직하며, 매체 또한 쉽게 가져다 쓸 수 있게 근거리에 있거나 자신의 물건 보관함이 따로 있으면 좋다. 미술지도는 책상이나 일반 탁자에서도 가능하다.

미술수업을 할 경우 특별히 노인미술실이라고 정해 놓은 곳이 많지 않은데, 미술실이 따로 없으면 어려움이 따른다. 특히 고령자들이 많은 집단수업의 경우는 물을 사용하는 일반적인 미술작품보다는 그리기와 만들기 등의 작품활동으로 이루어지는 경우가 대부분이다. 향후 전문적인 노인미술기관이 더 많이 생겨서 노인들이 제대로 된 미술활동을 할 수 있기를 기대한다.

노인들이 미술수업을 할 수 있는 곳으로는 여러 기관이 있다. 노인복지관, 노인 그룹홈, 실버타운, 유료 양로원, 요양보호시설, 노인전용 주택 및 아파트, 일반요양시설, 주간보호시설, 단기보호시설, 노인전문병원, 노인건강 관련 시설과 노인교실, 노인교육을 하는 종교기관, 기타 노인복지 관련 심리상담소, 미술학원, 노인요양원과 병동, 노인 관련 기관, 각 구청 교육기관 등 노인들을 대상으로 하는 곳이라면 어디서든 미술수업이 가능하다. 노인미술수업이 진행되는 과정과 그 환경을 살펴보면 다음과 같다.

미술실이 아닌 일반 교실일 경우에는 대집단(10명 이상), 중집단(5~9명), 소집단(2~4명)으로 수업이 이루어진다. 노인의 집에서 소집단 수업이 이루어지는 경우나 개인수업이 이루어지는 경우도 있다. 노인미술수업에서 환경이라 함은 단순히 물리적 환경만을 말하는 것이 아니라 노인미술에 대한 관심 정도 등도 포함한다.

　중요한 것은 미술수업에 대한 노인들의 공감대 형성이다. 노인들에게 미술지도를 하고 싶다고 해서 다 미술수업을 할 수 있는 것은 아니다.

- 경로당: 경로당에서 미술수업을 하기 위해서는 경로당을 관할하는 지역 (시·군·구) 관계자들이나 경로당 회장에게 노인미술에 대한 인식을 개선하는 설명이 먼저 이루어져야 한다. 회장이 공감하고 있으면 경로당 담당자에게 그 경로당에서 노인미술을 할 수 있도록 요청하여야 한다. 경로당에 있는 노인들에게 미술을 하면 치매 예방이나 인지 향상에 도움이 된다는 것을 알리고, 노인미술에 참여하도록 설득해야 한다. 그리고 노인미술지도사가 경로당 회장과 관할 지역 관계자와 주요 비용을 협의하고, 지도 내용을 준비하여 수업에 들어간다.

- 복지관 또는 유사기관: 복지관 또는 유사기관에서 미술수업을 하기 위해서는 복지관 담당자나 기관장의 수락이 있어야 한다. 우선 복지관 담당자 또는 기관장에게 노인미술의 좋은 점과 프로그램의 효율성을 알린다. 복지관 담당자가 효과가 있다고 판단한 경우 노인미술지도사가 복지사나 기관장과 합의하여 날짜와 시간을 맞추어 보고 몇 회기 강좌로 들어갈지 의논한 후 미술수업을 진행할 수 있다.

- 노인대학(또는 종교 기관이나 단체): 노인대학(또는 종교 기관이나 단체)에서 미술수업을 하기 위해서는 기관의 담당자에게 노인미술의 필요성과 효과에 대해 설명하고, 담당자가 기관장에게 보고하여 허락을 얻으면 노인미술지도사에게 수락한 후 미술수업을 진행할 수 있다.

- 미술학원: 미술학원에서 노인에게 미술수업을 하는 경우, 노인미술지도사들은 먼저 노인을 부양하는 보호자를 설득할 필요가 있다. 보호자는 자신의 부모를 설득하여야 하며, 충분히 설득되었다고 생각하면 학원으로 부모를 모시고 가야 한다. 노인들이 학원에 가게 되면 미술에 대한 두려움을 없애고 쉽게 적응할 수 있도록 환경을 만들고 적극 참여할 수 있도록 해서 미

술수업을 진행할 수 있다.
- **노인의 집**: 노인미술에 대한 관심과 인식이 있는 집이라면, 미술지도사가 방문하여 노인에게 수업을 할 수 있다. 노인의 보호자(자녀)는 미술수업을 받도록 권장하며 충분히 설득해야 한다.

한번 시작한 노인미술은 노인이 돌아가실 때까지 할 수 있다. 시작이 다소 어렵지만 한번 시작한 미술 경험은 평생 간직할 수 있고, 수업 시간 내내 흥미와 즐거움을 느낄 수 있으며, 주변 환경만 맞추어진다면 오랫동안 할 수 있다.

수업이 이루어질 때 미술이 즐겁고 재미있으며 노인의 건강과 치매 예방에 도움이 된다는 것을 인식시키는 것이 무엇보다 필요하다. 이러한 일련의 과정이 쉽지는 않지만, 향후 미술교육의 일반화가 이루어지고 문화 수준이 높아질수록 미술교육을 받기를 더 많이 원할 것으로 기대된다.

(2) 미술지도 시간

미술지도 시간의 구성은 지도 대상, 목표, 방법에 따라 다양하게 정해진다. 여기에는 기간과 빈도, 사용될 매체, 특정한 활동, 지도의 방법 등이 포함된다. 지도 시간은 시작 초기 단계, 동기부여 단계, 숙련 단계, 일반화 단계, 고도화 단계, 성숙도 단계의 절차에 따라 이루어지지만, 배우는 속도는 개인차가 있으므로 유연하게 대처해야 한다. 습득 과정에서 단계가 겹치는 경우도 있으며, 집단수업과 개인수업의 경우 수업의 질과 양이 달라질 수 있다.

미술지도 시간은 노인의 건강 정도에 따라 그 지도 내용과 목표가 달라질 수 있으며, 융통성 있게 계획되어야 한다. 또한 이벤트 또는 컨디션 등 노인의 욕구에 따라서도 계획이 달라질 수 있다. 개인수업이든 집단수업이든 주 1~2회, 매회 1시간~1시간 30분 정도 지도하는 것이 좋다.

(3) 집단의 크기

집단수업으로 이루어지는 경우 서너 집단으로 나눌 수 있다. 집단의 경우 소집단은 2~4명, 중집단은 5~9명, 대집단은 10명 이상이다. 미술수업은 소집단수업과 대집단 수업이 다소 다르게 진행된다.

소집단의 경우는 개인별 지도가 더 잘될 수 있지만, 대집단의 경우는 지도사의 손이 미치지 못할 수 있으므로 수업재료 등으로 완성도 높은 수업이 계획적으로 이루어져야 한다.

(4) 공간 및 환경

미술지도가 이루어지는 환경은 노인들이 불안감 없이 편안하게 미술수업을 받을 수 있는 환경이어야 한다. 그러나 어떠한 환경도 노인에 따라서 유용하게 적용할 수 있다. 홈케어 노인미술의 경우, 노인이 편안하다고 하는 곳이면 어느 공간이라도 가능하다.

미술 작업을 할 수 있는 크기가 되는 공간이면 가능하며, 집단의 규모에 따라 크기는 정해진다. 대체적으로 어린이들이 미술수업을 받는 곳, 학원가에서 노인들이 수업을 받을 수도 있으며, 경로당 등 노인이 있는 곳이면 어디서든 수업을 받을 수 있다. 이전에 노인미술수업을 하지 않았으므로 미술활동에 대한 이해가 부족하여 활동이 개시되기 어렵기는 하지만, 점진적인 저변 확대가 이루어지는 경우 노인미술실이 전문적으로 생겨날 가능성도 있다.

미술실의 크기를 규정하기는 쉽지 않지만, 개인지도에 필요한 공간은 3~4평 정도, 집단지도의 경우는 7~8평 정도가 적당하다. 개인지도의 경우 공간이 너무 넓으면 산만함을 줄 수 있으며, 반대로 집단지도의 경우 공간이 너무 작으면 답답함과 작업활동에 제약을 줄 수 있다.

미술실은 재료와 정리장의 접근성이 용이해야 한다. 미술 매체와 도구들은 노인이 자유롭게 접근할 수 있도록 배치되어야 한다. 노인들이 수업을 하고 난 후 스스로 정리하도록 하는 것도 중요하다. 테이블과 의자의 배치 또한 고려해야 한다. 노인과 친밀한 거리를 유지할 수 있는 좌석 배치가 필요하며, 수업에 따라 지도에 용이하도록 지도사가 상황에 맞게 배치할 수 있다. 이 외에도 싱크대나 수도시설이 설치되어 있으면 여러모로 유용하다.

2) 표현 기법

노인미술지도는 미술활동을 통하여 이루어진다. 그런데 노인들 중에는 그려서 표현하는 데 익숙한 이도 있지만, 대부분은 그렇지 못한 편이다. 또한 미술활동을 자기표현으로 보기보다 작품을 완성하는 것으로 여기고, 미술매체를 어떻게 활용하여야 하는지에 대해 막연해하는 이들이 대부분이다. 효율적인 노인미술지도를 위해서는 미술매체를 자유롭게 활용할 수 있어야 한다. 매체를 통해 어떠한 표현도 가능하며, 옳고 그름이나 잘하고 못함이 없다는 것을 노인들에게 우선적으로 이해시켜 주어야 한다.

여기서는 미술활동에 대한 적응 과정과 매체에 대해 알아본다. 노인미술지도에 들어가기 전에 다양한 미술매체를 통해 표현하는 것에 익숙해지는 과정이 필요하다. 미술매체는 노인의 경험, 기억, 욕구, 흥미 등과 맞아야 한다. 재료가 다양하면 노인이 자신이 표현하고자 하는 것을 더 쉽게 표현할 수 있다.

(1) 매체와의 만남

노인들은 미술매체를 처음 또는 상당히 오랜만에 접하는 경우나 매체의 사용방법에 대한 경험이 부족한 경우가 많다. 이런 경우 매체를 대하거나 미술활동을 하는 데 부담을 가질 수 있다. 노인미술지도사는 이러한 상황들을 고려하여 노인에게 친숙한 매체, 성취욕을 높일 수 있는 매체, 표현의 욕구를 높여 주는 매체를 선택하도록 도와주고, 미술활동에 쉽게 접근하여 표현 욕구가 잘 일어날 수 있도록 도움을 주어야 한다.

(2) 매체의 표현방법

노인이 미술매체를 가지고 표현을 제대로 하기 위해서는 매체를 충분히 탐색

하고 익힐 시간과 기회를 주어야 한다. 그래야 매체의 특성을 알게 되고, 자신감을 가지고 표현할 수 있다.

　미술활동은 어떤 매체를 사용하느냐에 따라 즐거울 수도 있고 시시할 수도 있다. 따라서 노인미술지도사는 노인의 자유로운 미술표현을 위해서 적당한 매체를 잘 판단하여 제시해야 한다. 미술 매체와 기법은 노인이 의도하는 대로 표현하도록 도움을 주어야 하고, 노인 스스로 기법을 발달시킬 수 있도록 도와주어야 한다. 미술매체를 다루는 솜씨는 노인이 자신을 표현하고자 하는 목적의 수단이기 때문이다.

3) 미술매체와 표현 가능성

　모든 미술매체는 특성과 가치를 지니고 있다. 노인들의 효과적이고 흥미 있는 미술활동을 위해서는 다양한 매체를 제공하는 것이 필요하다. 다양한 미술활동을 할 수 있는 매체와 기법, 매체의 표현 가능성을 종합하여 살펴보면 〈표 2-1〉과 같다.

| 표 2-1 | 매체 활용의 기법과 표현 가능성

매체	기법	표현 가능성
종이류	• 손으로 찢기	• 종이 종류, 색 성질을 살린 자유로운 표현
	• 가위로 오리기	• 반듯하고 깨끗한 느낌 구성하기
	• 접기	• 크기가 작아지고 튼튼해짐
	• 구겨서 찢기	• 입체적인 느낌
	• 둥글게 구부리기	• 부드러우며 입체감이 생김
	• 무늬 짜기	• 단단해지고 무늬와 색의 조화가 아름다움
	• 구멍 내기	• 입체적인 느낌과 공간감을 느낌
크레파스	• 녹이기	• 열에 녹는 성질을 이용해 크레파스 조각을 다림질한 후 혼색된 표현에 덧붙여 그리기
	• 색칠하기	• 진하고 흐린 표현이 가능

물감	• 크레파스, 양초와 함께	• 배수효과로 비밀 그림 그리기
	• 화선지와 함께	• 흡수 성질을 이용한 흥미로운 표현 가능
	• 찰흙과 함께	• 찰흙 작품에 색칠하여 아름다움 느끼기
파스텔	• 문지르기	• 문질러서 표현함으로써 은은히 퍼지는 효과
	• 색칠하기	• 다른 색과의 혼색 가능
은박지	• 구겨서 그리기	• 자유롭게 구긴 다음 펼쳐서 음영이 있는 입체적인 면 위에 그리기
	• 다른 재료와 함께	• 가볍고 잘 접히는 성질을 이용, 작은 공이나 종이상자를 감싸서 독특한 효과를 느끼기
찰흙	• 제작 방법에 따른 기법	• 쥔다 → 뭉친다 → 짓누른다 → 두들긴다 • 쥔다 → 뭉친다 → 굴리거나 비빈다 → 더 강하게 굴리거나 비빈다 → 쥔다 → 두들긴다
	• 재료 성질에 따른 기법	• 구부린다, 만다, 접는다, 비튼다, 떼낸다, 붙인다, 빚는다, 두들긴다, 끊는다, 뜯는다, 긁어낸다, 깎아 낸다, 구멍을 뚫는다, 선을 그어 넘는다, 꽂는다, 눌러 흔적을 낸다
종이상자	• 쌓기	• 크기가 다른 상자끼리 쌓아서 구성하기
	• 다른 재료와 함께	• 다른 재료를 덧붙여 표현하기
선재 (철사, 모루, 끈 종류)	• 자르기 • 구부리기 • 말기 • 뭉치기	• 선재의 특성을 살려 자유롭게 표현하기 • 입체적으로 표현하기 • 선재의 종류에 따라 촉감에 변화 주기

이와 같은 매체에는 매체의 특성상 평면 표현만 가능한 매체, 입체 표현만 가능한 매체, 평면 표현과 입체 표현이 모두 가능한 매체가 있다. 평면 표현의 방법과 종류를 살펴보면 〈표 2-2〉와 같이 정리할 수 있다.

| 표 2-2 | 여러 가지 평면 표현의 방법 및 종류

표현 이름	표현방법	매체
프로타주	표면이 우둘투둘한 물체에 얇은 종이를 대고 크레파스, 색연필 등으로 문지른다.	얇은 종이, 크레파스, 색연필
데칼코마니	도화지를 반으로 접어 그 사이에 물감을 짜 넣고 다시 접은 다음 펴면 양쪽이 같은 그림이 된다.	도화지, 그림물감
모자이크	그림을 그린 다음 종이, 나무, 금속, 유리 등을 비슷한 크기로 잘라 붙여서 완성한다.	각종 재료, 도화지
핑거페인팅	풀에 물감을 섞어서 넓은 도화지에 쏟은 다음 손가락으로 그린다.	도화지, 풀물감
스크래치	크레파스로 도화지에 이중으로 색을 칠한 다음 윗부분을 긁어내어 그린다.	크레파스, 도화지, 뾰족한 물건
배수 그림	크레파스 등으로 그린 다음 그 위에 그림물감으로 색칠하여 무늬나 그림을 얻는다.	크레파스, 그림물감
물방울 떨어뜨리기	여러 가지 물감을 가지고 붓이나 스포이트로 물방울을 만들어 도화지에 자유롭게 떨어뜨려 무늬나 그림을 만든다.	그림물감, 스포이트, 붓
스탬핑	연근, 동전, 고무, 나무 등 무늬 있는 물건에 물감을 묻히거나 찍어서 효과를 낸다.	무늬 있는 물체, 그림물감, 스탬프
입김무늬	물감을 떨어뜨린 다음 입김으로 불어서 자유로운 무늬를 만든다.	그림물감, 잉크, 먹물
염색하기	창호지, 헝겊 등을 접거나 오려서 염색한다.	창호지, 헝겊, 염색물감
모래그림	도화지에 풀로 그림을 그린 다음 그 위에 모래를 뿌리거나 모래를 붙인다.	풀, 모래
먹그림	먹물을 붓이나 손가락으로 찍어 그린다.	먹물, 붓
물에 번지는 그림	도화지에 물을 흠뻑 먹인 다음 여러 가지 물감이나 사인펜으로 그려서 번지게 한다.	그림물감, 대야, 붓
붓 자국 그림	물감을 되게 하여 물을 꼭 짠 붓에 살짝 묻혀 붓 자국이 나게 그린다.	붓, 그림물감
구겨서 그리기	종이를 구겼다가 편 다음 그 위에 그림을 그리거나 스프레이로 그린다.	종이, 스프레이

〈표 2-2〉에 제시된 것과 같은 매체를 노인미술교육에 활용할 때는 선택의 기준이 있는데, 대체로 다음과 같은 것들이다. 노인미술지도사는 매체와 도구에 대한 풍부한 지식을 제공해야 하며, 적절한 매체의 선정과 그에 따르는 기술적인 도움을 줄 수 있어야 한다.

- 성공적으로 다룰 수 있는 매체
- 인지 및 운동 능력에 맞는 매체
- 질이 좋은 매체
- 안전하고 위생적인 매체
- 쉽게 다룰 수 있는 단순하고 실용성 있는 매체
- 쉽게 효과를 낼 수 있는 완성도 높은 매체
- 과거를 회상할 수 있는 기회를 가지게 하는 매체

노인들은 늘 보아 온 매체에서 친밀감을 느끼기도 하고, 미술이 가지고 있는 우연성에 따라 예기치 않았던 성공적 표현으로 즐거움을 느낄 수 있다. 이는 노인의 숨은 창의성 발견에도 도움이 된다. 노인이 자신의 생각과 느낌을 자유롭게 표현할 수 있도록 돕기 위해 다양한 표현매체 및 표현방법을 제시하는 것이 필요하다. 매체를 통한 자아표현이 나타나면 언어적 자유연상에서처럼 미술표현에서도 계속적인 정서적·인지적 자극이 이루어진다. 그러면서 노인이 스스로 또는 노인미술지도사의 도움으로 자신의 생각과 감정을 발견하고 그림으로 표현할 수 있게 되는 것이다.

3. 미술매체의 종류 및 특성

노인미술지도에서는 먼저 노인에게 진정성 있게 다가가야 하고, 그다음에는 미술매체를 잘 활용하여 적용할 수 있도록 도와주어야 한다. 특히 노인미술지도에서는 미술치료와는 달리 작품을 완성하는 의미가 크므로 매체 활용법을 이해하는 것에 중요한 의미를 둔다. 미술매체는 회화나 조각 등 예술표현의 수단으로 쓰이는 재료를 통틀어 지칭하는 것이다. 이것은 일반적인 미술재료인 정형매체와 미술 외적 재료인 비정형매체로 나눌 수 있다. 미술매체는 크게 건식매체와 습식매체가 있고, 그 외 미술도구들이 다양하게 있으며, 주변의 폐품도 활용할 수 있고, 음식 재료도 미술매체가 될 수 있다.

작품의 결과를 직접 눈으로 볼 수 있다는 시각적 효과가 노인미술지도가 가지는 하나의 큰 장점이다. 자신의 작품의 결과가 바로 나타나기 때문에 흥미를 더욱 높일 수 있다. 노인들에게 미술지도를 하는 경우, 초기에는 미술에 대한 접근이 아동지도에서와 같아 보이더라도 수행하는 정도는 많이 다르다. 노인들이 수업 초반에는 간단한 것에 적응하는 것 같지만 시간이 흐르면서 더 수준 높은 결과를 바라며, 생산적 가치에 대한 욕구를 더 많이 가지고 있다. 이를 감안하여 작품이 나오거나 효과가 높도록 노인들의 욕구에 맞게 수업이 이루어져야 한다. 건강한 노인과 연약한 노인을 구분하여 지도에 임하는 것도 중요하다.

노인미술지도사들은 미술매체의 선택을 노인에 맞게 지도할 수 있어야 한다. 미술매체는 대상에 따라, 그날의 지도 목표에 따라, 또는 이벤트에 따라 적절하게 적용하는 것이 바람직하다.

1) 종이류

종이류는 다양한 회화매체를 표현할 수 있는 바탕이 된다. 요즘은 미술활동의 바탕재료로 종이류 대신 다양한 매체가 나오고 있지만, 종이류는 그림을 표현하는 데 있어 기본적인 매체이기에 그 종류와 쓰임새도 숙지해 두어야 한다.

(1) 양지

양지(洋紙)는 현재 우리가 사용하는 대부분의 종이로서, 목재펄프를 원료로 하고 각종 첨가제를 넣어 기계로 생산한다.

① 신문용지

신문지나 잡지, 서적 인쇄, 출판물에 쓰이는 종이를 말한다.

② 도화지

그림을 그릴 수 있는 미술용 종이를 말한다. 도화지는 각종 첨가제의 양을 조절하여 물감의 흡수와 번짐이 그림 그리기에 적당하도록 만들어졌다. 보통 그림을 그리는 종이는 앞뒤 구분이 있다. 대체로 앞면이 물을 적당히 빨아들이고 눈으로 보거나 만졌을 때 더 매끄러우며, 뒷면은 물을 금방 흡수하고 표면이 좀 더 거칠다.

- 켄트지: 영국 켄트주에서 만든 미술용 종이로, 도화지와는 다르며, 전문 그래픽용이다.
- 와트만지: 종이를 만든 사람의 이름을 딴 종이로, 수채화용이다.

③ 아트지

종이의 한 면 또는 양면에 아교를 바르고 그 위에 광물질 가루를 입혀 말린 후 반들반들하게 윤이 나도록 만든 종이이다. 인쇄 효과가 선명하고 화려한 것이 특징이다.

④ 포장용지

일반적으로 포장이 가능한 종이로, 재질이 질기다.

- 크라프트지: 일반 봉투나 서류봉투의 용지로, 일반 소포 포장지가 여기에 해당된다.
- 박엽지: 사전 등에 사용되는 얇은 종이이다.
- 모조지: 비교적 견고하여 인쇄에 적합하며, 고급 포장지로 사용된다.
- 유산지: 내수성이 강해 유제품의 포장용지로 사용된다.

(2) 판지

판지(版紙)는 여러 종류의 종이가 겹친 것을 이용하여 층마다 다른 원료를 사용할 수 있으므로 원료의 사용에 따라 그 종류가 정해진다. 가장 보편적으로는 포장재로 사용하며, 종이의 질은 강한 편이다.

① 백판지, 기타 판지

표층에 백색지로 종이를 뜬 판지이며, 담배, 화장품, 약품 등 작은 상자의 제조에 쓰인다.

② 골판지

두 장의 판지 사이에 골심지를 넣는 방법으로 제작하여 상품을 보호하고 외부의 충격을 완화시킬 수 있는 포장용으로 사용되고 있다. 미술매체로는 화방이나 문구점에서 공작용으로 크기별·색상별로 손쉽게 구할 수 있다.

③ 셀로판지

목재펄프의 섬유를 화학 처리하여 만든 것으로, 얇은 막으로 되어 있어 투명도가 뛰어나고 상품 포장에 많이 사용된다.

(3) 한지

한지(韓紙)는 우리나라 고유의 종이로, 재료에 따라 닥종이, 등지, 고정지, 장지, 창호지, 화선지 등으로 나뉜다. 예로부터 우수한 종이로 잘 알려져 있다.

① 화선지

동양화에 주로 사용된다. 번짐 효과가 잘 나타나고 잘 찢어진다.

② 장지

화선지를 겹쳐서 만든 것으로, 흡수력은 떨어지지만 질긴 편이다.

③ 창호지

문을 바르는 데 쓰는 얇은 종이로, 약간 누르스름한 색을 보인다.

2) 회화매체

회화란 여러 가지 선이나 색채로 평면상에 형상을 그려 내는 조형미술을 말하며, 회화매체는 다음과 같다.

(1) 건식매체

딱딱하고 굳은 형태의 연필, 색연필, 목탄, 사인펜 등이 있다. 건식매체는 처음 노인미술을 접하는 사람에게 유용하게 활용된다.

① 연필

흑연에 점토의 분말을 혼합하여 고온에서 구워 굳힌 심을 알맞은 굵기와 길이로 만들어서 나무 등의 축에 끼운 막대형의 필기도구이다. 흑연과 점토의 배합 비율에 따라 흑심의 강한 정도와 진한 정도가 결정되며, 단단할수록 H(Hard)로 나타내고 무를수록 B(Black)로 나타낸다. 단계는 10H에서 8B까지 있는데, H의 숫자가 클수록 단단하지만 연하고, B의 숫자가 클수록 무르지만 진하다. 연필은 스케치, 데생, 크로키 등 모든 그림에 이용할 수 있는 가장 기본적인 재료이다.

② 색연필

색연필은 연필심에 납, 찰흙, 백악 등의 광물질 원료를 섞어 여러 가지 색깔이 나오도록 만든 것으로, 수성과 유성으로 나뉜다. 유성 색연필은 보통의 크레파스 성분과 비슷하고 왁스 성분이 많이 첨가된다. 유성 색연필은 자체 기법을 사용할 수도 있고, 다양한 혼합 기법을 구사하면 새로운 표현이 가능하다. 수성 색연필은 수채물감처럼 안료에 아라비아고무액을 섞어 만든 것으로, 작품을 색칠한 후 물에 적신 붓으로 칠해 주면 수채화의 효과를 볼 수 있다. 색연필은 노인들에게는 크레파스보다 길이가 길고 손에 잘 묻지 않으면서 자유롭게 쓸 수 있어 여러 가지로 손쉽게 활용 가능하다.

③ 크레파스(오일 파스텔)

크레파스는 크레용과 색연필의 중간 단계 매체로, 정식 명칭은 오일 파스텔이다. 크레파스는 크레용과 파스텔을 혼합한 것으로 이 두 가지 효과를 모두 낼 수 있다고 해서 붙여진 이름이다. 크레파스의 색은 시중에 12색, 24색, 36색, 48색, 72색까지 나와 있다. 보통 노인미술에서는 24색이나 36색을 사용하면 다양한 색의 표현이 가능하다. 색연필이나 크레용보다 진하며 착색이 잘되고 색을 칠하는 데 힘이 들지 않는다. 또한 손가락으로 문질러 색을 부드럽게 펼 수도 있고, 두 가지 색을 덧칠한 다음 문질러서 혼색을 만들 수도 있다.

크레파스는 부드럽고, 매끄러우며, 다양한 색 혼합이 가능하여 내담자가 부담 없이 표현할 수 있는 매체이다. 미술재료 중에서 사용하기 가장 간편한 매체이고, 스크래치, 문지르기, 스텐실, 물과 기름의 반발 효과 등의 다양한 표현이 가능하다.

④ 크레용

크레용은 불어로 연필, 연필화라는 뜻이다. 크레용은 안료에 파라핀, 왁스 등을 열로 녹인 후 골고루 섞어 만들며, 크레파스에 비해 파라핀이 적게 들어 있어 딱딱하고 건조한 편이다. 크레용은 크레파스와는 달리 뭉개짐이 적어 선의 표현이 용이하고 광택이 나며 크레파스보다 세밀하고 정교한 표현이 가능하다. 또한 크레파스는 고루 퍼지면서 섞이지만, 크레용은 여러 번 덧칠해도 잘 섞이지 않아 덜 정돈되면서도 딱딱한 느낌을 준다.

크레용은 발색이 연하고 딱딱하여 혼색이 잘되지 않는다. 전체적으로 채색의 분위기가 크레파스처럼 선명하지 않다. 노인들이 색을 칠하는 것에 어려움을 느낄 수도 있다.

⑤ 사인펜, 마커, 매직

- **사인펜:** 사인펜은 원래 필기도구의 한 종류였으나 여러 색으로 구성되어 미술활동에 쓰이는 등 일상생활에서 다양하게 사용된다. 매직이나 마커보다 예리하면서도 강한 선이 나오고 세밀한 표현이 가능하다. 색이 진하여 명암 표현은 어려운 편이다. 종류에는 컴퓨터용, 수성, 유성 사인펜이 있다. 일반적으로 수성 사인펜을 많이 사용하며, 수성 사인펜으로 그린 후 물로 번지는 효과를 주면 노인미술에서 호기심을 이끌 수 있고 감정 이완에도 도움이 된다.

- **마커:** 마커는 안료에 알코올을 혼합한 필기구의 일종으로, 회화매체로서는 붓이나 팔레트 없이 직접 채색할 수 있는 재료이다. 색연필처럼 색상이 다양하고 건조 속도가 빨라 첨단재료로 각광받고 있다. 그러나 수정이 불가능하고, 혼색이 어려우며, 색상의 발색도가 낮고 탁하여 다양한 색상을 구비하여야 한다.

- **매직:** 매직은 속건성의 잉크를 사용하는 일종의 사인펜이다. 원래의 용도는 필기구이고, 사인펜보다 심이 굵다. 노인미술에서 매직은 수성 사인펜으로 칠하기 힘든 천, OHP 필름, 나무, 지점토 등에 쓰기 좋다.

⑥ 파스텔

파스텔은 회화와 소묘의 성격을 동시에 갖고 있는 독특한 매체로서 막대형과 연필형이 있다. 막대형은 넓은 면적이나 부드러운 표현에 적합하고, 연필형은 가는 부분이나 섬세한 표현에 좋고 터치를 살릴 수도 있다. 막대형은 단단한 정도에 따라 소프트, 미디엄, 하드의 세 종류로 구분된다. 미디엄 파스텔은 소프트 파스텔과 하드 파스텔의 중간 성질을 띤다. 하드 파스텔은 작품의 스케치나 소프트 파스텔 작품의 선 표현 또는 섬세한 표현을 보충하는 데 쓰인다. 선명하면서도 부드럽고 화려한 파스텔의 색감은 크레파스나 색연필의 색감과는 다르게 포근하고 따뜻한 느낌을 준다.

⑦ 목탄

목탄은 선사시대 사람들이 숯을 이용해 동굴 벽에 기호나 그림을 그린 것에서 그 기원을 찾을 수 있으며, 따라서 인간이 가장 먼저 사용한 미술재료이다. 버드나무나 오동나무의 작은 가지들을 공기가 차단된 가마에 삶아 찐 후 불완전 연소로 태워 만든다. 목탄은 가볍고 색의 농도가 짙은 것이 좋다. 제작 기법에 따라 막대목탄, 압축목탄, 목탄연필, 가루목탄 등으로 나눌 수 있다. 목탄은 연필보다 입자가 거칠고, 심을 뾰족하게 유지하는 것이 힘들어 섬세하고 정교한 표현은 어렵다. 그러나 명암 표현이 자유롭고 수정하기 쉽기 때문에 표현하기 어려워하는 노인들이 편안하게 사용할 수 있다. 목탄은 면이나 가죽, 식빵이나 지우개 등으로 지울 수 있다.

⑧ 콩테

콩테는 연필의 원조라고도 하는데, 천연 안료와 밀랍, 기름 성분을 혼합하여 다진 것으로 오일 파스텔과 성질이 유사하지만 가늘고 더 길다. 검은색, 어두운 갈색, 연빨간색, 회색, 흰색 등이 있고, 최근에는 더 다양한 색이 생산되고 있다. 형태로는 막대형과 연필형이 있다. 지우개로 잘 지워지지 않아 수정이 어려우며 연필보다 심의 상태가 무르기 때문에 농도가 매우 진하고 부드러운 표현이 가능하다.

⑨ 기타

• 볼펜: 필기도구의 일종으로, 매우 다양한 색과 굵기의 볼펜이 시중에 판매되고 있다.
• 분필: 칠판에 글씨를 쓰는 필기구로, 탄산석회나 구운 석고의 가루를 물에 개어 손가락 정도의 굵기와 길이로 굳혀서 만든다. 검은 도화지나 색도화지에 크레파스나 크레용 대용으로 그림을 그리면 선명하고 부드럽게 그려져 새로운 느낌을 준다.

(2) 습식매체

고형의 덩어리로 되어 있어 물을 사용하는 매체이며, 주로 다양한 물감과 먹물, 잉크 등을 말한다.

① 수채물감과 불투명 수채물감

• 수채물감: 수채물감은 미세한 분말 안료에 고착제로 아프리카산 아카시아 나무에서 추출한 아라비아고무를 녹여 제조한 수용성 물감이다. 수채물감은 다른 매체들과도 결합하여 쓸 수 있고, 접근이 용이하여 누구나 손쉽게 사용할 수 있다. 맑고 은은한 느낌을 주며 넓은 면의 채색에 편리하다. 수채물감은 노인에게 이완과 자기표현을 촉진시켜 준다. 찍기, 뿌리기, 번지기, 겹치기 등의 다양한 기법을 구사할 수 있다. 스펀지, 소금, 각종 야채, 솔 등 다양한 도구를 사용하는 것도 가능하여 매체를 처음 사용하는 노인들이 흥미롭게 접근할 수 있다.

• 불투명 수채물감: 보통 '과슈'라고 부르며, 아라비아고무와 초미립자의 안료를 갠 것에 슈가 에스테르와 꿀 등을 다양하게 혼합한다.

② 아크릴물감

유화물감과 수채물감의 장점을 동시에 가지고 있으며, 속성으로 건조되는 수용성 물감이다. 아크릴물감은 빨리 마르고 불투명하며 자극적인 냄새도 없다. 수용성이므로 사용이 간편하며, 수채물감이나 포스터컬러 물감과 혼합해서 사용하는 것이 가능하고, 두께감이 있어 독특한 질감을 표현할 수 있다. 접착력이 강하여 종이뿐만 아니라 목재나 철재, 천, 유리병 등에 다양하게 응용할 수 있다. 유연성이 있어 여러 번 덧칠해도 갈라지지 않고, 혼색이 쉬우므로 자유롭게 색채를 표현하기 좋다.

③ 유화물감

유화물감은 아크릴물감과 달리 공기와 접촉하면서 굳어지는 식물성 기름에 안료를 혼합하여 만든다. 다른 수용성 물감들에 비해 깊고 은은한 광택을 가지고 있다.

④ 포스터컬러 물감

포스터 도안 등의 제작용으로 만들어진 불투명 물감이다. 안료를 아라비아고무나 아교 등의 수용성 매체로 잘 갠 후 백색 안료를 섞어 칠의 얼룩을 억제함으로써 거듭 칠해 갈 수 있다. 대량 사용을 위해 비교적 염가로 제조되지만 내구성은 없다. 포스터컬러 물감은 병에 든 제품이 대부분이며, 처음 구입 당시 물감 위에 떠 있는 맑은 액체는 미디엄으로 공기와 물감의 차단 역할을 하고 장기보존이나 붓질을 용이하게 해 주기 때문에 버리지 않는다.

⑤ 템페라물감

템페라물감은 가루로 된 불투명 안료에 달걀 용액을 섞어서 만든다. 템페라물감은 부드러운 색의 흐름을 내는 것이 어려워 약간 딱딱한 느낌이 드는 것이 유화물감과의 차이점이다. 템페라물감은 너무 빨리 말라 색을 혼합하기 힘들며, 너무 두껍게 칠하면 균열이 생기고, 보존하는 것이 어렵고 불편하다.

⑥ 마블링물감

마블링물감은 물과 기름의 반발 효과를 이용하여 만드는 기법에 사용된다. 넓은 용기에 물을 담고 두세 종류의 마블링물감을 떨어뜨린 후 막대로 살짝 저어 마블링을 만든 후, 얇은 종이를 물 위에 덮어 물감이 종이에 전체적으로 묻어나도록 한다. 보색이나 배색 효과를 이용하면 독특한 색의 표현이 가능하다.

⑦ 스테인드글라스 물감

스테인드글라스 물감은 안료에 아교를 혼합한 것으로, 검은색과 흰색은 불투명하고, 그 외 유채색은 투명하게 비친다. 접착성이 뛰어나고 발색 효과가 좋아 투명유리, 아크릴판, 비닐, 아세테이트지 위에 칠하여 스테인드글라스의 효과를 낼 수 있다. 스테인드글라스 물감의 대용으로 색 한지나 색 셀로판지를 이용하여 스테인드글라스의 느낌을 줄 수 있다.

⑧ 먹물

먹물은 그을음, 아교, 향료 등을 혼합하여 만든 것이며, 농도를 조절하기 위해 물을 사용한다. 벼루에 갈아서 쓰는 막대형과 바로 부어서 사용할 수 있는 액체형이 있다.

⑨ 파스넷

파스넷은 크레파스와 수채물감의 장점을 합쳐 놓은 것으로, 물과 함께 사용하면 수채화의 효과가 난다. 크레파스로 넓은 면을 채색할 때 찌꺼기가 나오고 힘이 드는 점과 물감의 물 조절이 힘든 점을 보완하여 만든 것이다. 크레파스보다 부드럽지만 두꺼우므로 세밀한 묘사나 표현은 어렵다.

⑩ 기타

- 불어펜: 수성 타입의 잉크가 용기 안에 들어 있으므로 막대를 불 수 있게 조립한 후 불어서 표현한다. 일반 물감에 빨대를 이용해서 부는 것보다 준비 과정이 간편하며 색의 농도가 진한 편이다. 입으로 불지 않고 직접 그릴 수도 있다.
- 염색용 물감: 각종 천이나 운동화 등에 원하는 그림을 그릴 수 있고 빨아도 잘 지워지지 않아 반영구적이다.
- 펄 물감: 직물용으로 나온 것이 많아 염색용 물감과 함께 옷에 그림을 그릴 때 사용하면 색감이 화려해져서 작품의 완성도를 높일 수 있다.
- 한국화물감: 한국화물감은 안채와 튜브물감으로 나뉜다. 천연 광석을 분쇄하거나 천연 흙, 식물의 꽃이나 뿌리 등을 채취·가공하여 색을 얻고, 이러한 안료에 아교와 천연 전분을 섞어 만든다. 안채는 주로 스케치에 많이 쓰이고, 튜브물감은 천연 안료를 고착제와 섞어서 만들므로 젖은 붓으로 즉

시 그릴 수 있어 사용이 간편하다.
- 풀 물감: 밀가루를 풀어 수채물감을 섞어서 만들 수 있다. 부드럽고 촉촉하며 자유롭게 표현할 수 있다.

3) 조소매체

조소란 재료를 깎고 새기는 조각과 빚어 붙여 입체 형상을 만드는 소조(가소성 있는 재료)를 말하며, 조소매체는 다음과 같다.

(1) 습식매체

① 찰흙

찰흙은 끈기가 있고 찰진 흙을 말한다. 개봉한 후에는 마르지 않도록 젖은 면으로 덮어 두고 사용해야 한다.

② 지점토

흰색의 종이점토로 찰흙과 같은 속성을 지니고 있다. 물만으로도 접착력이 뛰어나 물을 사용하여 붙일 수 있으며, 마르고 나서 떨어질 경우에는 목공풀을 사용하면 쉽게 붙는다. 건조되면 종이처럼 가벼워지고 물감을 이용해 색채 표현도 할 수 있다.

③ 종이죽

종이죽은 기존 제품으로 나와 있는 것을 사용하거나 신문지를 잘게 찢어서 물에 불려 만들어 쓸 수 있고, 건조되면 물감을 이용해 채색할 수 있다.

④ 컬러믹스, 컬러점토, 점핑클레이

찰흙과 지점토 대용으로 점토에 색이 가미되어 있어 별도로 채색을 할 필요가 없으며, 다른 색상의 점토와 혼합하는 것도 가능하다.

⑤ 석고

- 석고가루: 주로 물과 석고가루를 일대일의 비율로 사용하며 굳힌 석고가루에 조각칼로 원하는 모양을 조형할 수 있다. 석고는 모양을 뜨거나 다루기 쉽고, 제작시간이 짧아 굳기 전에 빨리 작품을 완성해야 하며, 깨지기 쉬운 단점이 있다.
- 석고붕대: 인체의 부분을 그대로 본을 뜨는 순간조형 제작에 좋으며, 제작하기 쉽고 건조가 빠르며 건조 후에는 단단하게 변한다.

(2) 종이 및 바탕재료

① 종이

종이는 입체 작업의 매체로도 사용이 가능하나 주로 평면 작업을 위해 사용된다. 종이는 바탕에 어떤 매체로 표현하느냐와 내담자의 심리 상태에 따라 재질감, 흡수성, 크기, 색, 무게를 적절하게 선택해야 한다. 그 예로, 수채물감을 다룰 때는 흡수성이 좋은 종이를 사용해야 하며, 백지 공포증이 있거나 위축된 사람에게는 큰 종이보다는 작은 종이를 주도록 한다. 잘 찢어지는 종이는 좌절감을 줄 수도 있다. 이처럼 종이는 심리 상태와 활용 목적에 맞게 사용해야 한다. 주로 도화지와 켄트지가 사용되며, 크기로는 A4, A3, 8절, 4절, 2절, 전지 등이 있다.

② 화선지

색채 효과가 잘 나타나고 번짐의 효과가 크며 주로 붓글씨를 쓸 때 사용되는 종이이다. 탁본을 할 때도 화선지를 사용한다.

③ 한지

'동양적 품격을 지닌 종이'라고 지칭되기도 하는 전통 종이로 닥나무 껍질의 섬유질이 한지의 재료가 되며, 제작에 따라서 종류, 문양, 색채가 다양하고 한지를 이용한 공예도 많다. 촉감이 부드러우며 물감 흡수가 뛰어나 겹쳐 그리기를 편리하게 할 수 있다. 한지는 조직이 가늘고 길며, 서로 엉켜 있어 질기고 탄력이 강하다. 도화지에서 느낄 수 없는 은은함이나 온화함, 소박함과 자연스러움을 느낄 수 있어 동양적인 정서와도 잘 맞는다. 그러므로 정서가 메마른 아동에게는 부드러운 촉감을 통해 정서 회복에 도움을 줄 수 있다. 또한 다른 재료에 비해 손쉽게 자를 수 있고 찢기, 구멍 내기, 태우기, 뭉치기, 접기, 구부리기, 구기기, 말기, 꼬기, 덧붙이기, 물감 번지기 등의 효과를 나타낼 수 있다. 다른 매체와 혼합하여 다양한 형태로 변화시킬 수 있는 가변성도 가지고 있다.

④ 장지

화선지를 겹쳐 만든 것으로 화선지보다 흡수력은 떨어지나 화선지처럼 잘 찢어지지 않아 널리 사용된다.

⑤ 섬유

자수, 직물, 염색, 매듭 등의 영역이 있으며, 전통적 표현 기법이나 직물조직에 나타나는 패턴을 이용한 표현과 염색 등이 가능하다.

⑥ 수채화 용지

와트만지, 아르쉬지 등은 흡수성이 좋은 수채화 용지이다. 수채화의 내구성을 좋게 하려면 중성지나 약알카리성 종이를 선택하면 좋다.

⑦ 기타 종이 및 바탕재료

색종이, 모눈종이, 하드보드지, 포장지/벽지, 골판지 셀로판지, 사포, OHP 필름, 알루미늄 호일, 일회용 접시, 다양한 잡지, 신문지 등이 있다.

(3) 건식매체

① 타일

큰 타일은 깨뜨려 나온 조각들로 표현하거나 작은 타일은 여러 가지 종류를 모아 붙여 이용할 수 있다. 흰색 타일에는 유성펜이나 아크릴물감으로 그림을 그려서 표현할 수도 있다.

② 비누, 양초

비누는 조각하기가 쉽고 부드러워 자신이 원하는 모양으로 밑그림을 그린 후 조각칼로 파거나 깎아서 만들 수 있다. 양초는 파라핀에 크레파스를 녹인 후 섞어서 새로운 모양과 색의 양초를 만들 수 있는데, 최근에는 점토처럼 만들어 사용할 수 있어서 작업하기에 편리하다.

③ 다양한 목재

다양한 목재가 미술매체로 이용될 수 있으며, 대패밥, 톱밥, 나뭇잎, 조각목재, 굵기가 다른 나무줄기, 솔방울, 하드스틱(아이스크림용 막대)이 있다.

4) 공예매체

(1) 선재

선재는 선을 표현할 수 있는 매체로서, 구부리거나 묶거나 서로 연결하고 꼬아서 표현할 수 있다. 평면적인 표현과 입체적인 표현이 모두 가능하며, 수수깡, 지끈, 모루, 털실, 노끈, 빵끈, 색철사, 리본끈, 색빨대, 나무젓가락, 이쑤시개, 성냥개비, 우드록 등이 있다.

(2) 선재 외의 매체

선재 외의 매체는 선재나 다른 회화매체와 함께 사용하여 작품을 제작할 수 있는데, 에바, 사포, OHP 필름, 폼포드, 부직포, 스티로폼, 스팽글, 뿅뿅이, 솜 스티커, 컬러 종이커브, 컬러 종이접시 등이 있다.

5) 비정형매체

비정형매체의 종류는 다양하다. 여러 종류의 과자와 사탕, 떡, 꽃이나 식물의 잎 등을 이용하고, 밀가루는 물에 식용유를 혼합하여 찰흙 대용으로 사용할 수 있다. 그 밖에 각종 곡물과 조개껍데기, 색모래, 면도크림도 다양하게 활용할 수 있다.

6) 기타 재료

그 밖의 미술매체로는 철사, 모루, 펌, 노끈, 지끈, 색철사, 솜, 스티로폼, 자연물, 마른 열매, 나뭇잎, 조개틀, 자갈, 반짝이는 가루, 스티커, 생활용품, 재활용품, 매직콘 등이 있다.

7) 도구

도구는 정형매체와 비정형매체의 표현을 돕기 위한 것으로 붓(수채화, 아크릴, 유화, 동양화용 등 다양한 용도와 크기), 팔레트, 화판, 물통, 이젤, 점토 자르는 줄, 칼, 점토용 주걱, 나무망치, 가위, 풀, 접착제, 스카치테이프, 양면테이프, 글루건, 조각칼, 나무판, 정착액, 다양한 색 래커, 스펀지, 각종 공예용구 세트, 수동 천공기 파워펀치, 회전대 등이 있다.

(1) 붓
붓은 물감과 손끝 감각을 통해 표현하고자 하는 것을 나타내 주는 중요한 도구이다.

① 수채화용 붓

보통 둥근 붓으로, 유화용 붓보다 부드럽고 자루가 길다. 물로도 쉽게 세척이 되므로 여러 개의 붓을 준비할 필요가 없다. 붓은 굵기에 따라 번호를 매기는데, 번호가 높을수록 굵은 붓이다.

② 유화용 붓

유화용 붓은 수채화용 붓에 비해 손잡이 부분이 길고, 붓끝의 탄력이 강하며, 허리 부분이 단단하다. 유화용 붓은 기름에 의해 털이 빠지거나 굽을 수 있으므로 사용과 관리에 주의가 필요하다. 종류로는 평붓, 둥근붓, 펜붓이 있으며, 길이도 다양하다. 유화용 붓은 기름에 씻고 비누나 세척제로 씻어야 하는 어려움이 있어 여러 개 준비하는 것이 좋다.

③ 아크릴용 붓

아크릴용 붓은 별도로 제작되어 있으며, 재질은 나일론이 가장 대중적으로 사용된다. 그러나 유화용 붓이나 수채화용 붓을 사용해도 무방하다. 세척 시에는 붓에 비누를 묻혀 손바닥으로 문질러 씻는다.

④ 포스터컬러용 붓

포스터컬러용 붓은 대개 납작한 평붓으로, 중간 정도의 탄력을 가진 붓이 좋다.

⑤ 먹물용 붓

먹물용 붓은 사용하고 난 후 즉시 깨끗하게 세척해야 딱딱해지는 것을 방지할 수 있다. 보관할 때는 잘 털어 붓털을 반듯하게 다듬어서 보관해 두어야 한다.

(2) 팔레트

팔레트는 물감을 섞거나 엷게 풀어 쓰는 데 사용되며, 종이, 알루미늄, 나무, 플라스틱, 철제 등 종류가 다양하다. 팔레트가 없을 때에는 우유팩을 잘라 사용하거나 일회용 용기들을 대신 사용할 수 있다.

① 수채물감용 팔레트

오목하거나 칸이 있는 것이 필요한 물의 양을 첨가할 수 있고, 색들이 서로 흘러 섞이지 않도록 하기 때문에 사용하기에 편하다. 사기, 플라스틱, 금속 등 다양한 재질, 크기, 형태가 있다. 튜브형 수채물감은 난색부터 한색의 순으로 미리 충분히 짜서 말린 후 붓으로 녹여서 사용하는 것이 편하며, 색의 선택이 자유롭고 적당량을 찍어 내기가 쉽다.

② 아크릴물감용 팔레트

아크릴물감은 나무에 부착력이 뛰어나므로 나무 팔레트는 피해야 한다. 플라스틱이나 유리, 금속판 등을 사용하는 것이 좋고, 일회용 팔레트를 쓰는 것도 편리하다. 아크릴물감은 빨리 건조되기 때문에 그림을 그리다가 잠시 쉴 때에는 팔레트에 분무기로 물을 뿌리거나 천으로 씌워 건조되는 것을 막아야 한다.

③ 포스터컬러물감용 팔레트

포스터컬러물감은 미리 짜 놓으면 굳어 버리고 굳은 물감은 다시 사용할 수 없으므로 수채물감처럼 미리 짜 둘 필요가 없다. 흰색 아크릴판이나 유리판을 쓰는 것이 관리하기에 좋지만, 없을 때에는 책받침을 활용해도 된다.

④ 유화물감용 팔레트

전통적인 유화물감용 팔레트는 둥근 나무판 모양으로 엄지손가락 구멍이 있다. 나무판에 니스를 칠하면 물감 속의 오일이 나무에 흡수되는 것을 막아 준다. 그 외에 플라스틱이나 알루미늄, 유리판 등을 사용할 수 있고, 간편한 일회용 종이 팔레트를 사용할 수도 있다.

(3) 물통

실내용으로는 입구가 넓은 유리병이나 플라스틱 물통을 이용하고, 야외용으로는 접을 수 있는 비닐 물통이 부피를 적게 차지하며 가벼우므로 휴대하기에 좋다.

(4) 지우개

지우개는 연필이나 잉크로 쓴 것을 수정하는 고무제품으로, 생고무에 가소제, 연화제, 안료 등을 섞어서 제조한다. 지우개는 종이를 손상시키지 않고 지우는 연한 것과 종이의 표면을 벗겨 내는 단단한 것이 있다.

(5) 풀

풀은 종이류나 물건을 맞붙이거나 접합할 때 사용한다.

① 목공풀

딱풀로 잘 붙지 않는 나무나 두꺼운 종이, 천, 가죽 등의 접착에 용이하다. 하얀 고형으로 되어 있고, 마르면 투명해진다. 안전하고 깨끗하며 묻었을 때 수성이라 잘 씻어지는 장점이 있다.

② 딱풀

고체 형태로 되어 있어 누구나 쉽게 사용할 수 있으며, 잘못 붙였을 때는 금방 떼어 내어 다시 붙일 수도 있다. 안전하고 깨끗하며 묻었을 때 수성이라 잘 씻어지는 장점이 있다.

③ 물풀

액체 형태이며, 사용하다가 오래 놔두면 스펀지 부분이 굳어 버리기도 한다. 양을 조절하지 못하면 종이가 젖어 우글쭈글해지기도 하여 깔끔하게 붙여지지 않는 단점이 있다.

(6) 접착제

① 글루건

총처럼 생긴 형태에 고형 고무심을 넣어 녹이면서 사용하는 접착제의 일종이다. 뜨겁기 때문에 사용 시 화상에 주의해야 한다. 목공풀이나 딱풀 등으로 붙지 않는 금속이나 두꺼운 나무, 비즈 등을 접착할 때 용이하다. 작은 부분까지 섬세하고 깔끔하게 접착할 수 있다는 장점이 있다.

② 목공용 본드

접착면이 유연하여 충격에 잘 견디지만, 독성이 강하고 환각성이 있으므로 사용할 때 반드시 환기를 시킨다. 접착한 곳이 쉽게 떨어지지 않으며, 접착제가 묻은 곳은 지저분해지기 쉽다.

③ 순간접착제

순간접착제는 독성이 있어 피부에 닿거나 냄새를 맡지 않도록 각별히 주의해야 한다. 한꺼번에 많은 양을 쓰면 접착이 잘되지 않으며, 사용 후에는 보관에 유의해야 한다.

(7) 테이프

양면테이프, 투명테이프, 불투명테이프, 종이테이프, 색테이프 등이 있으며, 종류와 기능에 따라 접착용으로나 작품 표현 등에 다양하게 활용할 수 있다.

(8) 가위

① 일반 가위

종이나 작은 나무토막, 천 등을 자르는 데 사용하며, 제도 가위와 헝겊용 가위로 나눈다.

② 핑킹 가위

지그재그의 날을 가진 가위로 물결 모양과 뾰족한 모양의 두 가지 종류가 있는데, 최근에는 다양한 무늬가 있어 미술활동에서 모양을 내기 위한 용도로 사용한다.

(9) 칼

매체를 자르거나 깎는 데 사용하는 도구이다. 제도용 칼은 다양한 크기로 나뉜다. 칼을 책상에서 사용할 때는 고무매트를 깔고 하는 것이 좋다. 판화 제작에는 조각칼을, 찰흙이나 지점토, 컬러믹스를 사용할 때는 점토용 플라스틱 조각칼을 사용한다.

(10) 기타

- 스펀지는 물감을 찍어 풍부하고 거친 질감을 표현할 수 있다.
- 나이프는 물감을 덜어 내는 데 사용하기도 하고, 붓 대신에 대범하고 거친 느낌을 표현할 수 있다.
- 펀치는 색종이나 색지 등에 펀칭을 가해 나온 종이들을 재구성하여 표현할 수 있다.
- 픽사티브 스프레이는 목탄, 파스텔화의 보존에 필요하다.
- 조소재료의 마감재로는 유광, 무광, 반광 바니시를 사용한다.
- 자, 다양한 틀, 스테이플러, 수건, 롤러, 커팅매트, 점토 자르는 줄칼, 낚싯줄 등도 도구로 쓰인다.

4. 미술활동의 재료

1) 인위적인 재료

(1) 제품화된 재료

미술 관련 도구를 파는 문구점이나 화방에 진열된 것들로, 재료의 종류는 〈표 2-3〉과 같다.

| 표 2-3 | **제품화된 재료**

종이재료	양지[신문용지, 인쇄용지, 필기용지, 도서용지, 도화지, 박엽지(습자지, 잡종지), 판지(백판지, 기타 판지, 골판지, 셀로판지)], 한지
그리기, 채색	• 수성물감류(수채화물감, 아크릴물감, 포스터물감, 수성페인트, 수성잉크, 먹, 동양화물감) • 유성물감류(유화물감, 유성 페인트, 마블링물감, 유성 잉크) • 크레용류(크레용, 파스텔, 크레파스) • 펜류(연필, 색연필, 볼펜, 사인펜, 매직, 마커) • 기타(분필, 콩테, 목탄, 래커, 스프레이, 젯소)
점토류	• 자연점토(청자토, 백자토) • 대용점토(지점토, 유성점토, 밀가루점토, 전분반죽, 톱밥반죽, 종이반죽)
가루 형태	대패밥, 석고가루, 전분가루, 밀가루, 톱밥, 색모래, 금·은색 가루, 소금
선 및 끈 형태류	철사, 꽃철사, 컬러 천연철사, 스프링, 피복전선, 모루, 나무젓가락, 이쑤시개, 면봉, 성냥개비, 비닐끈, 한지끈, 마끈, 면끈, 가죽끈, 컬러끈, 빵끈, 면끈, 운동화끈, 금·은사, 릴리앙스실, 고무줄, 고무밴드, 털실, 무명실, 색실, 리본테이프, 줄하트, 빨대, 수수깡, 백엽, 매직 누들스 등
면 형태	석고붕대, 우드록, 칼라 우드록, 페이퍼보드, 단열재, 캔버스 합판, 시트지, 쿠킹호일, 포장지, 주름지, 셀로판지, 고무원단(EVA), 합판, 부직포, 종이부직포, 망사(눈꽃망사, 금·은 방사), 아크릴판, 비닐랩, 아세테이트지, OHP 필름, 에어팩 등

크림 및 젤 형태	스노우 파티, 생크림, 면도세이빙, 밀가루풀, 화학물풀, 반짝이풀, 헤어젤, 무스 등
덩어리 형태	구슬, 바둑알, 비비탄, 탁구공, 테니스공, 풍선, 발포석고, 양초, 솜, 모, 스펀지, 뿅뿅이, 구슬, 스티로폼구, 스팽글, 모형꽃, 모형눈알

(2) 재활용(폐품) 재료

작품을 목적으로 주변의 생활 쓰레기를 버리지 않고 모아 두면 재활용을 할 수 있는 재료가 된다.

| 표 2-4 | **재활용(폐품) 재료**

폐지	신문지, 광고지, 책, 잡지, 팸플릿, 달력, 상표, 우유팩, 종이봉투, 종이가방, 과자상자, 전자제품 상자, 골판지, 벽지, 붙임상자, 종이접시, 펄프몰드, 종이컵, 포장지, 지관통, 딱지, 스티커, 카드, 껌, 껍질 등
플라스틱	카세트테이프와 CD 케이스, 아크릴판, PT병, 각종 뚜껑(물감, 간장, 케첩, 음료수 등), 각종 용기(요플레, 요구르트, 필름, 화장품, 샴푸 등), 1회용 숟가락, 빨대, 다양한 폐장난감, 볼펜, 빨래집게, 레코드판, 필름, 단추, PVC 파이프, 블리스터팩 등
금속	분유통, 참치캔, 음료수캔, 맥주캔, 철사, 못 쓰는 옷걸이, 석쇠, 각종 뚜껑, 우산대, 전선, 코일 등
스티로폼	가전제품 완충 포장재, 컵라면 용기, 식료품 용기, 반찬 용기, 단열재(평면, 원통) 등
섬유	스타킹, 양말, 조각, 천, 장갑, 헌 런닝셔츠, 옷감 조각, 수건, 스카프, 보자기, 티셔츠 등
유리	주스병, 우유병, 꿀병, 커피병, 박카스병, 조미료병, 잼병, 콜라병, 수족관, 거울, 창문 등

2) 자연적인 재료

(1) 식물성
각종 나무, 잎사귀, 각종 꽃(생화, 조화)과 곡식류(쌀, 보리, 옥수수, 검은콩, 노란콩, 조, 수수, 녹두, 팥 등), 씨와 열매 종류(대추, 수박, 호박, 감, 포도, 꽃, 솔방울, 강낭콩, 도토리, 밤, 탱자, 은행 등), 댓살, 작은 막대, 칡덩굴, 보리, 밀짚, 포도 줄기, 나뭇가지, 수수깡, 풀뿌리, 솔잎, 대나무, 보릿짚, 왕골, 판자, 넓은 잎, 나무껍질 등

(2) 동물성
각종 물고기, 해파리, 산호충(말미잘, 산호), 각종 조개껍데기, 고동 껍데기, 굴 껍데기, 각종 동물 박제류, 깃털 등

(3) 광물성
모래, 자갈, 돌멩이, 바위 등

3) 재료 활용 시 유의점

- 재료에 접근하기 쉬워야 한다.
- 노인의 교육 목표에 타당하고 욕구에 적합한 재료를 선택하여야 한다.
- 주변에서 구하기 쉽고 적은 경비로 언제든지 사용할 수 있는 재료가 좋다.
- 폐품을 다양하게 활용한다.
- 재료의 질이 좋아야 한다.
- 표현재료에 변화를 주어야 한다.
- 안정성과 위생성을 갖추어야 한다.
- 해결하기 곤란한 것, 신체적 조건과 맞지 않는 것은 될 수 있는 대로 피하는 것이 좋다.

5. 노인미술과 미술매체의 적용

미술매체를 어떻게 활용하는가는 미술지도사와 지도를 받는 노인들에게 달려 있다. 그러나 우선적으로 미술지도사는 지도받는 노인들의 건강 정도와 선호도를 충분히 파악하고 숙지한 후 매체를 선정하는 것이 중요하다. 특히 고령층 노인들을 지도할 경우, 노인들의 경험 정도에 따라 매체 사용 정도나 취향이 다르기 때문에 여러 가지 고려할 것이 많다. 수업 시 집단수업과 개인수업이 있을 수 있으며, 건강한 노인과 연약한 노인의 경우도 고려해야 한다.

집단수업은 10명 이상의 대집단과 5~9명 정도의 중집단과 2~4명의 소집단에 따라 수업이 달라지며, 개인지도와 집단지도의 장단점이 각각 있다. 같은 매체를 사용하더라도 효과나 지도방법이 다를 수 있고, 시간에 따라 자율식 수업과 정시간 수업으로 구분할 수 있다.

건강한 노인이란 신체적 · 사회적 · 정신적으로 건강한 상태이며 자연적인 노화를 경험하는 노인을 말한다. 연약한 노인은 활동이 제약되고, 주요 활동이 어려우며, 보건 및 의료 기관에 수용되어 있거나 호스피스 단계에 있는 80세 이상의 노인을 말한다. 젊은 노인(65~74세), 중간 노인(75~84세), 고령 노인(85~99세), 초고령 노인(100세 이상)으로 노인을 분류하는 것에는 다양한 이견이 있겠지만, 대상자 이해를 돕기 위하여 이렇게 분류하고자 한다. 90세 이상의 노인은 건강한 상태를 유지하더라도 '허약 노인'으로 분류한다. 미술 적용 부분에서도 건강한 노인과 연약한 노인으로 구분하여 지도에 임해야 한다.

여기서는 노인들의 취향이나 선호도를 구분하기에는 한계가 있다고 보고, 크게는 연약한 노인, 건강한 노인으로 구분하여 매체를 선정하고 프로그램을 적용해 보기로 한다. 건강하거나 연약하더라도 노인미술지도사의 도움은 필수적이다. 건강한 노인들은 주로 자기주도적으로 표현을 이끌어 가게 하고, 연약한 노인들은 적극 참여할 수 있도록 독려하는 것이 필요하다.

1) 건강한 노인의 수업 계획안

(1) 1회기

주제	나를 위한 차 받침대
목적	섬세함과 소근육 강화 및 성취감과 자아존중감 향상
매체	나무스틱, 한지종이, 나무전통 문양 펜던트, 사각나무 받침대, 마커, 오공본드, 비닐장갑, 신문지 약간
진행 과정	〈인사〉 반갑게 인사를 나누며 그동안의 근황을 여쭙고, 오늘의 주제를 설명한 후 수업에 대한 효과를 설명해 드린다. 〈만들기 과정〉 ① 매체에 대한 설명을 한다. ② 나무스틱과 나무전통 문양 펜던트를 마커로 색칠한다. ③ 오공본드로 나무스틱을 겹쳐지게 붙인다. ④ 사각나무 받침대에 한지종이를 붙이고, 미리 만들어 놓은 겹쳐진 나무스틱을 모양과 같이 붙인다. ⑤ 맨 안쪽에 나무전통 문양 펜던트를 붙인다. ⑥ 완성 후 오늘 수업에 대하여 토론한다.
작품	• 마커로 나무스틱을 칠할 때 손에 묻지 않도록 비닐장갑을 끼고 칠하도록 한다. • 색을 칠할 때 신문지를 깔아서 책상에 묻지 않도록 한다. 

(2) 2회기

주제	행복한 하루
목적	자신감과 성취감 향상
매체	타일, 아크릴물감, 붓, 물통, 색연필, 신문지 약간
진행 과정	〈인사〉 반갑게 인사를 나누며 그동안의 근황을 여쭙고, 오늘의 주제를 설명한 후 수업에 대한 효과를 설명해 드린다. 〈만들기 과정〉 ① 매체에 대한 설명을 한다. ② 타일에 색연필로 어떤 그림을 그릴지 구상한다. ③ 구상이 다 된 경우 아크릴물감을 붓으로 색칠한다. ④ 완성 후 오늘 수업에 대하여 토론한다.
작품	• 아크릴물감으로 색을 칠할 때 신문지 등을 깔고 책상에 묻지 않도록 한다. • 붓 사용이 다 끝난 후에는 빨리 붓을 씻어 놓아야 한다. 왜냐하면 붓에 묻은 물감이 빨리 말라서 다음에 붓을 사용하는 데 불편하기 때문이다.

(3) 3회기

주제	눈사람 만들기
목적	과거 회상을 통한 행복한 기억 떠올리기
매체	스티로폼 공, 펠트지, 가위, 폼폼, 폼 클레이, 클레이, 파스텔, 네임펜, 글루건
진행 과정	〈인사〉 반갑게 인사를 나누며 그동안의 근황을 여쭙고, 오늘의 주제를 설명한 후 수업에 대한 효과를 설명해 드린다. 〈만들기 과정〉 ① 매체에 대한 설명을 한다. ② 스티로폼 공 두 개를 오공본드로 눈사람 모양이 되도록 붙인다. ③ 눈사람 형태가 되면 펠트지를 사용하여 가위로 모양을 내어 모자와 목도리 등으로 꾸민다. 눈, 코, 입은 네임펜으로 그리고, 클레이로 손을 만들어서 눈사람 모양 옆에 글루건을 사용하여 붙인다. ④ 폼 클레이에 눈사람 모양이 움직이지 않게 올려놓고 고정시킨다. ⑤ 완성 후 오늘 수업에 대하여 토론한다.
작품	• 모자와 목도리를 만들어 붙일 경우 글루건 사용을 많이 하게 되는데, 글루건을 사용할 때 주의해서 사용하도록 강조해야 한다. 

2) 연약한 노인의 수업 계획안

(1) 1회기

주제	소원 나무
목적	자기 탐색 및 자기 이해와 어르신 파악
매체	도화지, 나무 형태, 스티커
진행 과정	〈인사〉 반갑게 인사를 나누며 그동안의 근황을 여쭙고, 오늘의 주제를 설명한 후 수업에 대한 효과를 설명해 드린다. 〈만들기 과정〉 ① 매체에 대한 설명을 한다. ② 미리 오려 간 나무를 어르신이 보는 앞에서 도화지에 붙인다. ③ 스티커를 보여 주고 나무에 스티커를 붙이도록 한다. ④ 스티커를 붙이면서 소원을 이야기하도록 하면서 이야기에 공감한다. ⑤ 완성 후 오늘 수업에 대하여 토론한다.
작품	• 연약한 어르신이라 손 근육이 약할 수 있으므로 스티커가 잘 떨어지도록 주의 깊게 살펴야 하며, 지도사가 다 돕기보다는 보조의 개념으로 지도에 임해야 한다. • 소원을 말하는 동안 많은 격려와 공감을 해 드리고, 소원이 잘 생각나지 않으면 하고 싶은 활동을 이야기하도록 하면서 이루지 못한 꿈이나 소원이지만 그동안 열심히 살아오신 것에 격려를 해 드린다. 어르신께서 그동안 살아오면서 다소 만족스럽지 못한 부분이 있을 수 있겠지만 그때마다 최선을 다해서 살아오신 것에 격려를 해 드리는 것도 좋은 방법이다.

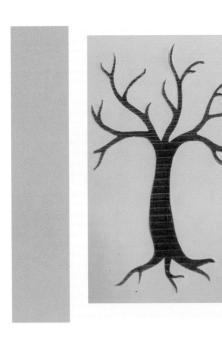

(2) 2회기

주제	행복한 생각
목적	소근육 강화 및 행복에 대한 회상하기
매체	해바라기 나무틀, 마커
진행 과정	〈인사〉 반갑게 인사를 나누며 그동안의 근황을 여쭙고, 오늘의 주제를 설명한 후 수업에 대한 효과를 설명해 드린다. 〈만들기 과정〉 ① 매체에 대한 설명을 한다. ② 해바라기 나무틀을 보여 주며 모양이 완성되도록 조합하는 것을 돕는다. ③ 해바라기 모양의 틀이 완성된 경우 마커로 색을 칠하도록 한다. ④ 완성된 모양에 생각나는 글을 써넣도록 한다. ⑤ 완성 후 오늘 수업에 대하여 토론한다.
작품	• 연약한 어르신이라 손 근육이 약할 수 있으므로 해바라기 모양이 완성되도록 친절하게 도와 드린다. 그러면서 '이것은 누구라도 어렵다.'고 말씀드리면서 돕는 것이 좋다. • 색을 칠하는 경우 지켜보며 '잘하신다.'고 격려해 드리되, 덜 칠해진 곳은 지도사가 마무리를 도와서 완성도를 높인다. • 해바라기 중심 부분에 글을 적어 넣도록 하고, 어떤 글을 쓰고 싶은지 의논 후 가급적이면 긍정적인 글을 쓰도록 한다. 그리고 글에 대한 토론을 함께 하는 것도 좋다. • 해바라기 중심 부분에 소중하게 여기는 사진을 붙이는 것도 좋으며, 사진에 대한 이야기를 나누는 것도 행복한 추억을 회상하게 할 수 있다.

(3) 3회기

주제	'나 어릴 때 이렇게 웃었지!'
목적	어릴 때 웃었던 기억을 회상하여 잊었던 옛 즐거움과 행복한 추억을 연상하게 한다.
매체	OHP 필름, 네임펜, 은박지, 두꺼운 도화지, 웃고 있는 사진
진행 과정	〈인사〉 반갑게 인사를 나누며 그동안의 근황을 여쭙고, 오늘의 주제를 설명한 후 수업에 대한 효과를 설명해 드린다. 〈만들기 과정〉 ① 매체에 대한 설명을 한다. ② 웃고 있는 사진을 바닥에 두고 OHP 필름을 위로 올라오게 한 후 네임펜으로 따라 그리도록 한다. ③ 은박지를 약간 구김이 가도록 구겨서 OHP 필름으로 웃고 있는 그림을 은박지 위로 올린다. ④ 그림 모양이 비춰지면 네임펜으로 색칠한다. ⑤ 완성 후 오늘 수업에 대하여 토론한다.
작품	• 연약한 어르신이라 시력이 약하거나 손의 힘이 없는 경우 또는 손 떨림이 있으신 경우, 웃는 얼굴을 따라 그리는 것에 부담을 가질 수 있으므로 옆에서 드로잉이 완성될 수 있도록 돕는 것도 좋다. 다만, 혼자서 하시려고 한다면 지켜보는 것이 바람직하다. • 네임펜으로 드로잉이 된 부분을 색칠하는 동안 많은 격려를 해 드리며, 완성해 가는 과정에 만족도가 높아질 수 있도록 충분하게 격려를 해 드린다. • 완성된 후 어릴 때 이렇게 웃었던 기억을 떠올리면서 회상을 하도록 돕고 공감해 드린다. • 어르신께 어릴 때의 즐거움과 행복한 시간을 기억하고 남은 시간도 그림으로 행복한 시간을 만들어 가자고 격려하도록 한다.

제3장

미술교육과 노인교육

1. 미술교육과 노인교육

1) 인간 발달에서 미술교육의 의미

현대사회는 개인적으로 느끼는 경험에 대해 주관적이든 객관적이든 표현하게 하고 또 표현해야만 살아갈 수 있는 구조로 되어 있다. 보고, 쓰고, 읽고, 듣고, 느끼는 것들을 표현하게끔 되어 있다. 이러한 것들은 어릴 때부터 기초교육으로 요구되며, 특히 아동들에게는 삶을 처음 시작하는 출발점에서 준비해야 할 전 생애 발달과업 중 필수적으로 습득해야 하는 것이기도 하다.

아동기를 지나면서 청소년기~성인기에는 지식체계를 가지게 되는데, 이를 통해 복잡하고 고도의 기술을 습득하게 된다. 이 모든 것을 이루어지게 하는 것은 인간에게 요구되는 기초적인 보기, 쓰기, 읽기, 듣기, 느끼기 덕분이다. 이러한 것들을 통하여 우리는 서로에게 듣고, 말하고, 표현하고, 느낀다. 이러한 표현에는 나만을 위한 표현도 있지만, 타인이 알아들을 수 있도록 하기 위한 표현도 있다.

　여기에서 우리는 '너'의 표현과 '나'의 표현이 의미가 없이 단순히 표현하는 것으로만 구조화되어 있는 것이 아니라 무엇을 하고, 무엇을 느끼고, 무엇을 보고, 어떻게 느끼고, 서로 어떤 연관을 맺고, 어떤 의미가 있는지로 표현된다는 것을 알 수 있다. 이처럼 표현이라는 것이 매우 복잡하고 고도의 기술을 요하는 것이지만, 이미 오래전부터 습득되고 연습되어 있기에 자연스럽게 할 수 있었는지 모른다.

　앞서 언급된 것처럼 표현은 간단한 것이 아니다. 표현을 언어의 일종으로 본다면 미술이 그 언어의 역할을 유용하게 할 수 있다. 미술은 학교교육에서 실용적인 지식을 습득하는 데 필수적으로 필요할 뿐만 아니라 창의적이고 독창적이며 개성 있는 인격체로 만드는 데 유익한 학문이다. 미술활동은 자아를 통합하는 과정에서 주위 환경과 동화하는 것을 습득하고 방대한 양의 정보를 받아들이게 해 준다. 노인미술교육도 노인의 자아통합에 충분한 역할을 해낼 수 있을 것이다.

　노인에게 있어서 자아통합은 과거 및 현재의 인생을 바라던 대로 살았다고 받아들이고, 의미 있게 생각하며, 앞으로 다가올 죽음을 인정하고 기다리는 태도를 갖는 것이다. 노인이 어떻게 자신을 긍정적으로 수용할 것인가에 대한 것은 미술지도에서의 다양한 기법이 가능하게 해 줄 것으로 기대한다.

　미술교육이 화가를 키우기 위한 과정이라거나 타고난 사람만이 하는 것이라는 생각은 잘못된 것이다. 요즘은 미술교육이 단순히 그림을 그리는 데 그치지 않고 자신을 드러내고 표현하는 과정과 여러 경험이 모여 깊은 내면의 것들을 들여다볼 수 있도록 하며, 희로애락(喜怒哀樂)의 감정들을 표출하도록 돕는 도구로서의 역할을 하기도 한다.

　이처럼 미술교육은 많은 영역에서 긍정적으로 흡수되고 있다. 미술은 단순히 치료적인 접근으로만 있는 것이 아니라 포괄적 의미에서 사회 전반에 걸쳐 아름다움을 추구하고자 하는 인간의 본능이며 태고 때부터 함께해 왔다. 그러다가 미술과 사회학, 미술과 치료, 미술과 인문학, 미술과 과학 등과 같이 미술과 융합된 학문들이 각자의 영역에서 큰 역할을 하고 있다.

　이제 미술교육은 아동 및 청소년뿐만 아니라 성인 및 노인에 이르기까지 창의적인 사고와 자기효능감을 높이며, 노령 사회에 건강한 여가문화를 만들어 내는 노인교육으로서 그 가치가 더 높아지고 있다.

2) 세대별 미술교육의 의미

　미술은 포괄적 의미에서 다양성과 창의성, 독특성, 개성, 융합성, 유연성, 복합성 등의 특징을 가진 광범위한 영역이다. 그런데 한편으로 그리기, 만들기 등의 조형적 표현 그 자체만을 의미하는 것으로 생각해 볼 수도 있다. 이처럼 미술은 협의와 광의를 모두 포함하며, 미술 영역은 우리의 일상생활 속에 무의식적으로 이미 공유되고 있다.

　그렇지만 우습게도 한동안 미술은 단순히 아이들이 하는 것으로 여겨졌다. 그래서 우리의 지각 속에 미술은 별개의 것이고, 나와는 무관하다고 생각해 왔다. 일제강점기, 6 · 25 한국전쟁, 산업화를 지나면서 의식이 높아지고 문화수준이 높아지게 되어 그동안 알지 못했던 미술과 문화 등에 대한 사색이 이루어지고 삶의 가치에 대한 사고가 깊어지면서 미술을 재조명하는 시기에 이르렀고, 미술의 교육적 측면과 가치에 좀 더 많은 관심을 가지게 되었다.

　시간이 흐를수록 미술교육의 가치가 아동 및 청소년뿐만 아니라 성인 및 노인에게도 필요하다고 인식하게 되었다. 미술이 인간의 성장(정신적 · 신체적)에 직접적으로 도움이 되고 있다는 것도 여러 경로를 통해 드러나면서 미술교육의 가치와 의미에 대한 더 깊은 성찰이 요구되었다. 특히 고령화로 인해 노인의 미술교육이 아동의 미술교육만큼 중요하고 필수적인 것임을 인식하게 된 것이다.

　인간의 발달에는 전진만 있는 것이 아니라 후퇴도 있다. 발달이 계속 진전만 의미하는 것이 아니며 발달 속에서도 쇠퇴가 있다. 생애 초기부터 청년기까지는 발달의 여러 측면에서 양적 · 질적 변화가 크게 증가하는 한편, 성인기에는 발달적인 변화가 거의 없으며, 노년기에는 점차 감소하게 된다(박성연 외, 2011).

| 그림 3-1 | **오늘 하루**

　인간의 발달이 다중방향을 가진 것으로 보는 관점에서 보면, 성인 및 노인들은 신체적으로 다소 퇴화되는 부분은 있지만, 자신이 오랫동안 해 왔던 것에 대한 전문성은 오히려 더욱 향상되는 것을 볼 수 있다. 예전에 교사였던 사람이 노인이 되면 신체적으로는 다소 활동적이지 못하지만 말은 더 효율적으로 조리 있게 잘한다. 그림을 그리는 사람의 경우도 나이가 들면 신체적으로는 다소의 기력이 쇠퇴할 수 있지만 예술적 감각은 더욱 높아질 수 있다. 노인이 되면 순발력, 기억력, 강한 육체적 힘은 잃는 반면, 혜안(慧眼)이나 포용력, 통찰력은 훨씬 더 발전하게 된다(한정란, 2005).

　이처럼 노인이 되었다 하여 발달이 멈추는 것도 아니며, 쇠퇴만이 오는 것도 아니다. 그러므로 노년기 미술교육이 로웬펠드(Lowenfeld)가 주장하는 아동기 미술교육의 중요성보다 못하다고 할 수는 없다. 로웬펠드도 미술교육의 초점을 아동에게만 맞춘 것이 아니라 인간 전체를 이해하는 데 노력하였고, 미술교육에서 정서적이고 정신적인 욕구와 관련되는 가치들에 대하여 많은 언급을 해 왔다(Lowenfeld & Brittain, 1993). 특히 노인미술교육은 노인들의 신체적·정신적 발달 자극을 촉진시켜 주고 쇠퇴를 완화해 주는 도구의 역할을 하고 창의성 발휘에 도움이 되기에 충분하며, 미래의 사회적인 패러다임까지 바꾸게 될 것이다.

(1) 유아 및 아동에게 미술교육이 가지는 의미

유아 및 아동의 경우 갓난아기 때부터 오감을 통하여 감각을 키운다. 특히 유아는 보고, 듣고, 느끼고, 냄새 맡고, 맛보는 것을 통해 성장하면서 지각적 감수성을 키운다. 미술교육은 아동의 학습뿐만 아니라 사회적ㆍ정서적ㆍ지각적ㆍ신체적ㆍ심리적 요인들과 연결되어 아동의 발달ㆍ성장에 바람직한 영향을 끼치고 있다.

아무리 좋은 재료가 있다 하더라도 교사의 지도방법에 따라 아동이 표현하지 않으려고 할 수 있다는 점도 명심해야 한다. 훌륭한 교사의 미술교육은 아동의 창의성 향상에 있어서 출발점이 되며, 상상의 나래를 복합적이고 융합적으로 펼칠 수 있게 하고, 성숙한 청소년이 되는 초석이 되어 줄 것이다.

(2) 청소년에게 미술교육이 가지는 의미

청소년의 경우 미술교육은 아동과는 다른 의미를 가질 수 있다. 아동기에는 표현하는 그 자체만으로 즐거움을 가질 수 있으나 청소년기는 또래집단(gang)과 함께하며 성인으로 나아가는 통로로서 사회성을 경험하는 시기이다. 즉, 또래집단을 의미하는 갱(gang)이라는 말은 요즘 들어 깡패나 불량 청소년 집단 모임을 일컫는 경우가 많다. 그러나 여기서는 9세 정도가 된 아이가 다른 아이들과 어울리기 좋아하는 현상을 의미한다. 이처럼 이 시기는 또래와 어울리며 자기를 인식하는 단계로서 자신과 타인에게 비판적이 되고, 어른에 대해 호기심과 관심을 가지며, 정의감이 발달하고 '공정하지 않은' 행동에 대해 격렬하게 반대하기도 한다.

그러나 시간이 흐르면서 성인에 가까운 청소년의 경우는 아이와 어른의 생활 속에서 자신이 성인인지 또는 아동인지 정체성의 혼란을 겪으며, 사춘기(puberty)를 경험한다. 또한 성이 중요한 의미를 가지기 시작한다(Lowenfeld & Brittain, 1993).

청소년에게 미술교육을 할 때는 청소년의 발달을 이해하지 못하면서 지도에 임해서는 안 된다. 청소년에게 미술교육이 가지는 의미는 청소년기에 나타나는 사춘기의 정체성 혼란에 더 잘 대처하도록 하기 위해 좀 더 안정적이고 편안함을 가져다주는 데 효과적으로 활용될 수 있다는 것이다.

(3) 성인에게 미술교육이 가지는 의미

성인의 시기는 대학 시절 전공과 큰 연관이 있는데, 그것이 직업과 연결되기 때문이다. 특히 성인은 다양한 직업 분야에서 오랫동안 일을 하는 과정에서 결혼과 자녀양육기를 거친다. 특히 현대사회는 각자의 전공 분야와 전문성이 중요하게 요구되며, 예술 분야라 하더라도 그 범위가 광범위하고, 개인의 격차도 크다는 것을 알아야 한다.

미술교육의 경우도 여전히 일반화가 되어 있지 않은 상태이다. 성인의 미술교육은 전공자와 비전공자의 차이가 매우 크다. 미술과 연관이 있다 하여 미술 영역을 모두 다 활용하거나 흡수하지는 않는다. 일반인의 경우는 예술과 문화를 즐길 만한 여유를 충분히 가진 것도 아니다. 학교 시기를 떠나 성인이 되어서는 미술이 일인가 또는 취미인가로 나누어지며, 최근에야 미술이 일상생활 속으로 흡수되기 시작하고 있다.

성인들에게 미술교육이 가지는 의미는 노인이 되기 전에 취미활동으로 준비해 놓는다는 사회적 분위기가 만들어져서 미술활동을 하는 성인들이 많아지고 미술교육의 가치가 상승할 수 있다는 것이다. 이는 곧 50~60대의 고령으로 넘어가는 시기에 여가와 문화 활동의 일환으로 미술활동을 한다는 것이다. 미술교육을 받고 그것이 60대 이후에 자기 역할을 찾는 방편이 되고, 미술지도사가 되어 직접적이고 생산적인 가치까지 만들어 내도록 준비하는 기간이 바로 이 시기이다.

(4) 노인에게 미술교육이 가지는 의미

고령화 시대를 맞이하여 노인의 여가 활용 및 심리적 안녕에 있어 노인미술의 교육적 의미는 크게 부각되고 있다. 일반적으로 '고령화'란 고령인구의 비율이 증가함으로써 사회 전반적인 연령대가 높아지는 변화를 말한다(한정란, 2005). 고령화 이전에는 노인에게 교육을 한다는 것이 익숙하지 않았고, 미술교육을 한다는 것은 더 어려운 일이었다.

2004년에 개정된 「노인복지법」에서는 노인이 착취와 학대의 피해로부터 안전을 보장받고 존엄하게 살아갈 수 있는 권리를 보장하였다. 2008년에는 「고령자고용촉진법」이 「고용상 연령차별금지 및 고령자 고용촉진에 관한 법률」로 개정되면서 노인의 노동권을 존중하는 길이 마련되었다. 2007년에는 「노인장기요양보험법」 제정을 통하여 노인이 건강과 케어에 필요한 사회적 서비스를 받을 수 있도록 하였다.

정부의 이러한 노력은 노인인권 보호를 위해 강화된 국가의 의무와 책임을 보여 주고 있다(최성재, 2012). 그리고 1966년 UN의 인권에 관한 국제규약(International Covenants on Human Rights)에는 노인의 시민적·정치적·경제적·사회적·문화적 권리가 포함되어 있다. 우리나라는 1990년 4월과 7월에 가입하였다.

우리나라가 UN 국제규약에 가입한 후 1998년 대통령인수위원회가 '인권법 제정 및 국가인권기구 설치'를 새 정부의 100대 과제의 하나로 발표하고, 2001년 5월 24일 「국가인권위원회법」이 공포되어 '인권의 세계화' 흐름에 동참하게 되었다.

UN총회는 1999년을 '국제노인의 해(International Year of Older Persons)'로 제정하여 선포하였다. '노인을 위한 UN 원칙'으로 노인의 독립, 참여, 보호(돌봄), 자아실현, 존엄의 5개 분야 18개 사항을 제시하였다(최성재, 2012).

노인들을 위한 독립, 참여, 보호(돌봄), 자아실현, 존엄의 이 다섯 분야는 노인미술교육 프로그램에서 활용할 수 있는 가치가 충분하다고 할 수 있다. '독립'의 경우 노인미술교육 프로그램을 평생교육적 차원에서 실시하여 자격증 제도를 통해 노인이 노인을 지도하는 일자리 창출이 가능하다. '참여'의 경우 노인미술교육 프로그램을 통한 집단미술 참여로 여가와 삶의 의미를 찾을 수 있다. '보호(돌봄)'의 경우 노인미술교육 프로그램을 통해 정신적·정서적·심리적 안녕을 스스로 만들 수 있을 것이며, '자아실현'의 경우 노인미술 프로그램이 노인들의 잠재력 발휘를 위한 활동으로 이어질 수 있다. 각종 전시회나 미술대회 활동을 할 수 있는 환경은 노인미술지도에 역동성을 갖게 해 줄 것이다. '존엄'의 경우 독립, 참여, 보호(돌봄), 자아실현을 이루어 가는 동안 차별받지 않는 환경을 조성함으로써 노인미술교육 프로그램이 성숙한 사회를 위해 나아가는 것이다. 이로써 미술교육이 '노인을 위한 UN 원칙'에 부합할 수 있다는 것을 알 수 있다.

이제는 미술교육이 아동에게만 해당되는 시대를 넘어 아동과 청소년, 성인과 노인이 모두 함께 인권을 지켜 나가는 방편이 되고, 미술교육이 일반화되는 성숙한 사회로 나아갈 수 있기를 희망해 본다.

2. 고령화와 노인미술의 가치

고령화는 개인의 평균수명이 연장되는 개인 고령화(individual aging), 개인 고령화를 사회적 차원에서 총체적으로 생각하는 인구 고령화(population aging)의 두 가지를 모두 포함한다(최성재, 2012).

이처럼 고령화는 사회적 고령화와 개인적 고령화로 볼 수도 있다. 사회적 고령화는 질적 고령화와 양적 고령화로 나누어 볼 수 있다. 양적 고령화로 인해 노인부양 부담 증가와 경제성장 둔화와 노동시장의 변화가 생겨나며, 질적 고령화는 노인의 교육수준 및 생활수준 향상, 노인의 세력화 등으로 나타나게 된다.

개인적 고령화에서 양적 고령화는 수명 연장과 개인부담과 노후자금 증가로 나타나고 있으며, 질적 고령화는 노년의 의미와 중요성 증가와 다양한 노년기 활동을 통한 삶의 질 향상으로 이어지고 있다(한정란, 2005).

이러한 고령화에 대해 노인미술지도 프로그램은 효과적인 매개체이며, 노인들에게 사회적 고령화와 개인적 고령화를 충족시켜 줄 수 있는 교육도구로서의 활용 가치가 매우 높다고 할 수 있다.

1) 고령화와 미술

　미술은 개인적·사회적인 질적 고령화에 촉매 역할을 충분히 할 수 있다. 사회적으로 노인의 교육수준 및 생활수준의 향상은 미술지도라는 도구를 통해 고령 노인들이 자기표현의 기회를 갖고 창의성을 높이는 데 도움이 된다.

　개인적으로 노인에게 의미가 있고 노년기 활동을 통해 삶의 질을 향상시키는 수단으로서 노인미술지도는 개인의 삶의 의미를 중요하게 다루게 하고, 회상을 통해 인생을 정리하고 자아존중감을 높이게 하여 심리적 안녕을 가져다준다. 고령화에 따른 노인미술교육은 이제 각 대학의 평생교육원 내에서 동아리활동으로 자리를 잡아 갈 것이다. 그리고 평생학습의 일환으로 지역의 각종 문화센터와 복지단체에서도 노인미술 시간이 점점 늘어나게 될 것이다.

　이러한 미술교육을 통해 전문강사가 더 많이 배출되면, 고령화에 대응하여 노인미술교육은 사회에 인력의 역동성과 순기능을 가져다줄 것이다. 따라서 지금의 예비노인들은 여가와 문화를 즐기는 고령자가 되기 위해 노인미술 등에 대해 더 많은 욕구를 가질 것이다. 그러므로 정부는 물론 개인과 사회가 적극 협조하여 미술교육사업을 실버산업으로 적극 육성해야 할 필요가 있다.

2) 고령화와 여가

　고령인구의 증가는 여가와 문화에 대한 관심을 높일 수밖에 없다. 여가에 관심을 많이 가진다는 것은 단순히 바쁜 시간을 내어 잠시 쉬는 것만 이야기하는 것이 아니다. 서구에서는 르네상스 이전에는 '여가'라는 것이 분명하지 않았으나, 르네상스 이후로 귀족문화가 생겨나면서 여가는 귀족들이 즐기는 문화로 인식되었다.

　우리나라의 경우는 사회계급이 귀족과 평민과 노비로 나누어진 시기가 있었다. 귀족의 경우 선비사상 또는 풍류로 여가를 즐겼고, 평민과 노비의 경우는 일 중심의 생활에서 잠시 쉬는 것이 여가였다. 즉, 노동 중심에서 노동을 좀 더 잘

하기 위하여 잠시 짬을 내어 쉬는 것이 여가의 의미가 된 것이다. 그러나 고령화를 맞이한 지금에는 노인들에게 주어지는 잉여시간이 늘어남에 따라 여가를 좀더 생산적으로 사용해야 한다는 사회 풍조가 형성되고 학자들의 연구가 진행되고 있다.

뉴린저(Neulinger, 1981)는 여가시간을 단순히 노동하지 않는 시간적 여유라고 보지 않고 실제 개인이 누리는 생활의 질로 정의하였으며, 캐플런(Kaplan, 1960)은 여가의 기본적인 속성을 다음과 같이 일곱 가지로 나누어 기술했다.

- 원칙적으로 경제적 기능을 하는 일과 반대되는 것
- 즐거움으로 기대되고 즐거운 것으로 회상될 수 있는 것
- 자발적으로 사회적 역할을 수행하는 것
- 여가에 의무성이 최소한인 것(심리적 자유를 느낄 수 있는 것)
- 문화적 가치에 위배되지 않는 것
- 중요성과 관심의 정도가 다양한 것
- 가끔 놀이의 요소를 어느 정도 포함하고 있는 것

고령화된다는 것은 여가시간이 많아지는 것을 의미하기도 한다. 사회구조적인 현상으로 평생직장이 무너지는 현대생활에서 단순히 고령화에 따른 노인들의 여가뿐만 아니라, 파트타임으로 일을 하는 경우나 경력단절여성의 경우 다시 일을 하기 위한 준비 과정에서도 여가시간은 중요하다.

여가는 자신의 건강과 개인적인 상황, 경제 사정에 맞추어 활용해야 한다. 여가의 변인들로 성별, 연령, 교육수준, 경제 사정, 퇴직, 건강, 배우자 유무, 종교 유무, 여가활동에 대한 사회화 정도 등이 있으며, 이는 개인적으로 다양한 차이가 있다.

최성재(2012)가 60세 이상의 도시 및 농촌의 남녀 노인 200명을 대상으로 조사한 바에 의하면, 경제적 사정과 어려움 때문에 여가를 즐기지 못하는 사람이 전체 응답자의 35%나 되었다. 이 연구는 여가 활용 시 경제 사정을 결코 무시할

수 없다는 것을 알려 준다.

여가활동에는 상당한 비용이 발생한다. 여가활동 참여를 위한 교통비, 참가회비, 준비비, 용돈 등의 비용이 발생하기에, 경제적 사정이 좋은 노인이 보다 다양한 여가활동을 더 많이 즐길 수 있다. 그러므로 이제 여가는 개인의 일로만 남겨 둘 수 없고, 좀 더 생산적 관점에서 보아야 할 것이며, 특히 노인의 여가에 대해서는 좀 더 창의적 접근이 필요하다.

이렇게 볼 때, 노인미술지도는 노인들의 여가 활용에 긍정적 대안이라고 할 수 있다. 여가를 즐거운 회상으로, 일을 여가와 가치 중심으로 전환할 수 있다면 일과 여가를 동시에 성취할 수 있을 것이다. 워(Warr, 1987)는 우리가 일을 함으로써 아홉 가지 기회를 얻게 된다고 하였다.

- 통제의 기회: 원하는 일을 할 수 있을 때 개인은 자신의 삶을 스스로 통제할 수 있다는 기분을 갖게 된다.
- 기술 사용의 기회: 학교교육과 연관되어 전공을 살려 나가는 것이며, 일을 하면서 기술을 더욱 발전시킬 수 있다.
- 목적의식과 사명감을 느낄 기회: 일을 하면서 삶의 의미와 가치를 가질 수 있다.
- 다양한 환경 경험의 기회: 규칙적인 일이든, 돌발적인 일이든, 직업은 천차만별이지만 일을 통해 다양한 경험을 하게 된다.
- 미래에 대한 대처 방법의 기회: 규칙적이고 정규적인 일을 통하여 미래에 대한 대처방법을 알 수 있다.
- 생활에 필요한 돈을 벌 기회: 금전에 대한 개인의 무게는 다를 수 있지만, 금전은 개인이 하고자 하는 활동에 제약을 받을 수도 있고, 그 방향을 결정하기도 한다.
- 심신의 안녕감을 가질 수 있는 기회: 일을 함으로써 심리적 · 정신적 · 신체적 안전 및 안녕감을 취할 수 있다.
- 대인 간의 접촉의 기회: 혼자서 살 수 없는 사회적 존재이기에 공유하면서 함

께 살아갈 기회를 얻는다.

• 가치 있는 사회적 지위 부여의 기회: 자신에 대한 주변의 인정이 중요하며, 사회생활에서 타인들로부터 받는 인정의 지표는 그 사람이 갖게 되는 사회적 지위로 나타난다.

고령자들에게는 일과 여가를 단순히 '일이면 일' '여가면 여가'로 분리할 것이 아니라, 일이면서 여가이고 여가이면서 일을 하는 것으로 맞추어 나가도록 해야 한다. 수익 면에서 다소 부족할 수 있지만 일을 할 수 있다는 것에 의미를 부여하고 남은 여가를 누려야 한다. 이는 곧 고령자들이 자기주도적 삶을 찾아갈 수 있도록 사회가 어느 정도 뒷받침해 주어야 한다는 것을 의미한다. 그 대안의 하나로 노인미술은 노인의 일과 여가를 통합하는 좋은 사례가 될 수 있다.

노인미술지도에서는 노령이 되었는데도 자신의 전공과 무관한 그림활동을 접해 보게 한다. 오랫동안 그림을 그리지 않고 있던 노인들을 대상으로 미술활동을 하도록 하는 것이다(홍순영 외, 2013).

노인미술은 고령자들에게 훌륭한 교육도구가 될 수 있고, 삶의 질을 향상시키고 여가를 활용할 수 있게 해 준다. 여가 활용의 예로, 예비노인들이 노인미술지도사 자격증을 취득하여 노인이 노인을 지도할 수 있도록 한다. 40~60대의 중장년층이 70~80대의 고령자 교육을 담당함으로써 일자리 창출은 물론 고령자들의 여가 활용을 공유할 수 있는 기회를 가지며, 노인층의 삶의 질 향상을 가져올 수 있다.

고령자들에게 '고령화에 관한 선언(Proclamation on Ageing)'과 '노인을 위한 UN 원칙'을 일깨워 줄 필요가 있다. 즉, 노인의 독립, 참여, 보호(돌봄), 자아실현, 존엄의 다섯 분야에 접근하는 과정은 고령자들에게 단순히 요양보호적 차원에서만 혜택이 돌아가도록 하는 것보다는 고령자들의 창의성 향상과 자아실현의 기회를 만들어 주는 것이 되어야 한다. 이런 차원에서 노인미술은 범국민적이고 정부적인 관점에서 접근할 필요가 있다.

다양성을 가진 미술은 이미 노인들에게 유익한 활동 영역을 제공해 줄 수 있는 준비가 되어 있다. 노인들에게 단순히 '드로잉'만을 지도하는 것이 아니라 통합적 차원에서 심리적 · 정신적 · 신체적으로 융합된 접근(음악, 미술, 운동, 요가, 인문, 과학, 사회, 독서 등)을 통해 자아실현을 돕는 도구이다. 노인미술교육은 그동안 충실히 살아온 개인의 삶을 돌아보는 기회를 갖도록 하여 자아통합과 사회통합을 이룰 수 있게 도와준다. 또한 노인들이 가장 두려워하는 것은 무료함과 외로움인데, 노인미술 프로그램은 노인들의 정서에 안정감을 가져다줄 수 있다.

우리나라는 노인정이나 노인복지회관 등 노인 관련 기관에서 노인들을 위한 많은 노력을 하고 있다. 그러나 노인들에 대한 집단교육이 많으며, 소규모 교육이 잘 이루어지지 않아 교육의 질은 그리 높지 않은 편이다. 대학교 내 평생교육원에서도 여러 가지 프로그램을 운영하고 있지만, 이 또한 소규모로 노인들을 지도하는 교육은 적은 편이다. 그리하여 노인들의 삶의 질 향상은 항상 저 멀리에 있다.

더 시급하게는 거주하는 주택 근처 또는 아파트 단지 내에는 노인들이 갈 곳이 별로 없다. 따라서 노인들이 모여 생산적으로 무엇인가를 할 수 있는 경로당 등을 국가적 차원에서 국공립 또는 개인 사업장으로 만들어 운영할 수 있도록 해야 한다. 「노인복지법」에서 노인교실, 노인학교, 노인대학을 열거하고 있고, 60세 이상 대상자에 대해 노인교실을 설치하고자 하는 자는 노인여가복지시설 설치신고서를 시 · 군 · 구청장에게 제출하여 신고필증을 받도록 하고 있다. 그러나 정부의 재정 지원이 거의 없는 관계로 노인교실에 대한 내용도 거의 없는 편이다. 이는 정부가 아직까지 노인대학 또는 노인들의 삶의 질 향상까지 생각할 여유가 없다는 증거일 수도 있다.

그러나 그 대안으로 노인미술지도가 고령자들의 일과 여가를 공유할 수 있도록 사회구조적 환경을 만들어 나간다면 충분히 가능하다. 현재 예비노인들도 미래를 위한 준비를 할 자세가 되어야 하며, 국가도 예비노인들이 준비를 할 수 있는 기회를 갖도록 해 주어야 한다. 이런 면에서 평생학습 차원에서 노인미술 지도를 고려해 볼 필요가 있다.

워(1987)가 제시한 일을 통한 아홉 가지 기회를 노인미술지도와 연계해 보면 어떨까? 일자리 창출을 위해 노인이 노인을 지도하는 사회, 삶의 질을 향상시키는 여가문화를 만들어 나갈 수 있는 방법을 다음과 같이 제시해 볼 수 있다.

먼저, 지역별로 노인센터를 만들 수 있도록 정부가 나서야 한다. 이를 통하여 예비노인들이 일할 수 있는 기회를 갖게 될 것이다. 아파트 단지나 주택가의 '지역아동센터'처럼 '지역노인센터'가 생기면 고령자 노인들이 하루 종일 그곳에서 여가시간을 보낼 수 있다. 이때 노인미술지도사(예비노인 또는 예비노인 강사)가 지역노인센터의 센터장이 되어 고령자 노인들을 흡수함으로써 노인이 노인을 돌보는 것이 가능해질 것이며, 고령자 노인들은 가까운 지역노인센터에서 무료한 시간을 달랠 수 있고, 거기서 많은 동료를 만나고 대화를 나눌 수 있을 것이다. 지역노인센터는 고령노인들에게 미술교육을 할 뿐만 아니라 생활 전반의 정보들을 노인에게 맞추어 교육할 수 있도록 해야 할 것이다.

또한 노인들을 수용 가능한 곳은 미술학원 또는 교습소 등인데, 고령자들의 경제 사정에 맞게 지역의 노인문화센터로 흡수하여 고령자들이 사회활동을 할 수 있도록 유도해야 한다.

3) 고령자를 위한 교육과 노인미술지도

노인을 위한 교육에서는 노인을 부양해야 할 대상이자 의존적인 종속인구로만 바라보아서는 안 된다. 노년기가 신체적 노화로 인해 여러 가지 문제를 지닌 시기이기는 하지만, 무한한 가능성과 잠재력만큼은 다른 어떤 시기에도 뒤지지 않을 풍부한 인생 경험이 있다. 단순히 주어진 환경에 적응하고 생존해 나가려는 욕구 이상으로, 노인은 자신의 가치와 역할을 찾고 자신과 외부 세계를 계속적으로 통제해 나갈 수 있기를 원한다(한정란, 2005).

노인들에게는 자연적 노화가 있어 행동하는 데 한계가 있는 것도 사실이다. 이런 자연적 노화에 잘 대처하도록 돕기 위해서는 10년 과거로 돌리는 것을 강구할 것이 아니라 현재를 잘 유지하고 현재보다 좀 더 활동적이며 건강할 수 있도록 해야 한다. 이때 필요한 것이 바로 노인들에 대한 재활교육이다.

이러한 재활교육으로는 노화에 대한 재활의학교육도 건강 측면에서 꼭 필요하다. 그러나 고령자의 외로움과 고독감을 달래 주고, 여가와 일의 균형을 만들기 위해서는 정신적 · 심리적 · 가정적 · 사회적인 의미의 재활교육도 필요하다. 이제는 개인이 스스로 학습을 선택하고 내적 동기를 부여하는 평생학습시대가 되었다. 그러기에 학습을 통해 자신의 일과 여가 그리고 삶의 가치가 함께 연결된 재활교육이 필요하다.

고령자들에게 미술을 접하도록 하고 그림을 그리도록 하는 것이 아무리 좋다고 하더라도 그것이 어떻게 좋은지 그 가치를 제대로 전달하지 못한다면 그 의미는 오래가지 못한다. 반대로 노인미술을 함으로써 개인적으로, 사회적으로 장점이 있음을 정확하게 전한다면 지금부터 무엇을 시작해야 할지 고민하게 하고 내적 동기를 찾아 주는 데 큰 도움이 될 것이다.

노인미술의 장점과 가치를 나열해 보자. 치매 예방을 비롯하여 지적 향상, 인지 향상, 사회적 능력 향상, 회상에 있어 기억의 가능성과 표현의 즐거움, 가족 간의 유대감 향상, 소통과 유연성 향상, 정서적 안정감, 풍부한 감성 유지, 미적 아름다움 유지, 새로운 기술의 습득, 작품을 통한 생산적인 활동 참여, 자료를 남김에 따른 가시적 효과, 창의성 활동을 통한 가치 부여, 사회봉사, 능동적 표현을 통한 긍정적 사고 변화, 오감의 촉진으로 퇴행적 감각 지연, 자아통합의 효과, 사회통합의 효과, 다양성의 변화 기대, 죽음 준비의 이해 등 수많은 장점이 있다. 예비노인들의 경우 노인미술지도사 자격을 취득하여 전문성을 발휘할 기회를 가질 수 있으며, 이를 통해 고령자 교육이 가능할 뿐만 아니라 개인의 전문성은 시간이 흐를수록 더 높아질 수 있으므로 일자리 확보 차원에서 그것이 매력적인 직업이 될 수도 있을 것이다.

한편, 노인미술의 교육적 의미는 고령자들이 새로운 지식을 쉽게 체득할 수 있다는 것이다. 일반적으로는 새로운 학문을 받아들이는 데 있어 외워야 하거나, 익숙하지 않거나, 빨리 잊어버리거나, 둔해지는 것 등의 신체적 악조건이 따르기 마련이다. 재활의 의미에서 보면 고령자들이 새로 접하는 미술교육의 가치는 더욱 높다고 할 수 있다. 즉, 미술지도사들은 고령자들에게 인간적인 존경을 가지고 교육서비스를 제공함으로써 미술을 몸으로 쉽게 연습하고 체험하게 할 수 있다.

4) 노인미술지도와 고령자의 창의성

미술의 대표적 의미는 창의성과 추상능력을 길러 주는 것이다. 창의적 활동으로는 감수성(sensitivity), 유창성(fluency), 융통성(flexibility), 독창성(originality), 재정의(redefine)와 재구성(reorganize) 능력이 필요하며, 추상(abstract)능력으로는 확산적 사고(divergent thinking)와 수렴적 사고(convergent thinking)를 모두 합하여 활용한다(Lowenfeld & Brittain, 1993).

감수성은 단순히 눈으로 보는 것 외에도 귀로 소리를 들을 뿐 아니라 의미를 듣고, 손은 만질 뿐 아니라 촉감을 느끼는 능력을 가리킨다. 유창성은 짧은 시간 내에 많은 양의 아이디어를 떠올릴 수 있는 신속하고 자유롭게 사고하는 능력이며, 융통성은 새로운 상황에 빠르게 적응하거나 사고를 빠르게 전환시키는 능력이다.

독창성은 어떤 일에 대해 평범하지 않으면서 새롭고 색다르게 반응하는 사고 능력이며, 재정의와 재구성은 아이디어를 재정리하고 새로운 관점에서 대상을 살펴보는 능력이다. 추상 능력은 종합하여 조직하는 능력을 말한다. 이 외에도 확산적 사고는 파생되는 많은 사건 또는 작품들에 대한 상상력을 발휘하게 하고, 수렴적 사고는 하나의 정확한 해답을 찾아 문제를 해결하게 한다.

고령자들의 창의성은 아동기, 청소년기, 성인기의 모든 경험을 모아 놓은 함축적 의미를 가지게 된다. 그것은 혜안이라는 지혜로 모아지며, 체력은 20~30대보다 못하지만 경험으로 축적된 하나의 덩어리는 고령자들이 창의성을 발휘하는 데 큰 도움이 된다. 고령자들은 사실적으로 보고 그리는 것은 어려워하지만 단순한 것을 제시해 주면 그것을 응용하여 자기 것으로 만들어 내는 능력이 뛰어나기에 아동들보다 세련되고 높은 작품성을 보이기도 한다.

[그림 3-2] 내 생각대로

노인도 아동과 같이 교사와의 상호작용이 무엇보다 중요하다. 특히 지도사의 공감 능력과 지도 능력에 따라 창의성은 얼마든지 달라질 수 있다. 또한 고령자들은 소근육의 발달이 둔화되고 표현이 느리기는 하지만 완성도가 높은 편이고, 자기만의 독특한 개성을 창의적으로 표현할 수 있다. 그러므로 창의성을 표현할 수 있는 환경과 심리적 안정을 주는 여건이 조속히 마련되어야 할 것이다.

우리 인간의 뇌는 창의적으로 형성되도록 만들어진다. 이것은 뇌의 특성상 가소성(plasticity)이 있기 때문이다. 즉, 뇌는 끊임없이 변화한다는 것이다. 뇌의 주요 변화는 발달 초기에 급격히 일어나며, 학습의 결과나 뇌의 손상에 대한 대응에 따라서도 지속적으로 변화한다(Kalat, 2006). 이처럼 노인의 뇌도 사용하면 할수록 변화하며, 창의성을 발휘할 수 있다는 것이다.

뇌의 사용은 지속적인 긍정적 변화를 기대할 수 있다. 이것은 노인들에게 미술지도가 뇌를 자극하고 창의성을 향상시키는 데 도움이 된다는 이야기이다. 그렇다고 하여 아동이나 청년이 보이는 것과 같은 섬세한 창의성은 아니며, 개인의 개성에 따라 창의성이 발현된다는 것이다.

KBS 프로그램 〈생로병사의 비밀〉 300회 특집에서는 운동, 그림 그리기 등으로 뇌를 효과적으로 사용하는 방법에 대해 방송하였는데, 그림(미술)과 관련된 내용을 선별해 보면 다음과 같다.

　일본 교린대학교 교수(도쿄) 고가요시코는 색칠공부가 뇌를 골고루 활용하는 데 효과적이라고 하였다. 그는 "색칠공부는 간단하게 보이지만 실제로는 뇌 전체를 균형 있게 움직이게 합니다. 색칠공부는 보고 기억하고 구조를 생각하여 어떻게 그릴지 아이디어를 내서 '이렇게 그려 보자'는 의욕을 끌어올립니다. 그리고 실제 손을 움직이는 과정을 거치게 됩니다. 이때 원래의 그림을 보는 것은 뇌의 뒷부분인 후두엽입니다. 그리고 본 사물의 형태와 색깔을 구별하는 것은 측두엽으로 뇌의 옆부분입니다. 구조를 생각하는 것은 두정엽으로 머리의 꼭대기 부분입니다. 이러한 정보를 바탕으로 어떻게 그릴지 아이디어를 내고 생각하는 곳은 인간에게 가장 발달한 전두엽입니다. 그리고 실제로 손가락과 손을 움직이게 하는 것은 전두엽의 뒷부분입니다. 그러므로 색칠공부는 뇌의 전체를 균형 있게 사용하는 것이라고 말할 수 있습니다."라고 말하였다([그림 3-3] 참조).

　그는 활동이 자유롭지 않은 노인들을 대상으로 색칠공부와 독서, 손가락 운동, 베껴 쓰기를 할 때 뇌의 활성화가 어떻게 다른지 각각 비교하였는데, 다른 활동보다 색칠을 할 때 뇌가 가장 활성화될 뿐만 아니라 혈액 내 산화헤모글로빈의 농도 역시 가장 높았다고 하였다. 그리고 글씨를 쓰거나 그림을 그리는

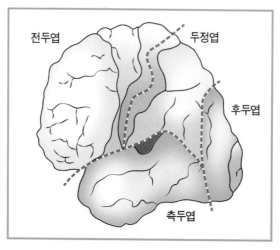

| 그림 3-3 |　대뇌피질의 그림

| 그림 3-4 |　**활동한 자료**

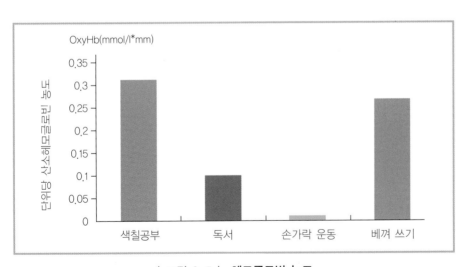

| 그림 3-5 |　**헤모글로빈 농도**

출처: KBS 〈생로병사의 비밀〉 300회 특집.

것보다 색칠공부는 비교적 간단한 방법으로 뇌를 활성화할 수 있다고 설명하
였다.

가천의과대학교 뇌과학연구소장 조장희는 우리 몸의 10조 개 세포가 나이 들면서 하루에 수만 개씩 죽지만, 중요한 것은 뇌세포들을 어떻게 건강하게 지키는가 하는 것이며, 세포들이 상호작용을 많이 하게 만들어 주는 것이라고 하였다.

하버드 의과대학 정신과 교수 존 레이티(John Ratey)는 기적의 뇌성장인자(Brain-Derived Neurotrophic Factor: BDNF)로 운동을 하면 거의 즉각적으로 신경전달물질이 분비되고, 오랫동안 운동을 하지 않았더라도 다시 시작하면 된다고 하였다. 60~80대에 운동을 하더라도 기억력, 주의력, 의사결정 능력, 인지 능력을 돕는 뇌 기능을 활성화시키는 효과가 있다고 하였다.

고가요시코는 나이가 들었다고 해서 뇌 기능이 점차 나빠진다고 생각해서는 안 되며, 뇌를 건강하게 만들기 위해서는 스스로 노력하는 것이 무엇보다 중요하다고 말하고 있다.

뇌의 활성화를 연구하는 학자들은 운동이나 그림 그리기 등이 효과적이라고 주장한다. 미술활동이 예전에는 정적인 영역으로 해석되었으나, 현재는 신체적인 조형언어로서 머리와 눈과 손의 협응 동작들이 빚어낸 결과물로, 특히 그 과정이 중시되고 있다. 이 관점에서는 미술실기 수업에서 신체적 움직임과 다양한 미술활동이 중요하다. 핑크페인팅 등은 역동적이고 활동적인 미술활동의 좋은 예가 된다. 따라서 노인미술은 운동과 그림 그리기 등이 모두 포함되어 있으므로 노인들의 뇌의 노화 시기를 늦추는 데 도움이 될 수 있다.

노년의 자기계발이나 여가 활용 등에서도 의미가 있지만, 고령자들의 창의성은 노년의 위기에 큰 도움이 될 수 있다. 노인이 겪는 위기로는 가족과의 사별이나 가족관계의 어려움뿐 아니라 정서적 위기, 심리적 위축감, 우울감, 치매 등이 있는데, 노인은 심신건강에 관련하여 취약할 수밖에 없다. 이때 창의성은 노인들에게 지혜를 발휘할 수 있는 힘을 준다. 이를 위한 것이 바로 노인미술이다.

그림 그리기와 색칠공부 등으로 노인들이 창의성을 발휘하는 것은 치매 예방을 도울 수 있으며, 그림 그리기의 반복 연습과 발표는 정서적 안정감과 여가 활용 및 삶의 질 향상을 도모할 수 있고, 노인들을 생산자 그리고 사회 기여자로 만들어 사회에 적극적으로 동참하게 할 수 있다.

제4장

미술교육의 일반화

1. 미술의 일반화와 공동체 생활

미술이 아이들에게는 발달 단계에 맞는 지도를 통해 바람직한 성장을 돕고, 노인들에게는 지도사들의 교육서비스를 통해 여가 활용과 치매 예방에 효과적일 수 있다. 그러나 미술은 아동들만이 하는 것이며 미술 전공자가 아닌 성인들과는 거리가 먼 것이라는 인식이 여전하고, 그림은 사실적으로 표현하는 것이라는 인식이 있어 노인들과는 무관하다고 여기거나 관심거리가 아니라고 여겨져 왔다.

최근 미술의 범위는 미술이 가지고 있는 일부의 사실적 표현을 뛰어넘고 있다. 나아가 시대 흐름에 따라 고딕, 르네상스, 바로크, 야수파, 입체파, 인상파, 다다이즘 등의 미술 용어들이 탄생하면서, 사실적 표현만이 미술 표현인 것이 아니라 사실적 표현이 미술의 일부에 속하는 것으로 인식되고 있다. 한편, 미술의 장르가 동양화, 서양화, 공예 등으로 구분되어 왔으나, 일부 작가에게는 이러한 구분이 사라지기도 한다. 이처럼 미술은 다양한 용어를 탄생시키고 변화하였는데, 그럼에도 미술이 특정한 사람만이 하는 것이라는 인식에는 크게 변화가 없는 것 같다. 아동들에게는 발달 단계에 맞는 교육적 측면에서 아동미술이 많이 확장된 것은 사실이나, 성인, 특히 노인들에게 노인미술을 지도하거나 노인이 그림을 그리는 것에 대해서는 아직까지 잘 인식되지 않고 있다.

만약 아동에게 아동미술을 지도하는 것처럼 노인에게 노인미술을 지도하는 인식이 확대된다면 그에 따라 부수적으로 노인미술지도 강사가 필요해지며, 일자리 창출은 물론 노인을 위한, 노인에 관한, 노인에 의한 노인미술의 장점을 최대한 살려 세대소통·사회통합·세계통합에도 일부 기여할 수 있을 것으로 확신한다. 또한 노인들은 소비자가 아닌 생산자가 될 수 있으며, 고령화·초고령화에서 파생되는 고민을 다소나마 줄일 수 있을 것으로 본다. 고령화·초고령화를 노인미술로 연결한다면 노인의 여가 문화를 창출하고 노인을 사회의 기여자로 만들어 나갈 수 있어, 고령 노인도 사회에서 환영받을 수 있을 것으로 사료된다.

1995년 6월 29일의 삼풍백화점 붕괴사고 이후 무려 17일 만에 구조되어 살아남은 두 사람이 있다. 이들은 모두 여자이며, 그중 한 사람은 움직일 수 없었던 상황에서 인형을 하나 찾아서 들고 있었다고 한다. 심리학자들은 인형이 정신적 위로가 되어 긴 시간 동안 살아남게 할 수 있었다고 평가한다. 이는 인형이라는 매개체가 위기의 순간에 사람에게 강한 인내심과 생명력을 갖게 한 것이라 할 수 있다.

이를 고령화에 접목해 본다면, 노인이 밥 먹는 시간 외에는 아무것도 하지 않고 무료하게 보내며 지낸다면 생명은 유지하겠지만 살아 있어도 살아 있다고 할 수 없을 것이다. 심신이 건강하고 활동적으로 살아갈 때 충만한 삶을 산다고 할 수 있으며, 만족스러운 삶은 아니지만 수없이 많은 여가시간의 무료함과 외로움을 이겨 내고 버티게 하는 역할을 노인미술이 해낼 수 있을 것이다. 고령화로 인한 여가문화에 대한 적응을 위해 개인적으로 노력할 뿐만 아니라 국가적으로도 뒷받침할 수 있는 정책을 마련해야 할 것이다.

이제 고령화는 개인이 아닌 공동체의 의미를 가지게 한다. 노인들은 열심히 살았을 뿐이다. 그런데 어느 날 노인인구의 증가로 인해 고령화가 사회 문제가 되고 있다. 노인이 부양의 부담을 주고 능력 없는 소비자라는 부정적 인식 또한 우리 사회 속에 스며들고 있다. 이러한 문제를 해결하기 위해서는 미술교육의 일반화가 이루어져야 할 것이다.

미술의 일반화는 미술 전공자만 미술을 하는 것이 아니라 일반 남녀노소가 자연스럽게 미술을 접할 수 있는 사회적 분위기를 만드는 것이다. 아동에게는 미술의 강점들을 활용하여 학습이나 체험 등으로 발달 단계를 촉진하게 하고, 노인에게는 무료한 시간과 여가의 활용을 돕고 자아통합과 사회적 통합을 높인다. 특히 아동, 청소년, 성인, 노인들에게 미술을 통하여 세대 간의 갈등을 해소하는 것은 물론 일자리 창출을 하는 것이다.

노인미술은 개인적 · 집단적 · 사회적으로 자기표현의 기회를 제공함으로써 심리적 안정감을 유지하는 데 도움이 되며, 공동 전시회 등을 통하여 노인들이 서로 공유하도록 함으로써 건전한 여가문화를 창출하는 데 도움이 된다. 노인들이 미술을 접하는 것이 특별하지 않고 일상화될 때, 미술은 사회 전반에 골고루 일반화될 것이며, 그로 인하여 노인들의 삶은 점점 더 풍요로워질 것이다. 이렇게 미술이 일반화되면 사람들은 개인적 및 공동체적 삶에서 다음과 같은 이점을 얻을 수 있을 것이다.

- 가족 간의 갈등, 세대 간의 갈등을 해소시킬 수 있다: 세대 개념의 명료화에 대한 커처(Kertzer, 1983)의 연구에서 네 가지 유형을 살펴볼 수 있다.

  네 가지 유형은 가족계보 집단(조부모-부모-자녀-친족 계보), 출생 동시 집단(동일 시대 출생 집단), 생애주기별 집단(청소년 세대, 대학생 세대, 중년 세대, 노년 세대), 역사적 경험 집단(해방 세대, 4 · 19세대)을 말한다.

  이러한 세대 간의 갈등이나 집단 간의 갈등과 관련하여 미술이라는 매개체는 사회적 공동 전시회를 통해 토론의 장을 만들 수 있으며, 개인 간 또는 가족 간에도 미술을 매개체로 삼아 시간을 공유함으로써 갈등을 조정할 수 있게 한다.

- 개인에게 심리적 안정을 가져다줄 수 있다: 『미술치료 이론과 실제』(한국미술치료학회 편, 1994)에서 미술치료는 심신의 어려움이 있는 사람들을 대상으로 심리를 진단하고 치료하는 것이라고 하여, 미술이 심신의 안정을 가져다줄 수 있다고 보았다. 이러한 치료적 측면만이 아니라, 미술은 취미활동에서도 심신의 안정을 줄 수 있다.

- 노인의 여가 활용을 도울 수 있다: 하루 종일 TV만 보고 있는 것과 같은 무료한 노인의 여가생활에서 미술은 삶의 활력을 불어넣는 계기가 될 것이며, 여가를 생산적으로 활용할 수 있게 해 주고, 예비노인들에게도 고령화를 대비하는 데 도움이 될 것이다.

- 노인의 자아존중감 증진을 통해 사회에 활력을 높일 수 있다: 미술활동을 통한 지도사의 격려와 자기표현의 기회는 노인들의 자아존중감을 높여 준다. 노인들에 대한 젊은 세대의 부정적 인식을 바꿔 주며, 노인들이 젊은 세대에게 할 수 있는 일들이 생김으로써 그들 자신이 여전히 필요한 사람이라는 인식을 갖게 해 준다. 개인적이든 집단적이든 미술을 통해 노인들의 자아존중감이 자연스럽게 높아지며, 이것이 사회 전반에 활력을 가져다줄 것이다.

- 사회적 통합 또는 사회 전반의 소통을 가져다줄 수 있다: 노인미술지도는 농촌 노인과 도시 노인의 문화적 격차를 줄여 나갈 수 있게 하는 가교 역할을 할 수 있으며, 노인이 노인을 지도하는 과정에서 노인정, 노인교실, 화실, 지역노인센터, 노인복지회관 등에 일자리를 창출하여 사회적 활력을 찾는 데 도움이 될 것이다.

- 함께하는 공동체 사회를 이룬다: 성인들이 아이들 때문에 일을 하지 못할 때 사회가 함께 아이들을 키우는 것처럼, 노인들의 경우에도 개인적으로 노인을 돌보는 것을 사회가 함께 함으로써 일의 분업화가 되고, 노인미술전문가가 노인들의 여가 활용을 돕는 공동체 사회를 이루어 갈 수 있다.

- 자아통합을 가져다줄 수 있다: 미술은 인생 파일을 통해 개인 내적인 삶을 돌아보는 계기가 될 수 있으며, 이것이 자신을 있는 그대로 수용하는 자아통

합에 기여할 수 있다. 또한 죽은 후 남은 자료들은 유산이 될 수 있다.

- **노인의 평생학습이 가능하다:** 복지 차원에서 노인미술은 평생학습이 가능하다. 노인들의 삶 교육과 죽음교육에 이르기까지 평생교육이 이루어질 수 있다.

- **일자리 창출이 지속적으로 이루어질 수 있다:** 현재 지역아동센터가 있는 것처럼 지역노인센터가 있으면 노인들이 가까운 곳에 나들이하듯이 드나들 수 있게 되고, 이로써 무료한 시간을 보내는 노인들의 삶의 질을 향상시킬 수 있다. 전국적으로 노인지역센터가 생김으로써 일자리 창출이 많아질 것이다. 그리하여 많은 고급강사가 더 필요하게 되고, 심지어 전문대학에서 노인미술학과도 필요할 수 있다. 미술의 일반화 교육으로 예술과 여가 문화가 더욱 발전할 수 있으며, 그로 인해 직업교육도 획기적으로 발전하게 될 것이다.

- **특수층만 누리는 복지가 아닌 일반복지에 유용하다:** 일반적으로 저소득층만 복지 혜택을 누린다고 보거나 복지를 받는 사람들은 모두 가난하다는 인식을 가지지 않아야 한다. 일반복지 차원에서 미술교육을 접할 수 있게 하는 것이 계층 간의 갈등을 줄여 나갈 수 있는 계기가 되기를 바란다.

- **선순환의 인생 파일 만들기 운동이 가능하다:** 유명한 사람만 소중한 것이 아니라 누구나 소중하다. 집단 전체로 보아서도 소중하고, 개인적으로도 모두가 소중한 것이다. 국가에 국사가 있듯이, 개인에게는 개인 역사가 있다. 개인 역사는 다분히 개인적인 것으로 보일 수도 있지만, 한 개인이 살아온 삶의 역사는 가족의 역사가 된다.

　미술을 통한 '인생 파일 만들기 운동'은 자신의 삶을 돌아보는 계기가 될 수 있으며, 인생 파일을 자료화하면 한 사람이 자녀들에게 남기는 유산이 되는 것이다. 자녀들에게는 자신들의 부모님이 완전한 삶을 살아온 것은 아니지만 있는 그대로를 수용하고 받아들임으로써 배울 것은 배우고 버릴 것은 버릴 수 있도록 다음 세대의 삶의 지침서가 되는 것이다.

2. 노인을 위한 미술지도

고령화로 인하여 노인교육의 필요성이 대두되기는 했지만, 1990년대까지만 해도 학습 효과나 내용의 타당성 등과는 무관하게 노인교육을 실시하였다. 노인의 요구나 전문성도 무시된 채, 교육이라기보다는 복지의 일부로 인식되어 왔다(한정란, 2005). 그러나 한정란(2005)은 노인교육을 단순히 노인을 교육시키는 것으로만 인식하기보다는 진정한 노인교육의 의미를 다음과 같이 제시하였다.

첫째, 노인의 학습과 자기계발 욕구를 충족시켜 준다. 노인은 자신의 잠재력을 계발하여 좀 더 창조적으로 노년기를 영위해 나갈 수 있기를 원한다. 노인교육은 노년기를 효율적이고 만족스럽게 보낼 수 있도록 도와주는 교육이다.

둘째, 수준 높은 여가 활용이 가능하다. 의학기술의 발달로 인해 노년기의 시간이 늘어남으로써 노인 스스로가 관리하고 채워 가야 할 시간이 그만큼 증가했다. 그리하여 이렇게 늘어난 노년기를 더욱 창조적이고 효율적으로 가꾸어 나갈 수 있게 도와주는 노인교육이 필요하다.

셋째, 교육을 받을 수 있는 권리를 부여한다. 이는 출생에서 죽음에 이르는 동안 평생교육적 차원에서 교육받을 수 있는 권리를 의미한다.

넷째, 자립의 계기를 마련한다. 노인에 대한 사회적 인식이 변화하고 경로사상과 부양의식이 회박해져 가고 있다. 노인 자신도 자녀에게 의존하기보다는 독립적인 노년기를 희망하고 있다. 이에 독립적인 노년을 설계하고 영위할 수 있는 지식과 기술, 직업과 재취업을 위한 노인교육이 요구된다.

노인미술지도는 노인을 위한 교육에 매우 효과적인 학문 영역이다. 노인들이 미술을 접함으로써 자기계발 능력과 잠재력을 높이고 창조적인 노년기를 맞이하도록 도와줄 수 있다. 또한 사회활동을 하는 계기를 마련해 줄 수 있고, 만족스러운 여가나 취미 생활에 도움이 되며, 여가 활용 시 자기관리를 하도록 할 수 있다. 평생교육 차원에서 학문적 걸림돌이 없는 미술의 유연성 때문에, 즉 미술에서는 '다양한 해석이 가능하여 답이 없어도 되는 답'을 찾을 수 있기에 노인들이 미술활동을 숙지하고 익히는 데 부담이 적다. 더욱이 노인의 재취업을 돕기 위해 노인미술지도사나 노인미술교육사 등의 민간자격이 준비되어 있다.

특히 노인이 노인을 지도하는 차원에서 '신중년'의 노인들이 사회적 기능의 일부를 담당할 수 있다. 미술지도 자격을 가지고 중장년층이 고령 노인과 함께 하는 시간을 가진다면 선순환의 사회를 주도해 가는 데 매우 효과적일 수 있다. 따라서 노인미술지도는 '노인을 위한 교육'에 부합할 수 있는 기술적 학문 영역이라고 할 수 있으며, 미술교육의 일반화로 노인을 위한 교육이 노인들 스스로 독립해 가는 기회를 만들어 나가는 데 도움이 될 것이다.

1) 노인을 위한 교육의 목표

한정란(2005)은 노인을 위한 교육의 목표를 노인 자신의 불리함을 극복하고 계속적인 발달을 추구해 나갈 수 있도록 돕는 것이라 하였다. 김종서(1984)는 노인을 위한 교육으로서 노인교육의 목표를 개인생활의 목표, 인간관계의 목표, 경제생활의 목표, 국가생활의 목표의 네 가지 영역으로 나누어 다음과 같이 제시한 바 있다.

(1) 개인생활의 목표
- 생에 대한 적극적·자주적 계획을 세워 생활하려는 태도를 갖게 한다.
- 평생교육 이념 아래 계속하여 새로운 지식을 흡수하고 교양을 쌓게 한다.
- 취미활동에 참가하여 여가를 즐겁게 보내기 위한 기능을 습득시킨다.
- 건강과 질병에 대한 기본적인 지식을 갖게 한다.
- 건강을 유지하기 위하여 건강 습관을 지니게 한다.
- 안전에 관한 기본적인 지식과 태도를 함양하게 한다.
- 종교에 대한 신앙심을 깊어지게 하고, 편안한 마음으로 사는 태도를 갖게 한다.

(2) 인간관계의 목표

- 젊은 사람과의 세대차를 이해하게 한다.
- 동년배 집단과 밀접한 심리적 유대를 가지면서 어울리려는 태도를 갖게 한다.
- 선배 시민으로서 이웃에게 존경을 받을 수 있는 태도를 지니게 한다.
- 가정의 가풍을 이어 가며 발전시키려는 태도를 갖게 한다.

(3) 경제생활의 목표

- 노인에게 맞는 경제활동 정보를 얻고 그에 필요한 지식과 기술을 익히게 한다.
- 경제적 지출을 감당할 수 있는 경비를 스스로 마련하는 태도를 길러 준다.
- 근로의 가치가 신성하다는 것을 젊은 세대에게 보여 주는 태도를 갖게 한다.

(4) 국가생활의 목표

- 국내외의 정치, 경제, 사회의 변화 추세를 이해시킨다.
- 전통적인 미풍 양식을 다음 세대에게 가르치려는 태도를 지니게 한다.
- 환경보호의 필요성을 인식하고 그에 적극적으로 참여하려는 태도를 갖게 한다.
- 사회봉사활동의 필요성을 인식하고 그에 적극 참여하는 태도를 갖게 한다.
- 청소년 선도의 필요성을 인식하고 그 방법을 익히게 한다.
- 노인복지에 관한 관심을 가지고 노인복지 개념과 국제적 동향을 알게 한다.

한정란(2005)은 소외된 노인들이 이런 목표를 성취하고자 하여도 국가가 그동안 소홀한 면이 있다고 지적하였다. 특히 노인을 위한 교육의 목표 중에 노인의 개인적인 목표는 노년기에 성공적인 노화를 성취할 수 있도록 돕는 것이라고 전제하고, 신체적 노화, 심리적 노화, 사회적 노화의 세 가지를 들어 제시하였다.

　　신체적 노화는 노화 과정을 인식하고 그 변화로 인한 불편을 극복하고 효과적으로 노화에 적응함으로써 일상생활에서 불편을 최소화하는 데 목적을 두어야 한다. 이로써 노년기에 요구되는 발달과업들을 성취할 수 있게 하며, 스스로 해결할 수 있도록 해야 한다. 심리적 노화는 기억력과 학습 감퇴를 극복하고 잠재된 능력을 계발함으로써 정신적 · 심리적 · 정서적 문제를 극복하여 정신건강을 유지하도록 돕는 데 목적을 두어야 한다고 하였다. 사회적 노화는 급변하는 사회에 노인들이 적응할 수 있도록 도와야 하며 노인들도 능동적으로 참여할 수 있도록 하는 데 목적이 있다고 하였다.

　　여기에 노인미술지도가 훌륭한 도구로서의 역할을 할 수 있다. 가시적으로 드러나는 것은 노인미술지도에서 미술 그 자체가 노인들에게 쉽게 적용될 수 있다는 것이다.

　　먼저 신체적 노화를 보자. 노인미술수업을 하는 과정에서 노인들의 건강에 관여하거나 생활습관을 지도할 수 있는 환경을 조성함으로써 이를 도울 수 있다. 특히 노인들에게 기억력과 치매 등 인지에 관련하여 많은 촉진을 할 수 있는 프로그램들이 상당히 많다.

　　심리적 노화에 있어서 미술지도는 노인에게 그림활동을 통해 정서적 순화와 배출을 하게 한다. 미술이라는 큰 테두리 안에서 작품을 만드는 취미생활이나 전시회 등의 경험을 하는 것은 관계적 측면의 사회화는 물론 노인들의 생산성을 높이고 작품 활동을 통해 자신을 들여다보며 자아통합과 사회통합을 이루도록 할 수 있다.

　　사회적 노화는 어떨까? 노인미술 적용에서는 노인들이 미술시간에 서로 적응하기, 기술 습득하기, 죽음에 대해 돌아보기, 세대 차이를 이해하고 화합의 기술 익히기 등을 이루는 데 미술도구가 활용되고 있다. 특히 재취업을 통한 사회참여에 매우 효과적일 것으로 내다보고 있다.

| 그림 4-1 | **깊은 밤에 노인이 미술을 도구로 자기표현에 집중하는 모습**

노인을 위한 교육내용은 노인들에게 현재를 즐기기 위한 도구로 인식되기보다는 자기발전과 미래를 위한 도구로 인식되어야 한다는 것이다. 플로리오(Florio)는 노인을 위한 교육 프로그램으로 다음의 세 가지를 제시하고 있다(Peterson, 1983: 한정란, 2005에서 재인용).

- 노인 학습자에게 특별한 혜택을 주는 프로그램: 처음에는 성인 학습자 프로그램이나 형식적인 교육과정으로 계획되지만, 노인 학습자의 경우 경제적 특혜, 즉 할인을 해 주거나 무료로 수강하게 하는 것(평생교육 차원에서 교육비 할인)
- 노인이 참여하는 기존 프로그램: 노인 학습자에 맞추어 일부 수정하여 노인 학습자를 받아들이고 기존 학습자와 동일한 조건으로 수용하는 것(연령 제한 없이 참여)
- 노인을 위해 별도로 설계된 프로그램: 노인 학습자에 맞추어 과정이 진행되는 것(노인대학, 노인학교 등)

과거의 어려운 시기에 교육적·문화적 혜택을 받지 못했던 노인 학습자는 자신들이 무엇을 필요로 하는지 몰랐고, 자신의 생각을 정확하게 표현하기도 어려웠다. 노인을 위한 미술교육, 즉 노인미술지도는 노인들에게 생각과 표현의 기회를 제공하고, 사회에 적응하는 교육을 하며, 젊은 세대와 공감대를 형성하는 데 도움을 준다.

펠드먼과 스위니(Feldman & Sweeney, 1989)는 노인을 위한 교육을 생존을 위한 교육, 적응을 위한 교육, 봉사와 성장을 위한 교육이라고 구분하였으며, 피터슨(Peterson, 1983)은 맥클러스키(McClusky)가 제안한 노인들의 다섯 가지 교육 요구를 노인교육에서 제공할 요소들로 보고, 환경 적응의 요구에 관련된 교육, 표현적 요구에 관련된 교육, 공헌의 요구에 관련된 교육, 영향력의 요구에 관련된 교육, 초월적 요구에 관련된 교육으로 제시하였다(한정란, 2005).

2) 노인을 위한 미술지도 방법

노인의 학습을 방해하는 주요 요인은 노인의 내적인 것에 있기보다는 외부의 사회적 편견과 환경에 있다. 그러므로 노인의 학습장애나 노화에 따른 기능의 감퇴를 보상해 줄 수 있는 배려와 지원이 요구된다(한정란, 2005). 아렌버그와 로버트슨(Arenberg & Robertson, 1974: 한정란, 2005에서 재인용)은 노인 학습자를 가르치기 위해서는 다음과 같은 사항을 유념해야 한다고 주장하였다.

- 노인 학습자들은 1차 기억(primary memory)에서는 젊은 학습자만큼 능력을 유지하고 또 재인(recognition)을 할 수 있지만, 1차 기억의 한계를 넘어설 경우에는 연령에 따른 장애가 더 크게 드러난다.
- 빠른 속도의 제시나 재인은 노인 학습자에게 불리할 수 있으므로 학습자가 원하는 속도로 학습할 수 있도록 자기보조(self-pacing)에 맞추어 주는 것이 좋다.
- 기호에서 효과적인 부호화(encoding) 기술에 대한 훈련은 노인 학습자의 기억력을 향상시켜 준다.

- 노인 학습자는 습관이나 과거의 지식으로 방해를 받아, 특히 친숙하지 않은 재료를 학습하는 데 어려움을 겪을 수 있다.
- 2차 기억(second memory)에서의 인출은 여러 해 동안 기억을 축적해 왔기에 노인 학습자들에게는 더 어려울 수 있다(Sherron & Lumsden, 1990).

그 외 성인교육의 원리에 바탕을 두고 이루어진 몇몇 선행 연구(변순옥, 1986; 한정란, 2005; Arguso, 1980)에서는 노인교육, 더 엄밀히 말하면 노인을 위한 교육의 교수방법에 관하여 다음과 같은 제안을 하고 있다.

- 노인 학습자가 오랜 경험을 사용할 수 있도록 하는 학습 조건을 계획하라.
- 자기보조에 맞도록 학습을 운영하라.
- 잘 정의된 한 가지 정보에만 주의를 집중 · 유지하도록 학습 조건을 구성하라.
- 뚜렷한 특징을 지닌 자극재료를 사용하라.
- 긴장감을 줄이며 가볍고 명랑한 학습 분위기를 유지하라.

(1) 노인을 위한 교육방법의 원리

노인을 위한 교육에 대해 김종서(1984)가 주장하고 있는 노인교육 방법의 원리를 요약하면 다음과 같다.

- 자발성의 원리: 노인은 풍부한 경험과 개인의 선호도가 있기 때문에 아동이나 청소년들의 틀에 맞추는 참여 유도보다는 자발적 참여에 기초해야 한다.
- 경로의 원리: 노인학교 강사는 일반학교 강사보다 특히 더 경로사상이 투철해야 한다.
- 사제동행(師弟同行)의 원리: 노인 학습자들과 협동적으로 계획을 세우고 평가해야 한다.
- 생활의 원리: 일상생활에서 제기되는 다양한 문제를 중심으로 노인교육이

이루어져야 한다.

- 다양화의 원리: 주입식 강의보다는 여러 가지 활동이 다양하게 전개될 수 있도록 하는 것이 바람직하다.

- 직관의 원리: 직접 보고, 듣고, 만져 보고, 맛보고, 냄새 맡아 보고 활동할 수 있도록 한다.

- 개별화 원리: 노인은 지적인 능력, 학력, 흥미, 성격, 경험 배경, 건강 상태, 생활수준 등에서 다양하므로 똑같은 내용이라도 개인마다 알아듣고 해석하는 것이 다르다.

- 경험의 원리: 추상적인 강의보다는 직접 경험하면서 구체적인 것에 유의하면서 지도해야 한다.

- 사회화 원리: 급격한 사회 변화에 적응할 수 있도록 노인들을 도와주는 교육이 이루어져야 한다.

(2) 노인을 위한 교육의 원리

한정란(2005)의 노인을 위한 교육의 원리를 요약하면 다음과 같다.

- 자기주도적 학습의 원리: 노인 학습자는 학습 상황 속에서 지식과 학습내용을 구성해 가면서 자기주도적으로 학습을 진행해 나간다. 그러므로 학습자의 적극적 참여와 동기유발이 중요하다.

- 유의미 학습의 원리: 노인 학습자는 자신의 관심에 맞고 의미 있는 것이며 친숙하게 접해 온 것일 때 더 잘 학습하는 경향이 있다. 때로는 학문적 가치 때문에 학습해야 하는 경우, 무엇보다 그 학습 자체가 자신에게 얼마나 중요하고 흥미롭고 유용한가에 따라 그 효과가 크게 달라진다. 따라서 학습자의 흥미와 발달 단계, 직업, 관심사, 학습동기에 비추어 적합하고 유의미한 학습과제를 제시하며, 거부감 없이 쉽게 접근할 수 있도록 친숙하고 구체적인 과제나 자료를 제시하는 것이 필요하다.

- 융통성의 원리: 노인 학습자는 개인차가 매우 크고 다양하며, 감각 능력 쇠

퇴, 조심성 증가, 정보처리 시간의 증가, 정보처리 효율성의 감소, 불안수준의 증가 등으로 인해 제한시간이 엄격하거나 장기간에 걸친 학습에는 적합하지 않으므로 융통성이 필요하다. 학습 주제나 교수방법, 집단 편성 등이 엄격히 정해져 있지 않으며 강제성도 적다. 정해진 진도대로 엄격히 교육을 끌어 가기보다는 융통성 있게 상황에 따라 프로그램의 내용이나 교수방법과 형식 등을 조절하고 학습자의 요구에 따라 조정할 수 있도록 하는 것이 바람직하다.

- **학습자 중심의 원리**: 형식교육이 아닌 비형식적 성인 및 노인 교육으로 강제성이 거의 배제되어 있으므로 노인 학습자가 자신의 필요에 맞지 않을 때는 언제든지 다른 활동으로 옮겨 갈 수 있다. 따라서 노인을 위한 교육에서는 학습자의 요구와 필요를 정확히 진단하는 것이 중요하다. 노인교육의 내용은 학습자의 요구와 필요에 근거를 두고 이루어져야 한다.
- **상호존중의 원리**: 노인교육의 공간은 따뜻하고 부드러우며 온정적이어야 한다. 교수자와 학습자 상호 간에 존경하는 분위기가 조성되어야 한다. 학습자들은 도전적 수업 조건보다 격려 수업 조건에서 더 잘 수행할 수 있다.
- **노인 중심의 원리**: 같은 노인이라고 하더라도 60대부터 90대까지 다양하게 분포될 수 있다. 더구나 같은 연령대라고 하더라도 신체적 · 지적 · 사회적 발달수준에 큰 차이가 있을 수 있다. 이때 가급적이면 교육의 초점을 교실 분위기나 환경, 과제 준비, 학습 수행 정도, 학습수준 등에서 가장 취약성이 높은 학습자에게 맞추어 최대한 배려가 이루어지도록 해야 한다.

경쟁적인 환경을 피하고, 실내조명을 밝게 하며, 활자나 시각자료들의 크기를 조절하고, 청력이 감퇴하므로 목소리도 그에 맞추어 크게 조절하는 등 학습자에 대한 배려가 있어야 한다. 특히 노인들의 신체적 특성을 고려하여 대개 2시간 정도를 최대 수업시간으로 보며, 다시 주의를 끌어오기 위해서는 충분한 휴식시간이 요구된다. 너무 어려운 것부터 시작하지 말고 서서히 연습과 훈련을 통해 그 능력을 증가시켜 나가도록 진행한다.

(3) 노인을 위한 미술지도의 효과

노인을 위한 미술지도에서는 단순히 사실적인 그림을 그리게 하는 것보다는 자유롭게 표현하게 하는 것이 미술의 효과를 충분히 얻을 수 있다. 구체적으로 노인을 위한 미술지도의 효과는 다음과 같다.

- 오감 촉진의 효과: 사물을 보고 도구를 다루며, 그로 인하여 느끼고, 주변의 이야기를 듣거나 음악을 들으며 대화를 나누고, 기분 좋은 향기를 사용하여 오감을 자극하는 것은 뇌를 자극하는 것이다. 이런 활동을 하는 노인미술지도가 노인들의 치매 예방이나 건강에도 효과적일 수 있다.
- 정서성의 효과: 그림을 그리고 색을 칠하거나 조형활동을 하는 것은 자기 심상을 적극적으로 표현하는 것이기에 정서 이완에 도움이 된다.
- 운동성의 효과: 미술활동은 손을 움직이고 눈으로 보고 팔을 움직여야 작품이 완성되기에 운동 효과가 크다.
- 동질화의 효과: 작품을 만드는 동안 함께 만드는 작품들에 대해 동질감을 느끼게 한다. 비슷한 또래이거나 연령 차이는 있더라도 동시대를 살아가는 것으로 동질감을 가지게 한다. 동질감은 공감대 형성으로 나타나고, 소속감과 급변하는 사회에 대한 적응력을 높이는 데 도움이 된다.
- 관계 형성의 효과: 같은 작품을 비슷한 연령대의 사람들과 공유하기도 하지만, 가족과 함께하면서 서로 좀 더 친밀해지고 가족의 유대감을 높이는 데에도 도움이 된다.
- 자아통합의 효과: 개인적으로 미술에 여가를 활용하고, 남은 시간은 자신을 위하여 사색하고 알차고 가치 있게 사용할 수 있도록 유도할 수 있다. 이로써 자신을 돌아보는 기회를 얻게 되고, 죽음과 유언과 관련해 성숙한 시각으로 자신을 진솔하게 대하게 되며, 자신의 삶이 성공적이든 성공적이지 못하든 자신을 수용하고 인정함으로써 자아통합을 이룰 수 있게 된다.
- 사회통합의 효과: 개인의 생각을 공동체에서 협동하여 표현하도록 함으로써 개별적으로 나누어진 생각들을 한곳으로 모을 수 있다. 이러한 것이 가능

한 전시회를 통하여 토론의 장과 대화의 장을 마련하고 사회적 문제를 제
시하거나 그 문제에 대하여 새로운 가치나 의미를 가질 수 있도록 노력함
으로써 사회적 통합을 할 수 있다.

- 과정의 효과: 미술이라는 것은 가시적인 것이기에 어제의 표현과 오늘의 표
  현과 내일의 표현이 한눈에 들어온다. 자신의 활동이 얼마나 변화되었는지
  스스로 알게 되고 좀 더 발전적인 학습의 효과를 얻게 되며 활동 과정에 충
  실할 수 있다.

- 결과의 효과: 미술은 표현하는 것 자체만으로도 충분하지만, 더욱 큰 장점은
  그 결과가 눈에 보인다는 것이다. 무엇을 표현하겠다고 한다면 그것이 작
  품으로 남을 수 있는 것이어서 결과에 대한 만족감을 갖는 것은 좋은 작품
  이든 그렇지 못한 작품이든 그리 중요하지 않다. 어린아이가 자신이 그린
  그림에 평가를 하지 않듯이 노인의 작품 역시도 평가를 하지 않으며 자신
  의 작품이 무조건 답이 되는 것이다. 자신이 표현한 작품에 대한 애착은 삶
  의 의욕과 삶에 대한 애착으로 연결될 수 있다.

- 교육 및 정보 제공·공유의 효과: 미술 프로그램은 미술 작업실, 노인교실, 노
  인정 등 노인이 있는 곳이면 적용이 가능하며, 노인들에게 그림이나 조형
  작품을 표현하면서 대화를 나누게 하고 대화를 끌어낸다. 그리고 노인들에
  게 새로운 정보를 제공하고 자연스러운 학습을 유도하여 급변하는 사회에
  대한 적응력을 높일 수 있도록 한다. 즉, 미술활동을 통하여 정보 공유를
  최대한 할 수 있게 한다.

3. 노인에 관한 미술지도

노인에 관한 미술지도는 예비노인들을 위하여 노인이 되어 가는 과정에서 노
화에 적응하고 노년기 연장으로 인해 여가를 어떻게 보내고 고령화에 대비하여
미술을 어떤 시각으로 바라볼 것인가에 대한 것이다. 또한 젊은이들에게 노인

을 이해시키는 교육이다. 노인이 한 구성원으로서 젊은 세대와 살아가기 위해서는 노인에게만 일방적으로 젊은 세대를 이해하고 그들의 생활양식에 적응하도록 요구할 것이 아니라, 젊은 세대에게도 노인의 삶과 노인의 지적 · 정서적 · 신체적 특성을 이해시키는 것이 필요하다. 노인에 관한 교육은 이러한 세대 간의 이해를 증진하는 데 기여할 것이며(한정란, 2005), 노인미술지도는 노인에 관해서 알 수 있는 효과적인 도구가 될 것이다.

1) 노인에 관한 미술지도의 필요성

노년기에 접어들었다 해서 노화가 완성된 것이 아니며, 노화에 완전히 적응한 것도 아니다. 70세 노인에게는 80~90세에 이르기까지의 노화 과정이 남아 있다(한정란, 2005). 감각의 쇠퇴나 기관과 기능의 감퇴에 어떻게 적응하고 극복해 나갈 것인가는 성공적인 노화에 매우 중요한 과제이다. 노인들이 노화에 효과적으로 잘 적응하고 당면한 문제에 적절한 대처 능력을 기를 수 있도록 돕기 위해서는 노인에 관한 교육이 필요하다.

노인미술지도에서도 노인이 그림을 잘 그리고 싶다고 하여 그림이 바로 잘 그려지는 것은 아니다. 그림은 언제든지 그릴 수 있지만 그것을 시작할 수 있는 환경이 만들어져야 그림을 그릴 기회를 얻을 수 있다. 미술을 접하거나 그림을 그릴 수 있는 환경이 아니라면 생각한 것을 금방 잘 표현할 수는 없다. 사회적 분위기와 환경이 이루어지고 기술적인 부분을 자연스럽게 숙지함으로써 노인이 되었을 때 미술에 친숙해지고 편안해지고, 자연스럽게 그림으로 여가를 보낼 수 있게 된다. 현재 고령 노인이 아니며 중년의 미술 전공자가 아니라 해도, 미술을 접할 기회를 얻어 노년기에 여가를 즐길 수 있도록 하는 것 역시 노인미술지도의 필요성이다.

지금 40~50대인 중년들이 노인에 관한 교육을 받고 노인미술지도에 관련하여 자격증을 따고 전문성을 기른다면, 노인이 노인을 지도하는 흐름으로 이어갈 수 있으며, 전문인 양성과 전문인으로서의 활동이 지속적으로 가능하고 미래에 대한 준비도 가능하다. 아직까지 노인에 관한 전문가들이 적으며, 자격증을 갖춘 이들은 더욱 적은 편이므로 현재의 40~50대가 분발하여 더 많이 도전해 볼 필요가 있다.

향후 지속적인 노인인구의 증가로 노인미술지도사는 더 많이 필요할 것으로 예상되고, 현재의 중년층이 노인 전문가가 되면 오랫동안 사회에 기여하게 될 것이다. 노인미술지도사가 되면 미래에 자신이 노인이 되었을 때 노화에 적응하는 데 도움이 될 수 있고, 노인에 대한 이해 증진, 노후와 퇴직에 대한 준비, 노년학 교육 강화를 통하여 실버산업의 성장과 시장 변화에 효과적으로 대응할 수 있다. 또한 노인 관련 산업의 인적자원을 육성함으로써 고령화 사회의 경제 구조 변화에 효과적으로 대응할 수 있을 것이다.

2) 노인에 관한 미술지도 방법

한정란(2005)에 의하면, 학습자가 아직 노인이 되기 전의 연령층이라면 노년기 특성을 실제로 체험해 보지 못했다는 점을 인식해야 한다. 20대 젊은이가 60대가 된 자신의 모습을 상상해 본다면 과연 상상이 되겠는가? 현실적으로 크게 다가오지 않을 수 있다. 그리고 노인에 관한 미술교육은 다양한 교수방법, 즉 강의법, 토의법, 견학 등의 방법으로 노인들에게 체험 위주로 교육하는 것이 효과적이라고 할 수 있다.

노인미술지도사들은 노인의 신체적 · 심리적 부분에 대해 공부하고 노인을 직접 접해 봄으로써 노인에게 미술지도를 잘할 수 있다. 노인미술지도를 통해 노인에 대한 편견 해소, 노인과 노화, 인생에 대한 폭넓은 간접 경험, 노인에 대한 지식과 경험 습득, 노인이 가진 인생의 지혜, 삶의 생생한 경험, 생명에 대한 따뜻한 마음, 전통에 대한 존경, 자신의 미래에 대한 비전 등을 얻을 수 있다.

자서전 쓰기 교육은 노인의 삶과 노인 자신을 더 잘 이해하고, 인생의 전 과정을 구체적으로 살펴보며, 자신의 삶과 연관시켜 그 의미와 시사점을 발견할 수 있는 기회를 제공해 준다. 특히 어린 시절 조부모와 함께 살았던 경험이 있다면

노인을 이해하는 데 크게 도움이 되지만, 전혀 그럴 기회가 없었다면 노인을 이
해하는 데 어려움이 있을 수 있으므로 의도적 노력이 필요하다. 자서전 쓰기 활
동을 할 때 노인에 대한 면담에서는 다음과 같이 질문할 수 있다(한정란, 2005).

- "일생 동안 당신의 행복에 가장 크게 영향을 미쳤던 한 가지 요인은 무엇이
  었습니까?"
- "젊었을 때와 비교해서 현재의 시기에 어느 정도 만족합니까?"
- "일생에서 가장 큰 성취는 무엇이었다고 생각합니까?"
- "당신의 삶을 되돌아볼 때 그렇게 하지 않았더라면 더 행복할 수 있었을 것
  이라고 후회하는 것은 무엇입니까?"
- "젊은이들에게 줄 수 있는 삶에 대한 가장 좋은 충고는 무엇입니까?"
- "나이가 들어 감에 따라 당신의 삶에서 중요한 것들의 우선순위가 어떻게
  달라졌습니까?"

| 그림 4-2 | 친구랑 이야기

그 외에 인생의 전환점, 가족, 일과 역할, 사랑과 증오, 건강, 고난과 역경, 인간관계, 학문과 예술, 신념과 가치관, 이별과 죽음 등에 대해 질문을 던져 보며 현장학습과 체험을 하는 것도 필요하다.

4. 노인에 의한 미술지도

노인에 의한 교육의 필요성에 대해 한정란(2005)은 전통에 대한 전수, 우리의 관습과 전통윤리 등에 있어 노인의 공헌과 참여를 제시한다. 또한 맥클러스키 (McClusky, 1981)는 노인들은 계속해서 사회에 중요한 구성원으로 참여하고 공헌하며, 영향력을 행사하고자 하는 욕구를 지니고 있다고 말한다. 이것은 노인들이 젊은이들에게 자신들의 경험을 제공해 줌으로써 사회에 도움이 되는 사람으로 공헌할 수 있다는 의미이다.

노인에 의한 교육의 목적은 젊은이들이 노인들의 다양한 인생 경험을 얻고 노인은 사회봉사 및 사회참여의 기회를 가져서 젊은 세대와 노인 세대가 각자의 강점을 공유하여 사회통합을 높이도록 하는 것이다(한정란, 2005).

노인미술지도는 노인에게 미술만을 지도하는 것이 아니라 사회적 통합을 통하여 공유하고 함께 나누고자 하는 데 주요 목표를 두고 있으며, 공동체적 의미를 미술을 도구로 하여 활용하고자 하는 데 중요한 의의를 둔다. 노인에 의한 교육은 젊은 세대에게 전통과 관습을 전해 주는 유용한 매개체가 된다. 노인들이 미술활동을 하는 동안 자신들의 과거 경험을 지도자들과 함께 대화하면서 전수해 줄 수도 있을 것이며, 전시회나 공동 모임을 통하여도 전수 가능하다.

한정란(2005)은 노인에 의한 교육의 내용으로 역사적 사실 및 사건과 관련된 내용, 전통 가치 및 기술과 관련된 내용, 생활기술과 관련된 내용, 전문성과 관련된 내용, 지역사회봉사 등을 언급하고 있다. 그 외에 위기와 고난을 이겨 낸 진솔한 경험담은 무엇보다 젊은 세대에게 귀감이 될 수 있고, 실패와 좌절의 경험은 젊은 세대에게 분별심(分別心)을 가지게 할 수 있다.

노인미술지도는 젊은 세대와 노인 세대가 함께하는 시간을 가짐으로써 노인이 가진 다양한 경험을 젊은 세대에게 전하며, 노인 세대에게는 젊은이들이 가진 새로운 것들을 받아들이도록 하는 것이다. 특히 미술을 함께 하는 시간은 노인들에게 경험을 듣는 좋은 기회가 되고, 노인들은 젊은 세대에게 새로운 것을 배울 수 있는 기회가 되어 노인 세대와 젊은 세대 간에 공감대를 높일 수 있다.

제5장

노인미술교육의 지도방법

인간은 배우지 않고서는 삶을 유지할 수 없다. 동물은 본능적인 경향에 따라 움직이며 그 생명을 유지할 수 있으나, 인간은 태어나서 죽을 때까지 배우며 사는 존재이다.

인간 행동의 발달에는 가르쳐야 할 적기가 있다. 유아기에는 그때 꼭 배워야 할 내용이 있고 아동기, 청년기, 성인기, 노년기에는 각각 그 시기에 반드시 배워야 할 내용이 있다. 이처럼 인생의 각 단계에서 꼭 배워야 할 것을 발달과업이라고 한다. 이 발달과업을 잘 학습하면 행복한 생활을 하는 동시에 후일에 배워야 할 과업도 잘 배울 수 있지만, 시기에 맞는 발달과업의 학습에 실패하면 개인적 불행은 물론이지만 사회적으로 인정받지 못하고 후일의 생활에도 문제가 생기게 된다. 이러한 관점에서 볼 때 노년기에 반드시 배워야 할 발달과업이 무엇인지 생각해 볼 필요가 있다.

1. 미술교육과 노인 발달과업

고령화가 대두되기 전에는 노년의 발달과업에 관심이 적었으나 최근 고령화와 초고령화에 이르러 노년의 발달과업에 관심이 높아지고 있다. 노년기의 발달과업 내용은 허정무(1982)의 『노인교육학개론』을 참고하였으며, 이전에 김종서, 남정길, 정지웅, 이용환(1982)은 한국인의 발달과업을 한국인의 특성에 맞게 단계별로 체계화하고, 60세 이후 노년기의 발달과업을 지적 영역, 정의적 영역, 사회적 영역으로 구분하여 정리하였다.

미술교육은 노인이 처해 있는 건강, 학력, 경제, 환경 등을 고려하여 노인의 발달과업을 도울 수 있다. 다만, 정부와 지역사회의 관심과 지원이 뒤따르면 더 나은 성과를 거둘 수 있을 것이다.

1) 지적 영역

지적 영역은 학습 또는 경험을 통해 형성되는데, 언어, 판단, 원리, 개념 등 기호나 상징을 통하여 상호작용하는 것과 관련된 영역을 말한다.

(1) 세대 차이와 사회 변화의 이해

오늘날의 사회 변화는 19세기나 20세기처럼 누구나 예상할 수 있는 변화를 넘어선다. 예전의 100년 흐름이 지금은 10년 이내에 이루어질 만큼 사회가 급변하고 있다. 이는 사회의 변화가 어떻게 나타날지 예상하기 어렵고 불확실하다는 것을 의미한다. 65세 이상의 노인들은 그들이 태어난 시점과 65년이 지난 현재의 변화는 아예 비교할 수도 없을 정도라는 것을 확연히 실감할 수 있을 것이다. 이것은 현재의 청소년들과 노인들이 자라던 청소년기와는 거의 완전히 다른 모습이라는 것을 의미한다. 그러므로 노년기에 있는 노인들은 현시점의 청소년들이 생각하는 가치관이나 행동을 알고 이해할 필요가 있다. 노인들은 이러한 사회 변화와 세대 차이에 대해 겸허히 받아들이고 청소년들을 이해하도록 노력해야 한다.

(2) 은퇴생활에 필요한 지식과 생활

성인이면 대부분 생계를 위해서 혹은 자아실현을 위해서 자영업이든 직장생활이든 일을 한다. 장사를 하거나 농사를 짓는다면 은퇴하는 경우가 거의 없지만, 근로자로 직장생활을 한 경우는 어느 정도 나이가 들면 은퇴를 하게 된다. 그런데 아무런 준비도 없이 은퇴하게 되면 여러 가지 변화를 감당하기 어려울 수 있다. 규칙적인 생활이 없어지고 한가한 시간이 무한정 주어져 고통을 느낄 수도 있다. 그러므로 은퇴 후에 무엇을 할 것인지를 충분히 생각하고 미리 준비해야 한다. 은퇴 후 자유로운 시간에 무엇을 할 것인지, 자신을 행복하게 할 수 있는 일거리나 다양한 취미생활을 할 수 있는 여가활동을 찾아보는 노력이 필요하다.

(3) 정치, 경제, 사회, 문화에 대한 동향

노인들은 구시대 사람이기에 현재의 동향을 몰라도 괜찮다고 생각하기 쉽다. 어쩌면 그것이 속 편한 것이고, 자기만족으로 사는 길인지도 모른다. 그러나 노인이라고 세상 돌아가는 일을 몰라도 된다고 해서는 안 된다. 급변하는 세태의 전체적인 흐름은 잘 알고 있어야 한다. 이를 위해서는 언론과 방송매체를 통해 정치, 경제, 사회, 문화의 흐름을 파악할 필요가 있다. 또한 노인학교와 같은 세미나를 통해 전문가로부터 지식을 얻을 필요가 있다.

(4) 건강 증진을 위한 폭넓은 지식

나이가 들면 이곳저곳 아픈 곳이 다양한 형태로 나타나기 시작한다. 노인이 되면 심신의 쇠약으로 의욕도 떨어질 수 있다. 그러므로 심신의 건강 증진을 위한 다양한 정보와 지식을 습득할 필요가 있다. 노년기에는 영양섭취와 운동에 대한 지식과 실천이 필수적으로 따라야 한다. 더 나아가 생활습관병, 즉 고혈압,

당뇨, 비만, 대사성 질환과 심뇌혈관 질환 등에 대해 폭넓은 지식과 실천, 중풍과 치매 예방에 관한 실천이 뒷받침되어야 할 것이다.

2) 정의적 영역

정의적 영역이라 함은 흥미, 태도, 가치관, 신념 등과 주로 정서 및 의지와 관련되는 영역을 말한다. 이것은 노인으로 살아가는 생활태도 등에 지대한 영향을 미칠 수 있다.

(1) 적극적으로 일하는 생활태도

노인이 되면 몸은 점점 쇠퇴해져도 마음은 늘 젊은 청춘이다. 여기에는 생각대로 몸이 잘 따라 주지 않는다는 의미도 있겠지만, 얼마든지 젊게 살 수 있다는 의미도 담겨 있다. 나이 들어 늙었으니 이제 할 일이 없다고 마음을 먹으면 몸도 훨씬 빠른 속도로 쇠퇴할 수밖에 없다. 그러므로 노년기에 주어진 자유시간을 충분히 활용하여 적극적으로 무엇이든 할 수 있다는 자신감과 적극적인 신념을 가기고 생활하는 노인이 되어야 할 것이다. 마음이 건강하면 몸도 건강해지기 마련이다. 현실에 안주하기보다 적극적인 자세로 생활하고 몸을 많이 움직이는 노인으로 거듭날 필요가 있다.

(2) 취미를 살리고 여가는 즐겁게

노인이 되어 매일매일 해야 할 일이나 업무가 없으면 하루의 시간이 몹시 지루할 수밖에 없다. 그러므로 노인으로 보람 있게 살아가기 위해서는 여가를 잘 즐길 수 있어야 한다. 미루어 두었던 취미생활을 다시 시작하거나 꼭 하고 싶었던 것을 떠올리고 거기에 매진하는 것도 좋다. 하나의 취미생활을 시작해 보면 또 다른 취미를 발견할 수도 있고, 하고 싶은 버킷리스트(Bucket list)를 작성하여 하나씩 도전적으로 실천해 보면 보람을 느끼는 여가생활을 즐길 수 있다. SNS를 하나씩 배우는 것도 좋고, 음악이나 미술을 배우는 것도 좋을 것이다.

(3) 정년퇴직과 수입 감소

직장생활을 하면 60세를 넘으면 근로생활을 마감하고 정년퇴직을 한다. 정년퇴직은 직장을 그만두고 집에서 생활하는 것이기 때문이 여러 가지 변화가 동시에 찾아온다. 이를 감당하려면 미리 충분한 준비가 있어야 한다. 준비 없이 정년을 맞이하면 여러 가지 힘겨운 생활을 하게 되고 무료하게 보내게 되면 심신이 갑자기 쇠퇴하는 현상을 경험하게 된다. 정년퇴직의 또 다른 현상은 수입이 급격하게 감소한다는 것이다. 이러한 수입 감소는 지출을 줄이게 만들고, 활동 범위도 자연스럽게 줄어든다. 노인들은 이런 변화에 지혜를 발휘하여 수입 감소에 대한 스트레스를 최소화할 필요가 있다.

(4) 소외감과 허무감 극복과 인생의 의미

가족제도가 대가족에서 핵가족으로 변하고 1인 가구로 변함에 따라 노년기에는 소외감과 허무감을 안고 살아야 한다. 그렇지만 노년기의 반전을 생각해 보면 오히려 활기찬 인생을 살 수 있다. 자유로운 많은 시간을 활용하여 인생의 황금기를 만들어 보는 것도 가능한 일이고, 참다운 인생을 음미하며 사명감 있는 일을 계획하고 이를 실천하여 노년기를 젊은 청춘으로 사는 방법을 찾을 필요가 있다.

(5) 배우자 사망 후의 생활 적응

노년기에 슬픈 일의 하나는 함께 살던 부부 중 한 사람이 먼저 사망하는 것이다. 당사자로서는 이보다 더 슬픈 일은 없다. 한 사람이 먼저 떠났다는 것은 의지의 대상이나 대화의 상대가 없어졌다는 것이다. 이처럼 노인으로 혼자 남게 되었을 때, 향후 생활 규모를 어떻게 하고, 친구관계를 어떻게 하며, 재혼에 대한 것은 어떻게 할 것인지 등을 잘 정리해 둘 필요가 있다.

(6) 동료 또는 자신의 죽음에 대하여 준비하기

나이가 들면 지인이 사망하는 것을 종종 경험하게 된다. 또한 자신 스스로도

생명이 얼마 남지 않았다는 것을 자주 느끼게 될 수 있다. 이럴 때, 인간의 죽음
이나 자신의 죽음에 관해 미리 준비할 필요가 있다. 요즘은 웰다잉 교육도 다양
하게 이루어지므로 교육에 참여하여 그 의미를 이해해 두는 것도 좋고, 신앙생
활을 통해 죽음을 태연하게 맞이할 준비를 하는 것도 좋을 것이다.

3) 사회적 영역

사회적 영역의 발달과업이란 사람과 사람이 사귀거나 서로 관계를 맺는 데
있어서 반드시 배워야 할 것들이다. 노인이 되어 외롭고 고독해지지 않으려면
사회적 발달과업을 잘 수행할 필요가 있다.

(1) 동년배 노인들과의 친교 유지

노년기에 접어들면 육체적인 활동 능력이 떨어진다. 옛날 생각으로 젊은이들
과 경쟁했다가는 큰코다친다. 가령 청년기나 장년기까지만 해도 철봉에 매달려
턱걸이를 30개씩 거뜬히 할 수 있었지만, 65세가 지나 노인이 되었을 때 마음으
로는 충분히 가능할 것 같아도 몸은 이미 단 한 개도 하지 못할 만큼 쇠퇴해져
있게 된다. 그러므로 청년들과 경쟁하려고 하지 말고 동년배 노인집단에서 친
교도 맺고 함께 일이나 공부를 하며 자신감도 기르고 활기차게 활동하도록 해야
할 것이다.

(2) 가정에서 책임 물려주기

가정에서 가장은 책임이 무겁다. 그렇지만 노인이 되어 뒷방 늙은이가 되면
자식들과 주도권에 관한 세대 간 갈등이 생기기도 한다. 이는 가정불화의 원인
이 되고 파탄의 요인이 될 수 있다. 그러므로 노년기의 생활을 즐기는 데 더 중
점을 둘 필요가 있고, 적절한 때가 되었다고 판단되면 주도권은 시원하게 물려
주는 넓은 마음으로 살아가야 할 것이다.

(3) 가정이나 사회에서의 어른 구실

노인은 가정에서 어른이고 인생의 쓴맛과 단맛을 모두 보고 겪어 왔기에 사회에서도 존경받는 어른이어야 한다. 노인이 되면 풍부한 경륜으로 여러 가지 문제를 지혜롭게 처리할 수 있다. 이를 활용하여 가정이나 사회에서 힘들어하는 젊은이들에게 멘토나 자문 역할을 하면 어른으로 더욱 존경받을 수 있다. 특히 어른으로서 가정이나 사회에 적극적인 봉사활동을 한다면 모두의 어른으로 칭송받을 수 있을 것이다. 관혼상제는 물론, 인간관계의 갈등이나 전통사회의 의식주 생활에 대한 자문 역할은 노인들만이 할 수 있는 분야가 될 수 있다.

(4) 자녀 또는 손주와의 원만한 관계

가정에서 노인들은 자식이나 손주와의 관계가 원만하지 않을 수 있다. 왜냐하면 가치관에 큰 차이가 나기 때문이다. 이러한 가치관의 차이는 가정에서 다양한 형태의 갈등으로 나타나기 쉽다. 그러므로 노인으로서 가장 노릇을 하며 군림하겠다는 생각은 일찌감치 버리는 것이 좋다. 오히려 자식과 손주들의 가치관을 배운다는 생각으로 임한다면 훨씬 더 원만한 관계를 유지할 수 있고, 세대 간의 갈등을 현저히 줄일 수 있을 것이다.

2. 노인미술교육의 교수방법

인간의 성장·발달은 단계마다 특징이 있다. 로웬펠드(Lowenfeld)는 아동기의 발달단계에서는 순차적 발달을 중시하여 아동이 성장하면서 일정한 단계를 거치며 발달한다고 보았다. 미술교육에서 그림활동의 발달에도 순서와 단계가 있다. 그 순서와 단계는 개인의 성장 속도, 환경, 소질, 의욕, 개성 등의 차이가 있으므로 일률적으로 규정하기는 어렵다.

로웬펠드는 유아·아동기에는 언어나 다른 전달수단을 통한 의사소통이 자유롭지 못하므로 끼적거려 놓은 낙서나 그림을 통하여 내면 감정이나 갈등을 가늠해 볼 수 있다고 했다. 이렇듯 아동의 미술은 최초의 끼적거림에서 인물 표현으로 발전하기까지의 단계가 있는데, 세밀히 분석해 보면 난화기, 전도식기, 도식기, 또래집단기, 의사실기, 결정기 등으로 나눌 수 있다.

노인미술의 경우 노인마다 숙련시간도 다르며, 연령, 건강, 학력수준 등에 따른 개인차가 아동보다 더 크다. 노인들에게는 그리기 초보에서 자아통합에 이를 때까지 가르칠 내용을 단계별로 정하면 되고, 그다음에는 그것을 어떻게 가르칠 것인가를 살펴보아야 한다.

1) 노인미술교육의 원리

(1) 자발성의 원리

노인미술교육은 강압적 · 타율적으로 이루어져서는 안 되며, 노인들의 흥미에 입각한 자발성과 자율성에 그 기초를 두어야 한다. 그들은 이미 풍부한 기초를 가지고 있기 때문에 자발적으로 학습할 수 있는 능력이 충분하며, 따라서 교수방법에서 이러한 장점을 살리도록 해야 한다. 예를 들면, 일방적인 강의는 줄이고 노인 중심의 표현활동, 감상, 평가 등 자발적이며 자율적인 활동 방식을 고려해야 한다.

(2) 경로의 원리

노인미술지도 교사는 아동미술지도 교사와는 그 특성이 판이하게 다르다. 아동미술지도에서는 학생보다 교사가 나이가 많은 데 반해, 노인미술지도에서는 대부분 학생이 교사보다 나이가 많으며 경우에 따라서는 학생이 전문적 특정 분야에 대한 경험도 더 많다. 그렇기 때문에 노인미술지도 교사가 삼가야 할 일도 생겨난다. 노인들은 미술이라는 매체를 통해 좌절감과 소외감을 해소하고 자아존중감을 높이기 위해 학습을 한다. 따라서 노인미술지도 교사는 누구보다도 경로사상에 투철한 자질을 지니고 있어야 한다. 예의 바르고, 친절하며, 겸손하고, 세밀한 점까지 신경을 쓰는 경로사상이 투철한 교사가 요구된다. 이와 같은 따뜻한 경로사상이 노인의 가슴을 울려야 노인미술교육을 통해 노인의 자아통합을 이루는 효과를 얻을 수 있다.

(3) 사제동행의 원리

노인미술지도 계획은 어디까지나 노인 학습자들과 함께 협동적으로 세우는 것이 바람직하다. 노인들은 풍부한 경험을 가지고 있으며 많은 자원에 익숙하기 때문에 노인들과 같이 의논하여 계획을 세울 때 보다 성공적인 미술지도가 이루어질 수 있다. 미술의 여러 분야 중 어떤 것을 배울 것인지, 미술관 견학이나 박물관 견학, 고적 답사 등은 어디가 좋겠는지 등을 사전에 상의해 보는 것이 문자 그대로 사제동행의 교육이라 할 수 있다.

(4) 생활의 원리

노인미술교육에서 가르치는 내용이나 방법은 노인들의 생활과 밀접한 관련이 있어야 한다. 노인들은 노후의 생활을 정신적으로 건강하고 편안하게 하기 위하여 노인교실을 찾는다. 그래서 추상적인 이론이나 학문적인 지식은 노인들이 알아듣지도 못할뿐더러 관심도 끌지 못한다. 노인들의 일상생활 속에서 나타나는 문제를 중심으로 미술교육이 생활미술이 되어야 여러 가지 효과가 나타날 수 있다. 노인이 미술을 배움으로써 배우지 않을 때보다 확실히 육체적·정신적으로 건강하고 행복을 느낄 수 있도록 교육이 이루어져야 한다.

(5) 다양화의 원리

노인들에게 미술작품 감상에 관한 강의도 해야 하겠지만, 여러 가지 표현활동이 다양하게 전개될 수 있도록 해 주어야 한다. 야외 스케치, 놀이미술, 토론, 명화 감상, 영상자료, 발표하기 등과 같은 다양한 미술학습 활동이 전개될 수 있도록 계획을 세우고 진행해야 한다.

(6) 직관의 원리

직관이라 함은 감각을 통하여 외계 사물에 관한 구체적인 내용을 알게 되는 것을 말한다. "백문이 불여일견"이라는 말이 체험과 직관의 원리를 나타낸다고 볼 수 있다. 그래서 시청각 교재를 사용하는 것이 좋다. 사진, 그림, 표본, 도표, 그래프, 슬라이드, 영화, 라디오, 텔레비전, 비디오 등과 같은 시청각 교재는 노인교육에서 최대한 활용해야 한다. 이와 같이 미술활동을 지도할 때 노인들에게 미술학습이 구체적으로 되어 미술활동에 흥미가 높아지며, 그들이 생활에서도 자신감을 찾아 통합된 자아를 가지고 행복한 노화 과정을 경험하게 된다.

(7) 개별화 원리

노인은 지적인 능력, 학력, 흥미, 성격, 경험 배경, 건강 상태, 생활수준 등에서 다양하므로 똑같은 내용이라도 개인마다 알아듣고 해석하는 것이 다르다. 따라서 단체교육이 대단히 어렵다. 가능한 한 적은 인원수에서 개인의 욕구를 충족시켜 주는 것이 수업의 질을 높이는 데 도움이 될 수 있다.

(8) 경험의 원리

추상적인 강의보다는 체험 위주의 수업으로 지도에 임하게 되면 기억을 오랫동안 저장하는 데 도움이 될 수 있다.

(9) 사회화 원리

급격한 사회 변화에 적응할 수 있도록 노인들을 도와주는 교육이 이루어져야 한다. 가치관, 생활양식, 가족구조, 인간관계 등이 갑자기 변하기 때문에 이러한 교육을 소홀히 하면 보수성, 전통성이 강한 노인이 현대사회에서 점점 살기 힘들게 된다. 그러므로 노인들이 사회 변화에 적응하는 방법을 배워야 한다. 노년의 일부는 사회봉사와 관련되어 있어야 한다. 노인의 입장에서는 사회봉사를 함으로써 사회를 위하여 일한다는 긍지와 자부심을 가지게 되며, 일반 사회인의 입장에서는 노인이 저렇게 일하는데 우리가 게을리할 수 없다는 마음을 가지게 된다.

2) 단계별 노인미술지도

노인미술교육의 원리는 미술교육이 전개되는 실제에 스며들어야 한다. 교육의 실제를 이끄는 것은 미술수업이며, 미술수업의 방법 속에 미술교육의 원리가 적용되어야 한다. 미술교육의 방법과 수업은 같은 뜻으로도 사용되나 일반적으로는 미술교육 방법을 포괄적 의미로 사용한다.

미술교육지도 방법이라 함은 미술교육의 목표를 달성하기 위한 모든 방법을 총칭하는 것으로 생활지도, 수업, 교육평가를 모두 포함한다. 교수방법에는 여러 가지 방법이 있으나 어떤 하나의 방법이 노인미술교육에 알맞다고 말할 수는 없다. 또한 노인에게 적용되는 미술지도는 일반적으로 아동에게 적용되는 미술지도와는 다른 접근이 필요하다.

아동의 미술지도가 발달단계에 맞는 성장을 촉진하는 방향을 제시하는 것이라면, 노인의 미술지도는 노인의 건강과 살아온 환경, 연령대, 교육수준, 사고관 등이 아동과 다르다는 것과 노인의 개인 간 차이를 인정하는 방향에서 제시되어야 한다. 미술이라는 도구로 조형적 접근에 따른 만들기를 하거나 그림으로 그려서 표현하는 방법이 있지만, 그 결과를 다루는 방법에서는 아동과 노인이 비슷하다. 미술지도를 통해 아동에게서는 인지적 발달 및 창의성을 이끌어 낼 수 있고, 노인에게서는 지적 촉진, 치매 예방, 여가 활용, 정서 함양 등에서 효과를 얻을 수 있다.

(1) 시작 초기 단계

노인에게 노인미술을 지도할 때 그림을 그려야겠다는 생각이 전혀 없는 노인에게 그림을 그리도록 하는 것은 쉽지 않다. 이러한 노인들 개인에게는 미래에 대한 삶의 가치와 의미를 촉구하고, 지속적인 자기가치를 높이는 환경을 조성하는 것이 우선적으로 이루어져야 한다. 또한 사회적으로는 평생교육 차원에서 노인교육의 필요성과 노인미술지도의 가치와 효과를 부각시켜야 한다. 특히 가정에서는 1세대의 자녀들이 자신의 부모에게 부모의 지적 욕구와 교육의 필요성을 자극해 주어 인식 변화를 유도해야 한다. 이것이 노인미술지도의 첫 출발점이 된다.

(2) 동기부여 단계

노인미술지도에서 동기부여 단계는 사회적 분위기와 자녀들의 촉구에 의한 환경이 만들어진 다음 단계가 된다. 노인에게는 미술학습을 위해 준비물을 구입하러 가거나 생소한 미술도구들을 접하는 것 자체도 동기부여가 된다. 또한 그림이 쉽다는 것을 접할 수 있도록 오감을 통해 어렵지 않게 기초도구를 다루는 교육이 이루어져야 한다. 노인이 미술을 보는 관점에서 미술이 예전에 경험했던 미술이 아니라 재미있는 예술이고 여가문화라는 것을 스스로 알게 도와야 한다.

(3) 숙련 단계

숙련 단계에서는 점, 선, 면의 학습을 통해 미술의 전반적인 이해를 도와야 한다. 노인의 미술은 어렵지 않으며, 자기만의 작품으로 이어질 수 있고, 작품을 완성하는 동안 서툴기는 하지만 자신이 가치 있는 공부를 하고 있다는 인식을 가지게 해야 한다. 이를 위해 지속적인 격려와 공감이 있어야 한다. 만약 숙련 단계를 잘 넘기지 못하면, 미술지도가 지속되지 못하고 실패할 수도 있다. 부가적으로 노인미술지도사는 노인과 자녀들 간의 관계나 소통이 원활하도록 유도해야 한다. 아동이 그림을 잘 그릴 수 있으려면 보호자가 칭찬과 격려를 많이 해야 하듯이, 가족들도 부모인 노인의 미술활동에 대한 격려를 아끼지 않도록 지속적으로 관리해야 한다.

(4) 일반화 단계

노인미술지도에서 일반화 단계는 이미 이전의 여러 단계를 성공적으로 거친 후, 언제 어디서나 그림을 그리고 싶어 하고 또 그릴 수 있는 과정이 일반화된 단계라고 할 수 있다.

　　일반화 단계까지 매우 힘든 과정을 거쳐 왔기 때문에, 여기까지 오기만 하면 이제는 지도사의 간헐적 촉구만으로도 미술활동이 지속될 수 있다. 이미 노인 자신이 무엇을 해야 하는지 알고 있고, 그림이 얼마나 자신에게 이롭고 좋은지 스스로 느꼈기 때문이다. 또한 자신도 모르게 드로잉을 할 수 있는 능력이 생겼고, 그림을 보는 시야가 생겼으며, 사물을 대하는 사고가 달라졌기 때문에 일반화는 노인의 감성과 사고 모두를 풍요롭게 한다.

　　지도사는 노인이 그림 그리기나 조형 활동에서 좀 더 차원 높은 활동을 할 수 있는 기회를 제공해야 한다. 노인이 자신이 하고 있는 표현에 대하여 사회에 이익이 되고 있음을 알게 하고 사회적 가치에 눈을 돌리면서 봉사하는 정신을 가지도록 하는 것도 노인미술지도사가 해야 할 역할이다. 그리고 지도사와 노인이 동등한 위치가 되어 각자의 작품을 만들며 함께 표현하고 함께 토론하게 되는 것이 노인미술의 일반화 단계이다.

　　그렇다고 하여 표현하는 노인과 지도사의 실력이 같다는 의미는 아니다. 미술을 한다는 것이 동등하다는 의미이므로, 지도사의 역할은 여전히 남아 있음을 잊지 말아야 한다. 일반화 단계에서도 노인은 미술적 표현 기법의 한계에 끊임없이 부딪히고 표현의 구상에서도 좌절한다. 지도사는 노인이 호소하는 미술적 문제에 대해 가능한 쉬운 해법을 제시하여 노인이 미술의 창조 과정에 근접하도록 해야 한다. 노인이 단순한 표현에 집착하지 않고 작품의 창조에 의미를 두고 더 집중하도록 유도하고 이끌어 가야 한다.

(5) 고도화 단계

　　노인미술이 고도화 단계에 접어들게 되면 그동안 미술의 일반화로 자신이 언제라도 미술로 표현할 수 있고, 하고 싶은 동기가 최고에 도달하기 때문에, 새로운 자기실현 목표가 생기게 된다. 인간이라면 누구나 가질 수 있는 내적 동기와 자기실현감을 극대화하고 싶어 한다. 이를 노인에게 적용하여, 노인도 나이가 들지만 나이와 상관없이 사회와 교류하고 활동할 수 있다는 것을 알게 하는 것이다. 즉, 전시회, 봉사, 작품의 지역사회 상품화 등의 활동을 통하여 노인 자신을 차원 높게 만들어 주는 단계이다. 노인 개인에게는 삶의 가치와 의미를 부여할 수 있으며, 예비노인에게는 노인문화의 본보기가 될 수 있다.

(6) 성숙 단계

노인미술지도의 마지막 단계인 성숙도 단계에 진입하게 되면 고도화 단계에서 하던 활동을 동일하게 이어 갈 수 있으며, 미술을 통해 좀 더 자신을 돌아보는 시간을 가지고 미술학습 과정이 자신을 통합하는 과정임을 알게 된다. 노인에게 미술이 삶의 일부가 되어 삶의 가치에 대해 모든 것을 수용하고 인정하는 개인 통합이 이루어지는 것이다.

3. 노인미술의 시작과 지도

세계적인 고령화 추세로 인해 국가적 차원에서든 지방자치단체 차원에서든 노인 관련 문제에 많은 관심을 가지고 있다. 그러나 이러한 현상을 피할 수 없다면 적극적으로 수용하고 대처하는 것이 현명한 방법이다. 정작 노인들이 두려워하는 것은 무엇일까? 사회적 측면에서 본다면 아마 그것은 치매와 외로움과 무료한 여가일 것이다.

여가시간은 많은데 무료함이 지속된다면 치매에 걸릴 가능성이 더 높을 것이다. 그러므로 노인들의 여가 활용을 돕는 것이 치매 완화 및 예방에도 도움이 될 수 있다. 다행히도 노인에 관한 프로그램들이 많이 나오고 있으며, 그중에서 각 지역의 복지센터나 문화센터 등에서 이루어지는 서예, 사군자, 문인화, 종이공예, 손뜨개, 동양화 등의 동아리활동, 미술(수채화, 서양화)활동, 꽃꽂이, 생활체조 등은 노인들의 여가 활용을 돕고 건강에 도움이 되는 다양한 활동이다.

그러나 노인의 여가활동은 주로 특별시 · 광역시의 도심 지역에서 이루어지며, 노인들은 여가시간에 자녀의 일을 돕거나 가사를 돕는 것 외에는 경로당에서 소일하는 편이다. 여기에 노인미술이 노인들의 여가를 좀 더 긍정적이고 생산적이며 활동적으로 이어 갈 수 있도록 다양한 프로그램으로 준비될 필요가 있다.

　노인들에게 그림을 그린다는 것은 생소하고 어색한 일이다. 그런데 미술 전공자들이 노인들을 이해하지 못하고 기술적으로만 접근하면 실패할 가능성이 높다. 노인을 이해하지 않고 자신의 미술적 기술만을 가르치려 하기 때문이다. 노인미술이 단순히 그림만 그리게 하는 것이 아니라 조형활동과 함께 '노인을 위한, 노인에 관한, 노인에 의한'의 세 가지 목적을 두고 노인들의 자아통합을 돕는 것이다. 이는 단순히 노인의 여가 활용만을 위한 프로그램이 아니라 이 땅에 '함께' 존재하는 모든 이와의 소통을 위한 프로그램이 되어야 하기 때문이다.

　노인미술지도가 자녀와 나와 부모님을 위해서 어떠한 역할을 할 수 있을 것인가에 대하여 좀 더 깊게 생각해 볼 필요가 있다. 유경(2009)의 연구에서는 노년기가 되면 정적(+) 정서 경험은 늘리고 부적(−) 정서 경험을 줄이는 것이 주관적 안녕감 유지에 긍정적 영향을 준다고 하였다. 즉, 일반적으로 경제적으로 부유하거나 학력이 높거나 몸이 건강한 사람이 노년에 행복할 것이라고 예상하지만, 노년기에는 정적(+) 정서를 더 많이 경험하고 부적(−) 정서를 덜 경험하는 사람이 더 행복할 것이라고 예측할 수 있다. 그런 의미에서 노인미술은 노인들의 정서적 안녕감을 높이는 데 크게 기여할 수 있다.

4. 노인미술지도 시 유의점

1) 주의 또는 참고사항

　노인미술지도에서는 노인을 대상으로 처음부터 점, 선, 면의 기초 드로잉을 안내하고 가르친다고 해서 모두 잘 따라와 주는 것은 아니다. 노인이 그림을 그리는 이유를 인식하고 스스로 동기부여가 되어야 그것이 비로소 가능하다. 다음은 노인미술지도에서 지도교사가 주의하거나 참고해야 할 사항이다.

- 처음 그림을 그릴 동안은 무조건적인 공감과 격려가 필요하며, 그림을 그리면 건강이 좋아지고 또 손의 자극으로 뇌를 촉진시키게 되므로 치매 예방에 좋다는 말로 회유하면서 지속적인 관심하에 그림을 그리게 한다.
- 그림을 그려 가는 과정에서 완성도보다는 그날 그림의 발전에 대하여 대화를 나누도록 한다.
- 사실적 표현을 하기보다는 과거에 인지되었거나 최근 기억한 것을 표현하도록 유도하는 것이 바람직하다.
- 그림을 그리는 과정에서 그림이 잘 진행되지 않거나 그림 외의 다른 일들로 인하여 여건상 그림을 그릴 수 없는 경우는 잠시 쉬어도 좋다. 그러나 언젠가는 그림을 그려야 함을 강하게 유도해야 한다.
- 노인들은 사실적인 표현을 하는 것을 어려워할 수 있으며, 노인 각자의 특성이 있으므로 개인의 눈높이에 맞추어 줄 필요가 있다. 노인마다 한계가 있으므로 그 한계를 뛰어넘게 하기 위하여 노인 개개인의 특성과 패턴을 억지로 바꾸려 해서는 안 된다.

2) 노인미술지도사의 자세

노인미술지도사는 일반 성인이 아닌 노인을 대상으로 그림을 지도하는 것이다. 그리므로 노인의 일반적인 특성뿐만 아니라 노인 개개인의 특성을 충분히 이해하고 미술지도에 임해야 한다. 노인에 대한 존경심을 바탕으로 노인들이 항상성과 꾸준함으로 그림을 그릴 수 있도록 지속적인 공감과 격려를 하며 지도해야 하는바, 미술지도에 임하는 지도사의 바른 자세가 요구된다.

- 미술은 주변 사람들과 이야기를 나누는 데 대화의 장이 될 수 있다.
- 미술은 기록으로 남기 때문에 후에 좋은 자료로 쓰일 수 있다.
- 먼 훗날 자녀들에게 좋은 말을 해 주는 데도 효과적이다.
- 사랑을 전하는 데는 말보다 미술이 도움이 된다.

- 미술은 자신의 가치를 인정하고 이해하는 데 도움이 된다.
- 미술은 속상하고 화가 날 때 정서적 배출구로서 활용 가능하다.
- 그림을 그린다는 것은 아름다움을 알아 가는 것으로 여가와 문화를 즐기는 것이다.
- 노인미술은 정신건강 또는 치매 예방에 좋다.
- 노인미술의 장점은 세대 간 소통을 원활해지게 하는 등 무수히 많다.

이러한 미술의 장점은 노인들에게 지속적으로 알려야 한다. 예전에 밥만 먹어도 행복했던 어려운 시절이 있었다. 그때는 그림을 그린다는 것을 사치로 여겼으며 그림에 대한 이러한 장점들이 있는 것을 몰랐다. 그러나 이제는 그림을 그리는 것에 대하여 새로운 인식이 요구되고 미술의 가치가 제대로 인정되기 시작했다. 많은 이가 그림 그리는 것에 대한 장점을 알아 가기를 바라며, 특히 노인미술지도사들은 주변의 많은 노인에게 성원과 동참을 요청해야 한다.

한 사람이 태어나 일생 동안 지내면서 자료 하나 남기는 것 없이 쓸쓸히 죽음을 맞이하는 것은 매우 슬픈 일이다. 미술은 자신을 드러내고 자신의 마음을 표현하는 것으로 누구에게나 가치 있고 의미 있는 삶을 만들어 줄 수 있다.

인생의 끝자락에서 자신을 돌아보며 반성할 것은 반성하고 격려할 것은 격려하면서 자신을 있는 그대로 받아들이면 자아통합이 이루어진다. 많은 노인이 그림을 통해 자신의 마음을 하나의 자료로 남길 수 있도록 도와야 하며, 부모나 조부모를 위해서 그림을 그릴 수 있도록 권장해야 한다. 이것이 곧 '힐링(healing)'을 하는 좋은 수단이 될 것이다.

여가와 취미 활동에는 여러 가지가 있겠지만, 노인에게 노인미술은 여기에 딱 맞는 훌륭한 활동이다. 조형 또는 그림 그리기는 생산적이고 가치 있게 시간을 보내는 것이고, 노인들을 비롯한 모든 이에게 유익한 것이다. 인간에게 이로운 미술이라는 학문이 이제는 특별함이 아닌 '일반화'로 우리에게 나가올 수 있도록 다 함께 노력해야 할 것이다.

5. 노인미술의 활용과 배경

1) 노인미술의 활용 범위

노인미술은 단순히 노인들을 위한 것만이 아니다. 노인 자신은 당연히 여가 활용의 기회를 얻을 수 있고, 젊은이는 일자리 창출의 기회를 갖게 된다. 노인 미술은 노인을 위한, 노인에 관한, 노인에 의한 활동 영역을 펼쳐 나갈 수 있다. '노인을 위한'이라는 것은 노인을 위한 프로그램들을 제공하는 것을 가리키고, '노인에 관한'이라는 것은 노인 자신이 미래를 준비하는 데 도움을 주는 것을 가리킨다. 그리고 '노인에 의한'이라는 것은 젊은이들이 노인의 지혜나 경험 또는 전통을 더 잘 알 수 있는 기회를 제공하고 세대 소통의 기회를 충분히 갖게 하는 것을 가리킨다.

노인미술의 장점에 관련하여서는 홍순영의 『자아통합을 돕기 위한 노인미술』 (2016)을 참고할 수 있다. 노인미술은 노인복지관, 노인 그룹홈, 실버타운, 유료 양로원, 요양보호시설, 노인전용 주택 및 아파트, 일반요양시설, 가정봉사원 파견사업체, 주간보호시설, 단기보호시설, 노인전문병원, 노인건강 관련 시설과 노인교실, 노인교육을 하는 종교기관, 미술학원, 노인요양원, 노인병동, 노인 관련 기관, 각 구청의 교육기관 그리고 기타 노인복지 관련 심리상담소 운영자 및 개설 희망자, 자원봉사자 등 노인들을 대상으로 한다면 어디서든, 누구에게서든 활용이 가능하다.

2) 노인미술의 배경

노인미술이 추구하는 배경에는 효(孝)가 있으며, 미술은 효(孝) 생활에 매개체 역할을 할 수 있다. 우리나라는 예부터 부모에 대한 효를 하늘의 뜻으로 알고 지내왔는데, 근대에 와서 일제강점기의 식민정책은 효사상의 맥을 끊었고, 광복된 후 서구사상이 밀려들면서 효사상은 흐려지게 되었다.

　김익수(2013. 12. 3.)는 효 사상의 본질이 안충(安衷)의 효, 쇄우(鎖憂)의 효, 순지(順志)의 효, 양체(養體)의 효 등으로 요약된다고 하면서 다음과 같이 설명하고 있다.

　쇄우(鎖憂)의 효는 부모에게 거슬리는 이야기는 전하지 않는다는 것이다. 이는 부모를 즐겁게 하는 데 최선을 다하기 위함이다. 순지(順志)의 효는 부모님의 뜻을 잘 알고 순종하는 것이다. 부모의 뜻을 거역하지 않고 그 뜻을 순순히 따라 행한다는 의미이다. 양체(養體)의 효는 부모의 몸을 편하게 하여 건강하게 살아가도록 보살피는 것이다. 자식은 부모의 양육으로 성장했으니 당연히 부모의 건강을 보살피는 일을 정성을 다해야 한다는 말이다.

　이와 같이 노인미술지도는 효 생활의 일환으로서 노인의 여가활동을 도울 수 있다. 바쁜 현대인들이 살피지 못하는 부모님의 마음을 노인미술지도를 통해서 할 수 있다는 말이다. 이러한 역할이 40~50대까지 확대되면 그 아래 자녀 세대들까지도 자연스럽게 효 문화를 인식하고 실천하게 될 것이다.

　공자도 말했듯이 효에 대한 근본을 잊지 않고 실천하는 것이 부모를 위하고 자녀를 위하는 길이며, 효야말로 나와 자녀, 부모인 노인을 위한 최고의 덕목임을 알고 노인미술을 통해 함께할 수 있기를 기대한다.

제6장

노인의 노화와 질환

1. 노인과 노화

1) 노인의 개념

노인은 일반적으로 노화를 경험하며 심신의 여러 기능이 저하된다. UN에서는 생산연령인구를 15~64세로 규정하고 있다. 여러 학자가 규명한 노인의 정의는 개인의 자각, 사회적 역할 변화, 역연령(chronological age, 실제 나이), 기능적 연령(functional age)의 네 가지 측면에서 살펴볼 수 있다.

노년기 범주를 넓게 55세부터라고 보는 성인학자 뉴가튼(Newgarten, 1974)은 미국 노인을 연령에 따라 다음의 세 그룹으로 분류하기도 한다(Olson & Defrain, 1994: 홍숙자, 2010, p. 31에서 재인용).

- 연소노인(young-old, 55~64세): 아직 사회적으로 일을 하고 있으며 그들의 삶과 사회에서 절정기에 있는 노인

- 중고령노인(middle-old, 65~74세): 퇴직한 사람이 대다수이며 건강 상태가 양호하고 취미생활을 할 풍부한 시간을 가지고 있는 노인
- 고령노인(old-old, 75세 이상): 더 이상 일을 하기가 어렵고 신체적으로 노쇠하고 질병에 걸린 경우가 많으며 가장 빈곤하고 가장 외롭고 가장 약한 노인

그런데 브로디(Brody, 1977)는 연소노인을 60~64세로, 중고령노인을 65~75세로, 고령노인을 75세 이상으로 구분하고 있다(홍숙자, 2010, p. 31에서 재인용).

2015년에는 UN이 새로운 연령 기준을 제안했는데, 인류의 체질과 평균수명 등을 고려해 생애주기를 5단계로 나눈 것이다. 이 기준에 따르면 0~17세는 '미성년자', 18~65세는 '청년', 66~79세는 '중년', 80~99세는 '노년', 100세 이후는 '장수노인'이다. 이 기준대로라면 우리나라 65세 노인은 청년, 66세부터는 중년, 노년, 장수노인이 되는 것이다(시인뉴스포엠, 2017. 9. 10.).

향후 UN이 정한 노년의 연령 기준(분류 I)도 건강수준의 변화에 따라 달라질 것으로 예상된다. 그리고 자기관리를 어떻게 하는가에 따라 건강 수준에 10년 정도의 격차(분류 II)를 두게 될 것이다(〈표 6-1〉 참조).

| 표 6-1 | **연령별 노인인구의 분류**

분류 I(UN 기준)		분류 II(10년 격차 기준)	
55~64세	연소노인 (young-old)	60~74세	경노인 (young-old)
65~74세	중고령노인 (middle-old)		
75~84세	고령노인 (older old)	75~84세	중노인 (middle-old)
85세 이상	초고령노인 (oldest old)	85~94세	상노인 (old-old)
		95세 이상	최상노인 (elite-old/chronologically gifted)

이에 개인의 자각은 노인이 주관적인 판단하에 자신을 노인으로 자각하는 것을 의미한다. 사회적 역할 변화는 퇴직이나 살림 주도권의 이양 등 사회적인 역할의 변화로 노인임을 인정하게 되는 것을 의미한다. 역연령 관점은 노화의 개인차를 고려하지 않고 노인에 대한 고정관념과 편견을 갖게 되므로 객관적인 판단이 용이하지 않으나 가장 보편적으로 적용되고 있는 것이다. 마지막으로, 기능적 연령에 따른 노인은 전체 노인집단의 평균을 기준으로 각종 기능적 수행능력에 따라 노인 여부를 판단하는 것이다.

2) 노화의 개념

65세 이상의 노인은 노화(aging)를 경험하는데, 노화는 심신 기능이 쇠퇴하는 것을 말한다. 즉, 나이가 들면서 질병이나 사고에 의하지 않고 시간의 흐름에 따라 생체구조가 쇠퇴하는 현상을 말한다. 노화는 두 측면에서 볼 수 있다. 하나는 신체적 · 심리적 · 정신적 · 사회적 기능 저하와 같은 부정적인 측면이고, 다른 하나는 경험과 지혜의 축적, 숙련도의 향상, 활동 능력의 확대와 같은 긍정적인 측면이다.

노화는 보편성, 고유성, 진행성, 유해성의 네 가지 속성을 가진다. 이들 속성 중 고유성 측면에서 보면 노화 과정은 피할 수는 없지만 반드시 연령과 일치하지 않는 개인차가 있다는 점을 이해할 필요가 있다.

노화가 되면 생물체의 생식 및 생존 능력은 갈수록 감퇴되고, 장기와 조직에서 퇴행성이 나타나며, 동시에 기능과 구조상의 변화가 나타난다. 또한 환경에 적응하는 노력이 점차 줄어들고, 변화에 대한 적응력이나 통합 능력이 감퇴되며, 일상생활 능력이 점차 저하된다.

2. 노인성 질환의 정의 및 특성

노화와 밀접한 관련을 가지고 발생하는 신체적·정신적 질병을 노인성 질환이라고 한다. 노인은 노화 과정에 따른 퇴행성 변화와 연관되는 다양한 질병을 경험하게 되고 신체 기능의 저하, 장애, 상실 등이 나타나게 된다. 노인성 질환의 특성을 나열하면 다음과 같다.

- 노인은 한 질병에 걸리면 다른 질병이 동반되기 쉽기 때문에 많은 질병을 동시에 가지고 있다.
- 노인성 질환은 원인이 불명확한 만성 퇴행성 질병이 대부분이며, 경과가 길고, 재발되기 쉬우며, 합병증이 생기기 쉽다.
- 질병에 대한 면역이 약하기 때문에 질병에 쉽게 걸리게 된다.
- 노인은 질병 자체가 비교적 가벼워도 의식장애를 일으키기 쉽다.
- 증상이 비정형적으로 특정 질병과 관계없는 경우가 있다. 그래서 증상이 거의 없거나 애매하여 정상적인 노화 과정과의 구분이 어렵다.
- 일반적으로 신장 기능의 저하가 일어나 소변 농축 능력이 감소해서 수분과 전해질의 균형이 깨지기 쉽고, 의식장애, 심장수축이상, 신경이상 등이 발생한다.
- 노인은 골격근의 수축력 감소로 관절이 쉽게 뻣뻣해져 관절 경축이 오고 그로 인해 몸의 일부를 압박하게 되어 순환부전의 결과로 욕창이 잘 발생한다.
- 일상생활 동작의 저하가 일어나며 질병 자체가 치유되어도 와상 상태가 되는 경우가 많다.
- 노인은 약물에 더욱 민감하게 반응하기 때문에 약물 사용 시 신중해야 한다. 신장은 소변 농축 능력과 배설 능력이 저하되어 약물 성분이 신체 내에 오래 남아 중독 상태에 빠질 수 있다.

• 노인은 민감도가 높아져 질병에 잘 걸리고 증상, 경고, 예후 등이 젊은 사람의 검사 기준을 적용할 수 없는 질환이 많아 조기 진단이 어렵다.

노인성 질환은 신체적·심리적·사회적·경제적·영적 측면이 모두 연관되어 있어 학제적이고 총제적인 접근이 필요하다. 이뿐만 아니라 치료와 더불어 자기간호가 철저히 요구된다. 또한 만성 퇴행성 질환은 완치를 목적으로 하기보다는 지속적인 관리를 통하여 건강 상태의 악화와 합병증을 예방하고, 잔존 기능을 최대한 활용함으로써 최적의 안녕 상태를 유지해야 한다.

3. 주요 노인성 질환

1) 소화기계 질환

소화관은 입에서 항문까지 이르는 길이 9m의 긴 관으로서 구강, 식도, 위, 소장(십이지장, 공장, 회장), 대장(상행결장, 횡행결장, 하행결장, S장결장), 직장으로 구성된다. 또한 연결관에 의해 세 개의 침샘, 담즙을 분비하는 담낭, 간, 췌장에서 분비되는 물질은 위장관으로 향한다.

소화기계는 전반적으로 점막, 점막하층, 근육, 장막으로 이루어져 있으며 각종 소화액과 효소의 작용에 의해서 섭취된 음식물을 소화 흡수한다. 흡수된 영양소는 혈액 및 림프로 이동하게 된다. 연동운동을 통해 음식물을 이동시키고, 소화액이 분비되어 많은 효소에 의해 단백질, 지방, 탄수화물이 분해되며, 물, 무기질, 비타민이 소화기관의 점막을 통해 흡수된다.

기능은 크게 조절 기능과 소화운동, 소화액 분비 그리고 흡수로 나눌 수 있다. 소화기계는 노인이 신체적 질병의 영향 없이 자연적으로 정상 기능이 감소할 수 있기 때문에 정상적인 노화로 인한 영향을 제대로 평가하기는 힘들다.

(1) 노화에 따른 특성

- 짠맛이 둔해지고 쓴맛을 잘 느끼게 되는데, 이는 맛을 느끼는 세포 수의 감소와 후각 기능의 저하로 미각이 둔화되기 때문이다.
- 충치, 치아의 탈락, 잘 맞지 않는 의치로 인한 불편감 등으로 음식을 씹기 어렵다.
- 타액과 위액 분비 저하 및 위액의 산도 저하로 소화 능력이 저하된다.
- 저작 기능 저하로 영양 상태가 악화되고 섬유식이의 섭취 부족으로 변비가 생기기 쉽다.
- 소화 능력의 저하로 가스가 차고, 변비, 설사, 구토 증상 등이 생긴다.
- 췌장에서의 소화효소 생산이 감소하여 지방의 흡수력이 떨어진다.
- 췌장에서의 호르몬 분비 감소로 당내성이 떨어져 당뇨병에 걸리기 쉽다.
- 간 기능의 감소로 약물의 대사와 제거 능력이 저하된다.
- 직장벽의 탄력성 감소와 항문 괄약근의 긴장도 감소로 변실금이 발생할 수 있다.

(2) 노화에 따른 병리적 변화

소화기 질환의 특이적 증상으로 식욕 감퇴, 소화불량, 구토, 오심, 과산증, 변비, 설사 등이 나타난다.

① 위염

위염은 위점막에서 일어나는 염증 반응 상태로 급성위염과 만성위염으로 구분된다. 급성위염은 갑자기 발생하는 위 점막의 염증이며, 급성위염이 완치되지 못하고 방치되거나 재발하는 경우 만성위염으로 변화한다. 점막이 비정상적으로 얇아지고 부드러워지면서 때로는 출혈성 반점을 형성해 위 전체 혹은 일부가 영향을 받을 수 있다.

② 위궤양

위점막, 유문 또는 십이지장 점막의 일부가 어떤 원인으로 괴사되는 것을 궤양이라 한다. 궤양은 근육층까지 침범하여 뚫을 수 있다. 나이가 들면서 위궤양이나 십이지장궤양이 모두 생길 수 있지만, 위궤양이 좀 더 흔한 편이다.

③ 설사

설사란 질병이라기보다는 하나의 증상으로서, 배변 횟수가 하루 4회 이상이거나 또는 일반적으로 70~90%의 수분이 포함된 물과 같은 대변을 매일 250g 이상 배설하는 것을 말한다. 2~3주 이상 지속되는 설사를 만성설사라고 하고, 그 이하를 급성설사라고 한다.

④ 변비

변비란 3~4일 이상의 변통이 없는 것 혹은 매일 변통이 있어도 변의 양이 적은 것을 말한다. 변을 볼 때 힘이 들고 변의 딱딱한 정도가 아주 심한 경우, 변을 보는 데 많은 시간이 필요한 경우, 배변 후에도 대장에 변이 남아 있는 듯한 느낌(잔변감)이 3개월 이상 지속되는 경우를 의미한다. 변비는 통증, 복부팽만감, 경련, 식욕 저하 등의 원인이 되어 일상생활과 삶의 질에 영향을 줄 수 있다.

2) 호흡기계 질환

호흡기계는 공기를 폐로 전달하는 복잡한 공간과 통로로 코에서 후두, 기관, 기관지를 거쳐 폐포까지를 말한다. 호흡기는 위치에 따라 코에서 후두까지의 상기도와 그 아래 부분인 기관, 기관지, 세기관지 및 폐까지 연결된 하기도의 두 부분으로 나눌 수 있다. 호흡기계에서는 대기와 혈액 사이의 공기 통로이며, 폐포 주변을 지나는 혈관의 혈액과 공기가 서로 만나서 조직대사에 필요한 산소를 공급하고 주요 대사산물인 이산화탄소를 제거하는 교환이 이루어진다. 즉, 호흡기계에서 흡기를 통해 산소를 받아들이고, 호기를 통해 이산화탄소를 내보낸다.

(1) 노화에 따른 특성

- 흉곽의 신장성 감소, 근력 감소, 잔기량(residual volume)이 증가한다.
- 신체 조직 내 수분 함유량의 감소로 코 속의 점막이 건조하게 되어 들이마시는 공기를 효과적으로 가습하지 못한다.
- 폐포의 탄력성 저하, 폐 순환량 감소로 폐활량이 줄어들어 쉽게 숨이 찬다.
- 호흡근육의 위축과 근력의 약화로 인해 낮은 운동수준에서도 호흡곤란을 느끼게 되고 호흡 증가 시 피로해지기 쉽다.
- 기침반사 저하, 섬모운동 저하로 미세물질들을 걸러 내지 못한다.
- 폐가 정상적으로 갖고 있는 방어 능력이 감소하면서 기관지 내 분비물이 증가하여 호흡기계 감염이 쉽게 발생한다.

(2) 노화에 따른 병리적 변화

호흡기 질환의 특이적 증상으로는 호흡곤란, 흉통, 객혈, 기침, 청색증 등이 있다.

① 만성기관지염

만성기관지염은 기관지에 염증이 일어나서 기도의 점액 분비선이 붓고, 기관지가 좁아지며, 세기관지와 폐포 주위가 손상되고, 섬유화가 나타나는 상태를 뜻한다. 따라서 호흡곤란에 시달리게 되고 만성염증으로 기관지벽이 파괴될 경우 일부 기관지는 오히려 비가역적으로 늘어나 기관지 확장증이 되기도 한다.

② 폐렴

폐렴은 폐포와 모세기관에 삼출액이 차서 폐 조직이 경화하는 폐포 내 급성 염증이 생긴 상태를 말한다. 세균, 바이러스, 곰팡이, 화학물질 등의 침범, 기도를 통한 이물질 흡입으로 인해 폐렴이 발생한다.

③ 천식

천식은 알레르기성 질환으로 천식의 'asthma'는 '숨이 차다'는 뜻의 희랍어에서 유래되었으며 호흡곤란의 발작이 일어나는 것을 말한다. 기관지에 만성적으로 염증이 있어 다른 사람보다 예민하게 되어, 약한 자극에도 기관지 벽이 부풀어 오르는 부종과 근육이 수축해서 기관지가 좁아지는 현상을 일으키는 병이다.

④ 폐결핵

결핵은 결핵균에 의해 발생하는 전염성 질환으로, 감염된 사람이 재채기를 하거나 기침을 하게 되면 감염된 비말이 공기 중으로 퍼져 전염시킨다. 주로 폐를 침범하며 신장, 림프절, 대장, 뼈 등 대부분의 장기에도 침범할 수 있다. 결핵균에 감염되었다고 하여 모두 발병하는 것은 아니며, 감염된 사람의 5~10%만이 발병한다. 결핵 환자의 20~30%가 65세 이상의 노인일 정도로 고령자에게 결핵의 감염 위험성이 높다.

3) 심혈관계 질환

심혈관계는 심장과 심장에서 나온 혈액을 전신으로 전달하는 통로인 혈관을 통칭하는데, 혈관에는 동맥, 정맥, 모세혈관이 있다. 심장은 폐에서 산화된 동맥혈의 수축과 이완 작용으로 동맥의 혈액을 전신에 순환시킴으로써 산소는 물론 각종 영양분, 호르몬, 항체 등을 조직세포에 전달하고 또 모세혈관을 통하여 얻은 탄산가스, 암모니아, 유기물이 포함된 대사산물들을 체외로 배출시켜 전신순환을 원활하게 유지하는 순환계의 중심이다.

순환기계는 혈액, 심장, 혈관으로 구성되며 혈액순환에 의해 우리 몸을 구성하고 있는 세포들이 필요로 하는 산소와 영양분을 각 조직과 세포로 운반하고, 대사 부산물인 노폐물을 몸 밖으로 내보내는 작용을 하면서 신체의 항상성을 유지한다.

(1) 노화에 따른 특성

- 심장은 다른 근육처럼 나이가 들면서 위축이 되지 않는다. 심장의 근육은 나이에 따라 증가하며 우심방의 근육 또한 약간 두꺼워진다.
- 신체활동 감소, 신진대사 저하로 체열 생산이 감소하여 체온, 맥박 수 등이 감소한다.
- 심장근육의 강도와 효율성이 감소하여 심박출량이 감소하게 되면 심내막과 좌심실의 섬유화 등은 체위성 저혈압을 유발할 수 있다.
- 동맥경화 현상으로 혈압의 조절 능력이 저하된다.
- 혈관경색 및 심장 기능 저하로 순환장애를 초래한다.
- 적혈구의 감소로 인한 피로 증가, 혈관의 경화와 정맥의 비후, 이완으로 인한 혈류 저항 증가 및 혈압 상승, 말초부종이 나타날 수 있다.

(2) 노화에 따른 병리적 변화

심혈관계 질환의 특이적 증상으로는 사지의 냉감 및 창백, 심계항진, 부종, 실신, 청색증, 심잡음, 위장관의 변화, 피부 변화, 휴식통, 간헐적 파행증이 나타날 수 있다.

① 고혈압

혈압이 상승하는 질환으로 최고혈압(수축기 혈압)이 140mmHg, 최저혈압(이완기 혈압)이 90mmHg 이상인 상태를 말한다. 혈압은 심장에서 뿜어내는 혈액이 혈관의 벽에 미치는 힘을 잰 것으로, 그 종류로는 최고혈압(수축기 혈압)과 최저혈압(확장기 혈압 혹은 이완기 혈압)이 있다. 최고혈압은 심장에서 피를 짤 때 생기는 힘이고, 최저혈압은 심장이 늘어나면서 피를 가득 담고 있을 때 생기는 힘이다. 혈압은 측정시간(하루 중 보통 오전보다 오후에 높음), 음식섭취, 음주, 통증, 몸의 자세, 정신적인 긴장, 신체활동, 감정, 계절에 따라 변화한다. 가장 이상적인 혈압은 최고 120mmHg 미만, 최저 80mmHg 미만이지만 어떤 이유로 혈관이 좁아지거나 심장이 한 번에 내보내는 혈액의 양이 늘어나면 혈압이 높아진다.

② 동맥경화증

동맥경화증은 동맥 혈관의 안쪽 벽에 지방이 축적되어 혈관 내부가 좁아지거나 막혀 혈액의 흐름에 장애가 일어나고, 중막이 탄력성을 잃고 혈관 벽이 굳어지면서 발생하는 것이다.

③ 심부전

심부전이란 심장의 수축력이 저하되어 심장이 휴식이나 운동에 필요한 신체 조직의 대사 요구에 맞는 충분한 혈액을 내보내지 못하는 상태를 말한다. 신체는 적절한 산소와 영양분을 공급받지 못하여 허약감, 피로, 호흡곤란을 느끼게 되며 걷기, 계단 오르기, 쇼핑하기 등 일상활동에 어려움이 나타난다. 심박출량의 감소에 따른 신장으로의 혈류량 부족은 신장에서 수분과 염분이 소변으로 배출되는 것을 억제하여 체내 수분의 정체를 악화시킨다. 심부전은 만성적인 심 질환의 결과이거나 조절되지 않은 고혈압의 합병증일 수 있으며, 대부분의 경우에 약으로 증상을 호전시키며 심장에 더 이상 손상이 가지 않도록 한다.

4) 근골격계 질환

근골격계는 다양한 결체 조직과 신체의 기능에 관여하고 있는 근육(muscles)이나 힘줄(건, tendon), 인대(ligament), 연골(물렁뼈, cartilage), 뼈(bone)로 구성되어 단단한 구조이다. 신체 모양을 만들고 생리적으로 움직임과 자세 변화를 가능하게 해 주며 신체의 다른 조직을 지지한다.

(1) 노화에 따른 특성
- 척추간판의 수축과 골량 감소로 신장이 줄어든다.
- 등이 앞으로 굽으며 자세의 변화가 온다.
- 골조직의 변화로 작은 충격에도 골절되기 쉽다.
- 근력의 저하로 운동 능력이 감소한다.

- 어깨가 좁아지고 골반이 커진다.
- 근섬유의 수와 크기가 감소하여 근육의 양이 줄어든다.
- 관절 활막이 탄력성을 잃고 관절면이 마모되어 염증, 통증, 기형이 초래된다.
- 팔, 다리의 지방은 감소하고 엉덩이와 허리, 어깨의 피하지방은 증가하여 노인 특유의 체형을 보인다.
- 하악골의 쇠약은 치아의 상실을 가져온다.
- 호흡기계 노화로 산소를 유용하게 사용하지 못해 젖산이나 이산화탄소와 같은 노폐물이 과량 생산되어 근육경련이 일거나 적은 운동 시에도 근육피로를 느끼게 된다.

(2) 노화에 따른 병리적 변화

근골격계는 체내의 다른 조직과 마찬가지로 노화에 따라 다양한 변화를 보이게 된다. 근골격계 질환은 일상생활에 크게 영향을 미치고 기능적 불구 상태와 만성통증을 유발하고 삶의 질을 저하시킨다.

① 퇴행성 관절염(골관절염)

퇴행성 관절염(골관절염)이란 골단(뼈의 끝부분)을 덮고 있어 뼈를 보호해 주는 연골(물렁뼈)이 닳아서 없어지는 상태를 말한다. 관절질환 중 가장 흔한 질환이며, 나이가 들면서 증가하므로 퇴행성 관절염이라고 불린다. 일반적으로 40세에 이르면 대부분 관절의 퇴행성 변화가 나타나며, 60세 이상이 되면 50% 이상에서 퇴행성 관절염의 증상이 나타난다. 퇴행성 관절염은 다양한 원인으로 관절에 염증성 변화가 생긴 것이다.

② 류머티스 관절염

류머티스 관절염은 관절의 활막에 생기는 이유가 알려지지 않은 만성염증으로 자가면역 질환이다. 관절의 활막은 활액을 생성하여 관절의 연골에 영양과 산소를 공급하며 관절운동 시에 생겨나는 노폐물을 제거하는 역할을 하는 얇은 막이다. 류머티스 관절염은 남자보다 여자에서 3~5배 많이 발생한다. 주로 30대와 40대에 시작되는데, 치료하지 않고 만성적으로 진행되면 대부분 관절 연골을 비롯하여 뼈까지 파괴되며, 결국 관절의 기능을 잃게 된다.

| 표 6-2 | **퇴행성 관절염(골관절염)과 류머티스 관절염의 비교**

구분	퇴행성 관절염(골관절염)	류머티스 관절염
침범관절 증상	손, 척추, 무릎, 둔부: 비대칭성	손목, 무릎, 중수지관절: 대칭성
증상	국소화된 통증, 강직, 결절, 대개 부종은 많지 않음	부종, 발적, 열감, 통증, 압통, 결절, 피로, 강직, 근육통, 발열
장기적 예후	통증이 감소하는 경우도 있고 통증이 더 심해지거나 불구가 되는 경우도 있지만 심한 장애는 거의 없음	시간 경과에 따라 더 심해지지 않으며 기형 예방도 가능함
호발 연령	45~90세: 대부분의 환자는 연령층이 높음	25~50세
성별	남녀 모두 비슷함	여성에게 더 흔함
치료	활동수준 유지, 운동, 관절 보호, 체중조절, 이완, 열요법, 투약, 수술	염증 감소, 균형 잡힌 운동 프로그램, 관절 보호, 체중조절, 이완, 열요법, 투약, 수술
통증	점진적으로 진행, 침범관절의 국소적 통증, 활동하면 심해지고 휴식하면 덜해짐	전신이 쑤시는 통증, 초기 아침 강직은 몇 분에서 몇 시간까지 지속됨

③ 골다공증

골다공증은 노화에 따라 척추, 대퇴 부위 뼈 조직에 뼈세포가 상실되어 골밀도가 낮아지고 골절을 일으키기 쉬운 상태가 되는 대사성 질환이다. 이는 뼈에 구멍이 많이 생겨 마치 스펀지와 같이 된 상태를 뜻한다.

미네랄이 30% 이상 손실된다면, 뼈는 아주 약한 압력이 가해져도 부러지게 된다. 예를 들면, 재채기, 아기 보기, 신문 집기 등 아주 사소한 일에서도 갈비뼈가 부러질 수 있다. 특히 중년 이후 여성에게 많이 나타난다.

5) 생식 및 비뇨기계 질환

비뇨기계는 소변을 생성하는 두 개의 신장과 요를 저장하는 방광, 이 둘을 연결하는 두 개의 수뇨관(요관), 방광에서 소변이 외부로 나오는 요도(남성은 18~20cm, 여성은 5~6cm)로 이루어져 있다. 신장은 필요 없는 노폐물이나 수분을 제거함으로써 인체의 항상성을 유지시킨다. 신장은 수백만 개의 네프론(nephrons)으로 구성되어 지속적으로 혈류를 여과하고, 선택적으로 필요한 전해질과 수분을 재흡수하거나 배설한다. 신장에서 흡수되지 않는 물질들은 소변을 통해 체외로 배설된다.

성인의 일일 정상 소변 배출량은 약 1,500~2,000cc이다. 소변의 95%는 수분으로 되어 있으며, 그 외에 노폐물과 염분으로 되어 있다. 소변은 대개 투명하고 색깔은 엷은 노랑에서 짙은 호박색까지 다양하다. 소변은 개인에 따라 산성이거나 알칼리성일 수 있는데, 고단백질 식이는 산성의 소변을 만들고 야채 식이는 알칼리성을 만든다. 알칼리성 소변이 요로 감염에 더 민감하다.

(1) 노화에 따른 특성

- 테스토스테론, 에스트로겐이나 프로게스테론과 같은 순환 호르몬의 감소로 인해 성적 흥분, 오르가슴, 주변 생식기 등에 변화가 오면서 성 호르몬의 감퇴로 성적 흥분 시 일어나는 심혈관계의 급격한 반응이 둔화되고 속도도 느려진다. 하지만 성적 욕구가 감소하는 것은 아니다.
- 신장 네프론의 수가 감소하고 신장의 크기, 용적도 감소하게 된다. 그로 인

해 요의를 느끼고 소변을 볼 때까지 참는 능력이 현저히 감소하게 된다.
- 근긴장도의 소실은 소변량의 감소, 불완전한 소변 배출, 지속적인 소변 흘림, 소변 정체로 인한 과량 배출(소변은 자주 보나 완전히 볼 수 없는 상태) 등을 가져올 수 있다.
- 방광 및 대뇌 기능의 저하로 빈뇨증, 요실금, 야뇨증이 생긴다.
- 여성의 경우 유방 위축과 질의 수축 및 분비물 저하로 질염이 발생하기 쉽다.
- 남성의 경우 전립선 비대로 배뇨곤란과 배뇨 시 통증을 경험한다.

(2) 노화에 따른 병리적 변화

비뇨기계 질환의 특이적 증상으로는 다뇨, 핍뇨, 무뇨, 단백뇨, 당뇨, 농뇨, 혈뇨, 빈뇨, 긴박뇨, 배뇨곤란, 유뇨증, 요정체 증상이 나타날 수 있다.

① 요실금

요실금은 체외로 요를 운반하는 요괄약근의 기능부전으로 생긴다. 방광을 비우는 조절 능력이 없거나 항상 요를 조금씩 방뇨시키는 것이다. 정상적으로 소변이 차게 되면 방광은 팽창되어 늘어나며, 요도괄약근은 반사적으로 수축하여 방광 입구를 조임으로써 소변이 새는 것을 방지하고, 소변이 많이 고이면 방광벽에 분포한 감각신경을 통해 뇌에 전달하여 방광 벽은 수축하고 요도괄약근은 이완되어 소변 배출이 이루어진다.

방광, 요도괄약근, 신경계통 중 어느 하나라도 문제가 생길 경우 요실금 현상이 나타난다. 엄밀하게 말하면, 요실금은 하나의 증상이지 질병은 아니다. 즉, 치료하지 않는다고 하여도 생명에 위험이 되는 심각한 질병은 아니라고 할 수 있다. 그러나 쾌적한 생활을 방해하고 일상생활과 사회활동에서 신체적 활동을 제약하며 개인의 자긍심을 손상시킨다.

② 전립선비대증

전립선은 남성에게만 있는 기관으로, 방광 바로 아래에 위치하며 요도를 감싸고 있다. 출생 후부터 사춘기 전까지 전립선의 크기는 거의 변화가 없다가 사춘기가 되면서 남성 호르몬의 작용에 의해 조금씩 커져서 30세 전후가 되면 밤톨만 한 크기가 된다. 이후 환자의 연령이 증가하면서 전립선이 비대해져 전립선을 통과하는 요도 부위가 좁아지게 되고 이로 인해 소변을 볼 때 여러 증상이 나타나게 되는 것을 전립선비대증이라고 한다.

6) 피부기계 질환

피부는 인체의 표면을 덮고 있는 중요한 기관으로 표피와 진피의 두 층으로 구성되며 그 아래에는 지방이 많은 피부 밑 조직과 털, 손톱, 땀샘 및 기름샘 등의 부속물이 존재한다.

피부는 인체 내부와 외부 환경 사이를 가로막아 환경으로부터 보호하고, 몸 안의 수분 증발 및 수분의 흡수를 막으며, 통증, 접촉, 온도, 압력의 자극 등 감각 말단의 감각작용을 한다. 그리고 피부에 분포하는 혈관의 수축과 확장, 땀의 분비, 털의 변화 등에 의해 체온을 조절한다. 땀을 통해 수용성 노폐물을 배설하고, 기름샘을 통해 피부기름을 분비하며, 자외선에 의해 피부에 있는 에르고스테롤, 비타민 D를 합성한다.

(1) 노화에 따른 특성
- 사지의 피하지방 감소로 기온에 민감해진다.
- 피부가 건조하고 표피가 얇아져서 탄력성이 감소한다.
- 피부가 얇아져 쉽게 손상되는 경향이 있으며, 피하조직의 감소로 저체온이나 오한, 압박에 대한 손상 등의 위험 또한 높다.
- 피부 내 모세혈관의 소실로 인해 혈액공급이 감소하면서 건조해지고 주름살이 생기며 눈꺼풀이 늘어지고 이중턱이 된다.

- 발톱과 손톱이 견고하고 두꺼워지며 세로로 융기된 줄이 생기고 잘 부서진다.
- 피부가 회색으로 변하고 검버섯 등이 생긴다.
- 노인성 반점이라 불리는 갈색 반점이 생긴다.
- 머리카락은 대부분 가늘어지고 모근의 멜라닌 생성세포 소실로 탈색이 된다.
- 여성 노인의 경우 머리, 겨드랑이, 음부의 털은 줄지만 입가와 뺨 등 얼굴의 털은 증가한다. 남성 노인의 경우는 머리털과 수염이 줄고 입가나 뺨에서는 털이 많아진다.
- 기름샘과 땀샘 기능이 떨어져 피부 건조와 가려움증을 수반하면서 자극에 민감해진다.

(2) 노화에 따른 병리적 변화

피부에 나타나는 특이적 증상으로 피진, 구진, 결절, 담마진, 소수포, 농포, 반점, 인설, 미란, 궤양, 반흔, 태스라, 파열, 위축, 각질 증식증 등이 있고 크기와 모양 등 특성에 따라 일차병변과 이차병변으로 나뉜다.

① 욕창

욕창이란 등·허리·어깨·팔꿈치 등 바닥면과 접촉되는 피부가 지속적이거나 반복적으로 압박이 가해지면서 혈액순환이 잘 안 되어 조직에 염증이나 괴사로 인해 조직 표면이 국소적으로 결손되거나 함몰된 상태를 말한다.

② 피부건조증

피부건조증은 노화에 따라 피부에 수분이 정상의 10% 이하로 부족해 피부외층이 건조해지고 거칠어져 불편감을 느낄 수 있는 피부의 상태를 말한다. 약간의 붉은 반점과 열창이 있으면서 비늘을 보이고 거친 상태를 나타낸다.

③ 대상포진

대상포진은 수두를 일으키는 바이러스에 의하여 피부와 신경에 염증이 생기는 질환으로 과거에 수두를 앓았던 사람에서 발생한다. 수두를 앓은 후 바이러스는 신경세포에 잠복해 있다가 신체 저항력이 약해지는 경우에 갑자기 증식하여 신경절을 따라 통증을 동반한 수포성 발진이 나타나는 바이러스성 질환이다. 50대 이후의 성인들에게 과로나 스트레스 후에 주로 발생한다. 면역이 저하된 환자들이 대상포진에 걸릴 위험성이 더 높지만 평소에 건강해 보이는 사람에게서 대상포진이 발생한다.

7) 신경계 질환

신경계는 신체 기능을 조절하고 그 정보를 처리하며 외부 세계와 연결시켜주는 역할을 한다. 감각을 인지하고 주위 환경 변화를 알 수 있게 하며, 정보를 저장하고 종합·분석하여 신체활동을 조절하는 역할을 한다. 신경계와 내분비계는 서로 항상성을 유지한다.

(1) 노화에 따른 특성
- 신경세포의 기능이 저하된다.
- 근육의 긴장과 자극 반응성의 저하로 신체활동이 감소한다.
- 감각이 둔화된다.
- 정서조절이 불안정해진다.
- 신체적인 운동 부족으로 불면증이나 수면장애가 올 수 있다.
- 단기기억은 감퇴되나, 장기기억은 대체로 유지된다.
- 앞으로 구부린 자세와 느리고 발을 끄는 걸음걸이가 나타난다.
- 균형을 유지하는 능력과 신체를 바르게 유지하는 능력이 감소한다.

(2) 노화에 따른 병리적 변화

나이가 들면서 신경계는 쉽게 퇴행되기도 하고, 여러 질병이나 상처, 외상 등에 민감해지기도 한다. 나이가 많아질수록 신경계의 문제가 일으키는 결과가 심각해질 수도 있다.

① 뇌졸중

신경계는 인체의 내적·외적 환경 변화를 감지하고 이에 반응하여 인체의 각 기관과 계통을 조정함으로써 내적 환경을 안정되게 유지한다. 그러므로 신경계의 장애는 인체의 생리적 기능은 물론 정신적 기능에 걸쳐 전반적으로 영향을 미친다.

흔히 중풍이라 부르는 뇌졸중은 뇌에 혈액을 공급하는 혈관이 막히거나 터져서 뇌 손상이 오고 그에 따른 신체장애가 나타나는 뇌혈관 질환이다. 뇌졸중은 뇌경색과 뇌출혈로 구분되는데, 뇌혈관이 막힌 경우를 뇌경색이라고 하며 뇌혈관이 터진 경우를 뇌출혈이라고 한다.

② 파킨슨 질환

파킨슨 질환은 진전마비라고 불리기도 하며 점진적 중추신경계의 퇴행성 질환으로서 서동증(몸이 느려짐), 관절 움직임의 경직, 안정 시의 떨림, 자세반사의 손실로 인해 자주 넘어지거나 균형감각의 소실, 굽은 자세, 보행 중에 얼어붙는 것처럼 몸이 굳어 버리는 현상 등의 증상을 보인다. 전형적인 파킨슨병이 있고, 다른 퇴행성 질환 및 혈관성 질환에 2차적으로 발생하는 파킨슨 증후군으로 분류한다.

8) 감각기계 질환

감각의 변화는 노인의 질적인 생활에 커다란 영향을 줄 수 있다. 시각장애와 청각장애는 의사소통, 사회 상호작용, 운동 등을 제한하며 사회적으로 고립되게 한다. 후각, 미각, 촉각의 장애는 영양상의 문제와 안전상의 위험을 가져온다. 노인이 가능한 한 독립적으로 적응하고 기능하도록 돕기 위해서는 감각 변화를 이해하는 것이 중요하다.

① 녹내장

녹내장은 안압(눈의 압력)의 상승으로 인하여 시신경이 손상되어 시력이 점차적으로 약해지는 질환이다. 눈의 모양과 기능을 유지하기 위하여 안구에는 일정한 압력, 즉 안압이 필요하다. 안압은 정상적으로 15~20mmHg로, 각막과 수정체 등에 영양을 공급하는 방수라는 액체의 생성과 배출 균형을 통해 유지된다. 녹내장은 방수가 안구 밖으로 배출되는 통로에 문제가 생겨 발생한다.

② 백내장

백내장은 수정체가 혼탁해져서 빛이 들어가지 못하여 시력장애가 발생하는 질환으로, 검은 눈동자에 하얗게 백태가 껴서 뿌옇게 보이거나 잘 안 보이게 되는 질환이다.

③ 노인성 난청

귀는 청각과 평형감각을 담당하며, 소리 감지는 외이, 중이, 고막, 내이의 달팽이관을 통해 이루어진다. 평형감각은 내이의 전정기관에서 중력과 가속, 반고리관에서 운동과 회전감각을 담당한다. 노인성 난청이란 연령 증가로 달팽이관 신경세포의 퇴행성 변화에 의해 청력이 떨어지는 것을 말한다. 유병률은 60~69세 인구에서 30~40%, 70세 이상 인구에서 50~60%이다.

9) 내분비계 질환

내분비계는 호르몬을 분비·전달하고, 상호작용을 통하여 항상성을 유지시키는 화학적 연락 통로이며 성장, 발달, 대사, 에너지 생산을 지지하고 유지하며 체액, 전해질, 혈압과 맥박, 근육, 지방, 뼈, 재생산 등을 유지하는 기능을 갖고 있다.

당뇨병은 인체의 대사 요구량에 비해 췌장에서 인슐린 분비가 되지 않거나 분비는 되지만 부족한 경우, 인슐린에 대한 신체의 저항성으로 인해 포도당이 세포 내로 들어가지 못해 혈중 혈당치가 정상보다 높게 나타나면서 소변으로 당이 섞여 나오는 상태를 말한다. 당뇨병은 완치가 어려우므로 합병증이 발생하지 않도록 질병을 조절하고 정상적인 생활을 하도록 하는 데 치료 목적이 있다.

10) 신경정신계 질환

신경계는 신체 기능을 조절하고 그 정보를 처리하는 동시에 우리의 감각을 인지하고 주위의 환경 변화를 알 수 있도록 외부 세계와 연결시켜 주는 역할을 한다. 신경계는 뇌와 척수로 구성되어 도파민, 세로토닌, 노르에피네프린을 분비하는 중추신경계와 뇌와 척수에서 들어오고 나가는 신경다발로 구성되어 아세틸콜린과 노르에피네프린을 분비하는 말초신경계로 나뉜다. 신경계는 심박 동수와 체온의 조절 등이 무의식적으로 일어나게 한다. 반면, 글쓰기, 도구로 수행하는 일, 노래 등은 의식적인 사고와 노력을 통해서 이루어진다. 나이가 들면서 신경계는 쉽게 퇴행되기도 하고 여러 질병이나 상처, 외상에 민감해지기도 한다.

정신세계는 매우 복잡하며, 정신질환은 다양한 환경의 변화를 스스로 받아들이지 못하여 발생하는 경우가 대부분이다. 뇌에는 다양한 물질이 분비되는데 그중에서 인간의 생체리듬에 작용하는 물질이 바로 멜라토닌과 세로토닌이라는 호르몬이다. 이 두 호르몬은 밤과 낮을 구분할 줄도 알지만, 과다 분비나 부족 현상이 생기면 정신질환으로 연결되는 중요한 물질이다.

① 치매

치매(dementia)라는 용어는 라틴어 'dement'에서 유래되어 '정상적인 마음에서 이탈된 것' '정신이 없어진 것'을 의미하는 것으로 뇌의 만성 또는 진행성 질병에 의해 발생하는 증후군이다. 뇌신경 세포의 손상으로 인한 인지장애이며, 단시간에 일어나는 것이 아니라 몇 개월에서 몇 년의 경과를 거치는 만성 증후군으로 인지 기능(기억, 인식, 추리, 판단, 시간, 장소, 사람을 인식하는 능력)의 저하로 일상생활 수행에 지장을 초래한다.

치매는 대뇌의 기질적 병변에 의해 발생하기 때문에 대부분 근본적인 치료와 회복이 불가능하지만, 열 명 중 한 명 정도는 회복이 가능한 가역성 원인에 의해 발생한다. 치료 가능한 원인 질환으로는 우울증, 약물(신경안정제, 수면제) 및 알코올 중독, 갑상선 기능 저하, 고지혈증, 당뇨병 등의 내분비 질환, 비타민 B12 또는 엽산 결핍 등의 결핍성 질환, 정상압 뇌수두증, 경막하 혈종, 뇌종양 등이 있다.

전체 치매 환자의 70% 이상은 알츠하이머형이고, 혈관성 치매가 20% 내외, 나머지 10% 정도는 파킨슨병, 두부 손상 등 기타 질병으로 인한 치매에 해당한다. 기질적 원인이 밝혀지지 않고 호전을 기대할 수 없는 비가역적 치매는 퇴행성으로 인한 치매(알츠하이머병, 측두엽 치매, 파킨슨병)와 뇌혈관성 치매(다발성 뇌경색증, 중추신경계 혈관염)로 나뉜다.

| 표 6-3 | **치매의 증상**

인지기능 증상	기억력 저하, 언어능력 저하, 지남력 저하, 시공간 파악능력 저하, 실행기능 저하
정신행동 증상	우울증, 정신증(망상, 환청, 환시), 초조 및 공격성, 수면장애, 무감동, 무관심, 쓸데없는 물건을 모아 숨기거나 자꾸 침을 뱉는 등 일일이 열거할 수 없을 정도로 다양한 정신행동 증상
초기 치매 증상	가장 전형적인 증상은 최근 기억(recent memory) 장애이며, 가족이나 동료들이 문제를 알아차리기 시작하나 혼자서 지낼 수 있는 수준으로 시간 지남력(orientation) 장애, 단어 찾기 곤란, 주의력 및 계산 능력 저하, 약간의 성격 변화나 우울증, 의심 등의 증상이 나타난다. 치매선별용 간이 정신상태검사(Mini-Mental Status Examination: MMSE) 점수는 20~26점이다.

중기 치매 증상	돈 관리, 장보기, 교통수단 이용 등 복잡한 일상생활뿐만 아니라 목욕, 옷 입기 등의 기본적인 일상생활도 모두 보호자에게 의존해야 하는 단계로서, 최근 기억과 더불어 먼 과거 기억의 부분적 상실, 시간 및 장소 지남력 장애, 언어이해 및 표현력 장애, 실행증, 판단력 및 수행기능 저하, 초조, 편집증 등의 정신행동 증상이 나타난다. MMSE 점수는 10~19점이다.
말기 치매 증상	24시간 보호감독이 필요하며 독립적인 생활이 불가능한 수준으로 시간, 장소, 사람에 대한 지남력이 소실되고 악화되며 신체적인 문제가 나타난다. 소수에서는 전신경련을 하게 되고 종종 특징적인 경직, 서동증, 보행과 균형장애, 얼굴표정의 감소 등을 보이기도 한다. MMSE 점수는 10점 이하이다.

| 표 6-4 |　**치매 대상자의 관리**

- 치매 대상자는 병이 들었지만 한 인간이다.
- 치매에 대한 지식을 가져야 한다.
- 치매의 각종 증상에 대한 대비책을 세워야 한다.
- 의사소통의 기법을 몸에 익혀야 한다.
- 안정된 환경을 조성하여 사고의 위험에 대비해야 한다.
- 상실된 기능을 억지로 향상시키려 하지 말고 잔존기능을 활용한다.
- 신체적 건강 등 다양한 신체 합병증에 대해 관리한다.
- 가족과 책임을 나누도록 한다.
- 본인의 부담에 대해서도 관리한다.
- 도움이 되는 정보나 서비스를 활용하기 위한 계획을 세운다.

| 표 6-5 |　**치매 대상자의 관계와 소통**

치매 대상자는 상대방의 말을 이해하고 자신의 의사를 표현하는 능력이 저하되어 있기 때문에 이들과 대화를 하려면 여러 가지 유의할 점이 있다.

- 상대방을 존중해야 한다.
- 대화를 나누기 전에 자신의 모습을 정돈한다.
- 먼저 인사하고 관심을 기울인다.
- 정중하고 안정된 태도로 다가간다.
- 칭찬과 격려하는 말을 한다.
- 자존심을 건드리거나 무시하는 말투는 금물이다.

- 간단하고 명료한 단어를 사용한다.
- 긴 문장은 몇 개의 간단한 단어를 사용한다.
- 언어능력이 떨어지는 경우는 '예, 아니요'로 대답할 수 있는 질문을 한다.
- '왜?'라고 묻지 않도록 조심한다('왜'를 제외한 5하 원칙).
- 대상자와 논쟁을 하지 않는다(인정요법).
- 몸짓과 제스처를 함께 사용한다.
- 악수나 어깨동무 등 간단한 신체접촉을 시도해 볼 수 있다.

② 우울증

우울증은 노인에게 흔히 발생하는 정신질환으로, 본인 스스로 자각하기 어려워 병원을 찾는 경우가 드물다. 외상처럼 주변 사람이 쉽게 발견할 수 있는 질병이 아니며 핵가족으로 고령자들이 혼자 거주하는 경우가 많아 방치되기 쉽다.

| 표 6-6 | **우울증과 치매의 차이**

우울증	치매
급격한 발병	잠행성 발병
짧은 기간	긴 기간
이전의 정신과적 병력	이전의 병력 없음
기억력 장애의 호소가 심함	기억력은 문제없다고 주장함
'모른다'고 대답하는 경우가 많음	근사치의 대답을 함
인지기능의 저하가 굴곡이 심함	일관된 인지기능의 저하
단기기억과 장기기억이 동등하게 저하됨	단기기억이 심하게 저하됨
우울 정동이 먼저 시작됨	기억력 저하가 먼저 시작됨

노인의 우울증 관리가 중요한 이유는 노인 열 명 중 한 명 정도로 매우 흔하게 나타나고, 인지 기능, 일상생활 능력, 삶의 질을 악화시키며, 자살 등 사망의 원인이 될 수 있기 때문이다.

③ 섬망

섬망은 의식의 장애로 인해 주의력 저하뿐만 아니라 정동, 사고, 언어 등 인지기능 전반의 장애와 정신병적 증상을 유발하는 것으로 수 시간 내지 수일에 걸쳐 급격하게 발생하며, 증상의 기복이 심한 것이 특징이다.

| 표 6-7 |　**섬망과 치매의 차이**

섬망	치매
급격한 발병	서서히 시작
급성질환	만성질환
대체로 회복 가능	일반적으로 만성으로 진행
초기에 사람을 못 알아봄	나중에 사람을 못 알아봄
신체적 변화가 심함	신체적 변화는 적음
의식 수준의 변화가 있음	말기까지 의식의 변화는 적음
주의집중이 매우 떨어짐	주의집중은 별로 떨어지지 않음
수면 양상이 매우 불규칙함	개인별 차이가 있음

치료와 예방에 있어서는 원인을 규명하는 것을 가장 우선적으로 해야 한다. 따라서 심각한 섬망이 발생한 경우는 반드시 의료기관을 방문하여 원인을 규명하고 교정하도록 하고, 보호자에게 회복될 수 있다는 것을 알려 주는 것이 중요하다. 원인이 교정되었다고 하더라도 일정 기간 지속될 수 있으므로, 이 기간에 〈표 6-8〉과 같은 비약물적 치료가 도움이 될 수 있다.

섬망은 신체 균형이 깨진 경우에 발생하므로 이를 예방하기 위해 충분한 식사와 수분 섭취를 통한 전해질 불균형의 예방, 통증 관리 등을 시행하는 것이 도움이 될 수 있다.

| 표 6-8 | **섬망 대상자의 비약물적 치료방법**

지남력의 유지	밤낮에 맞추어 창문이나 커튼 열기, 개인 사물·사랑하는 사람의 사진·달력·시계 등을 가까이 두기, 일상의 절차·규칙·도움을 요청할 사람 및 방법 등에 관해 알려 주기
신체통합성 유지	대상자 스스로 할 수 있는 일을 말로 강화하기, 능동적인 관절운동, 목욕, 마사지 등
개인의 정체성 유지	대상자와 접촉하는 사람의 수를 줄이고 가족 구성원이 자주 방문하도록 격려하기
최초의 관리	항상 단호하고 부드러운 목소리로 말하기, 대상자와 시선을 마주쳐서 위협을 느끼지 않도록 하기
착각 및 환각 관리	대상자의 말을 경청하기, 현실을 확인할 수 있는 환경 조성하기
야간의 혼돈 방지	밤에 불을 밝혀 두기

제7장

노년기 부적응과 노인미술

1. 성인 발달

처음부터 노인이 되는 것은 아니다. 발달심리학자들은 성인기 동안에는 연령과 관련된 변화가 거의 없다고 믿었다. 정상적인 노화와 질병으로 인한 노화에 관한 구분도 거의 이루어지지 않았다. 다른 모든 것도 죽을 때까지 계속 변함이 없는 것이라 생각했다.

성적 능력은 성인기에 감소하는 것으로 보았지만, 성에 관한 논의가 금기시되던 당시에는 이에 관한 연구를 엄두도 내지 못했다. 노년기의 지적 능력과 생물학적 변화에 관해서는 관심이 있었지만, 현시대에 이르기까지 노년기에 이르는 사람들이 있기는 하였지만, 그들을 대상으로 한 연구는 적은 편이었다. 그러나 최근 점차 관심이 높아지고 있다.

성인 발달에 관한 연구는 노년기 연구로부터 시작된다(Birren & Birren, 1990; Riegel, 1976). 영양이 개선되고 의학적 지식·기술이 진보함에 따라 평균예상수명이 급격히 연장되었다. 이로 인해 노령인구가 증가하게 되자, 노년기 연구를 위한 연구 대상뿐만 아니라 이들을 연구해야 할 필요성도 함께 등장했다. 성인 발달 연구의 역사는 1922년에 스탠리 홀(Stanley Hall)이 78세가 되었을 때 집필한 『노년기: 인생의 후반부(Senescence: The Last Half of Life)』라는 저서에서 비롯되었다. 홀은 이 책에서 노년기에도 그 시기 특유의 생리적 변화와 신체적 기능, 감정 및 사고의 특성을 지니고 있다고 주장하였다. 이후 생물학과 의학 분야 등에서 노화 과정에 관한 연구와 더불어 노년학이 발달되고 있다.

1) 인간 발달의 전 생애 접근법

(1) 다중방향성

전통적 접근에서는 태아, 유아, 아동, 청소년에게서는 구조의 성장, 기능의 향상, 환경에 대한 적응력의 증가 등의 특징이 두드러지고, 성인이 되면 발달하는 것이 아니라 노화하는 것이라고 보았다. 노화는 상실, 기능 쇠퇴를 의미한다. 전통적인 관점에서 발달의 목표는 성숙이며, 노화의 목표는 죽음이라고 가정하였다.

그러나 전 생애 접근법에 의하면 어떤 연령에서 발달은 성장뿐만 아니라 감소도 포함한다. 성인기에는 그 방향이 점차 부정적인 측면, 즉 노화가 신체적·인지적 감소로 나타나지만, 다 감소하는 것이 아니라는 것이다. 예를 들어, 익숙하지 않은 문제에 대한 해결 능력은 감소하지만, 어휘력 같은 능력은 계속 증대된다.

전 생애 접근법은 이러한 다중방향성을 고려하지 않고 인간 발달이 성년기까지는 성장하고 중년기 동안에는 안정적이다가 노년기에 감소한다는 생각은 잘못된 것이라고 본다. 더군다나 같은 연령대에서도 개인차가 있는데, 예를 들면 어떤 노인은 점점 해박한 지식을 갖게 되는 데 반해 또 어떤 노인은 나날이 건망증이 심해진다. 일곱 살짜리 아동들보다 70세가 된 노인들 간에 더 많은 개인차를 발견할 수 있다.

(2) 유연성

환경에 의해 열악하던 상황이 개선되면 아동 발달이 최적 상태로 전환될 수 있으며, 이와 같은 상황은 성인기에도 계속된다. 노년기에도 여러 가지 기술이 훈련과 연습을 통해 크게 향상될 수 있다는 것이 유연성이다. 예를 들면, 지적 능력을 상실한 노인들도 특별한 훈련과 연습을 통해 그러한 능력을 어느 정도 회복할 수 있다(Staudinger, Smith, & Baltes, 1992). 적응 능력은 콘크리트 구조물처럼 굳어지는 것이 아니며, 그렇다고 변화를 위한 잠재력이 무한한 것도 아니라는 말이다.

(3) 역사적 · 사회적 맥락

인간은 환경에 반응할 뿐만 아니라 상호작용하며 변화하기도 한다. 오늘날 인간의 발달은 과거와 다를 뿐만 아니라 당대에도 사회적 변화에 영향을 받는다. 즉, 인간 발달은 전쟁과 같은 역사적 사건, 컴퓨터의 발명과 같은 과학 기술의 획기적인 발전, 여성해방운동과 같은 사회운동 등의 사회적 변화에 영향을 받는다. 예를 들어, 엘더(Elder, 1974)는 1930년대의 대공황이 아동 발달에 미친 영향에 관한 연구에서 경제위기에 일자리를 잃은 아버지는 자녀 훈육에 일관성이 없고, 자녀는 성장하는 과정에서 특히 사춘기가 되면서 성취동기가 부족해지고 학업성적이 떨어지며 성인이 되어서는 변변한 직업이 없고 결혼생활도 안정되지 못한 것으로 나타났다고 하였다. 이와 같이 우리는 살고 있는 사회의 변화와 역사적 사건에 영향을 받는다.

2) 성인 발달 단계

성인기는 대체로 성년기(20~40세), 중년기(40~60세), 노년기(60세 이상)의 세 단계로 나누어진다. 성년기는 일반적으로 신체적으로나 시적으로 최고의 수준에 다다른다. 중년기에는 신체적 능력이나 건강 면에서 감퇴하기 시작한다. 그러나 사고는 실제적인 경험에 기초하여 더 성숙한 양상으로 발달한다. 노년기에는 신체적 능력이 다소 감소하기는 하지만 급격하게 저하되지는 않으며, 노력과 생활환경에 따라 같은 연령대의 노인이라 하더라도 차이가 많이 난다.

| 표 7-1 | **연령 단계별 주요 발달사항**

연령 단계	주요 발달사항
성년기 (20~40세)	• 신체적 건강이 최고조에 달하였다가 서서히 감퇴하기 시작한다. • 지적 능력이 더 복잡해진다. • 친밀한 관계가 이루어진다. • 대부분의 사람이 결혼하여 부모가 된다. • 직업을 갖게 된다. • 자아정체감이 계속해서 발달한다.
중년기 (40~60세)	• 신체적 건강과 정력이 감퇴하기 시작한다. • 여성들은 폐경을 경험한다. • 실제적 문제에 대한 해결 능력은 증가하지만 새로운 문제에 대한 해결 능력은 저하된다. • 자녀를 돌보고 부모를 봉양하는 이중의 책임으로 인해 스트레스가 발생한다. • 자녀들이 집을 떠나고 빈 둥지 증후군이 나타난다. • 어떤 이들은 직업 면에서 '성공'을 이루나, 어떤 이들은 '좌절'을 경험한다. • 여성들은 남성적, 남성들은 여성적이 되어 모두 양성성의 특성을 보인다. • 삶의 의미를 찾는 것이 매우 중요하게 된다. • 중년기의 위기가 닥쳐올 수 있다.
노년기 (60세 이후)	• 신체적 능력이 감퇴하지만 대부분의 노인은 건강하고 여전히 활동적이다. • 반응속도가 더디어 여러 가지 기능에 영향을 준다. • 지적 능력과 기억력이 감퇴한다. • 은퇴로 인해 수입은 감소하지만 여가시간은 많아진다. • 다가오는 죽음에 대비하여 삶의 목적을 찾을 필요가 있다.

출처: Papalia, Camp, & Feldman (1996).

2. 노년기의 부적응

노화와 관련된 스트레스는 노년기에 심리적 부적응을 일으킬 수 있다. 노년기에 흔히 발생하는 심리적 부적응 현상은 불안장애, 정신분열증, 우울증, 성격장애 등이다. 연령이 높을수록, 건강 상태가 나쁠수록, 또는 이혼이나 사별로 인해 혼자가 된 경우일수록 심리적 부적응 현상이 많이 나타난다.

1) 불안장애

무슨 나쁜 일이 곧 일어날 것 같은 두려움과 초조감이 불안장애의 주요 증상이지만, 가슴이 답답하고, 숨이 가빠지고, 심장이 두근거리는 것과 같은 신체 증상이 함께 나타나기도 한다. 전반적으로 노년기의 불안장애 발생률은 높은 편은 아니지만 공포장애, 공황장애, 강박증과 같은 불안장애는 성년기나 중년기에 비해 낮다(Blazer, George, & Hughes, 1991). 노년기 불안장애의 원인은 무력감 또는 상실감으로 인한 것이다(Bowman, 1992).

2) 조현병

피해망상이나 병적인 의심 등을 포함하는 편집증이 노년기에 증가하는데, 젊은 성인들의 경우 편집증은 심한 정신장애를 반영하지만, 노인들의 경우는 정신장애보다 감각 기능의 장애(특히 청각장애가 있는 노인들의 경우)가 더 심하다(Birkett, 1991). 논리적이지 못한 사고, 환각이나 환청 등 지각 과정의 이상, 현실을 왜곡하는 망상, 왜곡된 기억 등이 노년기 조현병의 주된 증상이다.

3) 우울증

우울증은 노년기에 보편적인 증상이다(Mandel, Severe, Schooler, Gelenberg, & Mieske, 1982). 노년기에는 건강 쇠퇴를 포함하여 여러 종류의 상실을 경험하므로 우울증에 빠지기 쉽다. 심한 우울증은 자살충동을 동반하는데, 남자 노인의 경우 연령과 함께 자살률이 꾸준히 증가한다. 65세 이상 노인의 자살률은 어느 연령대보다 높다(Osgood, 1991). 여성의 경우 자살률은 중년기에 제일 많지만 남성보다는 낮은 편이다. 약물 남용, 불치병, 정서장애 등이 노년기에 자살의 위험을 증가시킨다.

4) 성격장애

성격장애는 부적응적인 사고나 행동을 반영하는데, 노년기에는 발생 빈도가 높지 않다(George & Bearon, 1980). 자기애성 성격장애와 반사회성 성격장애가 보편적 성격장애의 형태이다. 자기애성 성격장애를 가진 노인들은 지나칠 정도로 잘난 체하며, 특별한 사람으로 인정받기를 원한다. 그들은 자신이 너무나 특별하기 때문에 오로지 특별한 사람들만 자신을 이해할 수 있다고 믿는다. 반사회성 성격장애를 가진 노인들은 정상적인 양심이 없는 사람들로서 다른 사람의 권리를 무시하고, 죄책감 없이 다른 사람들을 이용하고, 배신을 잘한다.

5) 사별과 비탄

죽음은 죽는 사람뿐만 아니라 남게 되는 사람들에게도 큰 고통을 안겨 준다. 각 나라마다 장례의 관습도 다르고 죽음이라는 의미도 다르게 해석되고 있다. 하지만 어떠한 형태로든 사랑하는 사람을 잃은 사람은 비탄의 과정을 맛보게 된다. 죽음에 대한 상실은 어디서든지 일어날 수 있다.

비탄 과정에는 충격(처음 얼마 동안의 격렬한 슬픔), 그리움(고인에 대한 그리움으로 고인이 살아 있다고 느낌), 절망(시간이 지나면서 슬픔의 감정은 약해지지만 고인과 만나는 것이 불가능함으로 인한 우울증, 절망감), 회복(사별 후 1년 이내에 고인의 유품을 정리하며 고인 회상 및 인간관계 회복)의 과정을 겪게 된다.

6) 노인의 자살

해마다 자살률이 증가하고 있다. 성인들의 자살은 종종 우울이나 건강을 해치는 신체 질병과 더불어 일어난다. 그런데 자살하는 노인들은 신중하게 자살을 계획하고, 자신이 무엇을 하고 있는지 잘 알고 있는 것으로 추정된다.

노인들은 왜 자살하는가? 노인에게 나타나는 주 증상은 치매나 기억상실 등이다. 자신의 자아정체성을 잃어버리는 순간 또는 자식들에게 도움이 되지 못할 뿐만 아니라 짐이 된다는 잘못된 판단에 의하여 자살을 하는 경우도 있다. 한 가지 가능한 설명은 그들이 어떻게 할 수 없는 회복 불능으로 인한 상실과 좌절로 자살을 하게 된다는 것이다. 노인들의 자살을 막기 위해서는 노인들의 삶의 가치와 존재의 의미 그리고 자아존중감 향상을 위하여 가족과 지역사회가 함께 노력해야 할 것이다.

3. 노인의 심리적 적응과 노인미술 적용의 필요성

다음은 홍숙자의 『노년학 개론』(2010, pp. 110-122)에서 노인 성격의 특성과 심리적 적응에 관한 내용을 참고한 것이며, 이에 기초하여 노인미술 적용의 필요성을 함께 제시하였다. 이 내용이 노인의 특성과 심리적 욕구 그리고 노인미술 적용의 필요성을 인지하고 노인들을 좀 더 이해하는 데 도움이 되었으면 한다.

1) 코스타와 맥크래의 다섯 가지 성격특성 모델

| 표 7-2 | 다섯 가지 성격특성 모델

기본적인 특성(상위 서열)	종속적인 특성(하위 서열)
신경과민성 (Neuroticism)	걱정하는, 불안해하는, 죄책감을 가지는, 자의식이 강한
외향성 (Extraversion)	말이 많은, 사교적인, 재미 추구의, 애정적인
개방성 (Openness to experience)	대담한, 관심 많은, 상상력이 풍부한
유쾌함 (Agreeableness)	공감적인, 신뢰하는, 협동적인, 온정적인
자의식 (Consciousness)	윤리적인, 의존적인, 생산적인, 목적 있는

출처: Costa & McCrae (1988); Lloyd & Weiten (1997): 홍숙자(2010)에서 재인용.

코스타(Costa)와 맥크래(McCrae)의 다섯 가지 성격특성 모델에서 기본적인 특성과 종족적인 특성을 상세하게 제시하였고, 뉴가튼(Neugarten, 1977)의 연구에서는 내향성(introversion)이 인생 후기에 증가하는 양상을 보이고 있다고 하였다. 성격의 변화가 연령 증가에 따라 이루어진다는 것으로, 카를 융(Carl Jung)은 인생의 후반부에 자기발견과 자기발달의 지속적인 과정인 개별화(individuation)가 나타난다고 주장한다. 그는 주로 나이 들어 성인기에 이 통합된 발달이 이루어진다고 보고 있다.

인생의 8단계 이론으로써 성격변화론을 주장하는 에릭슨(Erikson, 1963)은 심리사회 발달단계에서 40~45세 이상에 해당하는 장년기와 노년기에 자아탐닉 대 생성감 및 절망 대 자아통합이 개발된다고 말한다.

레빈슨(Levinson, 1978)은 각 사람의 생애구조(life structure)는 중년기 초입에 과도기적 국면과 안정된 국면이 번갈아 나타나며, 또한 내적 혼란을 경험하는 중년기 위기를 맞게 된다고 말한다. 굴드(Gould, 1978) 역시 그의 성인발달론에서 인간은 일련의 전환(transformation)을 거치면서 자아개념이 변화한다고 주장한다.

헬슨과 모아네(Helson & Moane, 1987)는 밀즈 대학의 여자 대학원생을 대상으로 한 연구에서 21~27세에는 성격변화가 전혀 발견되지 않았지만 27~34세에는 지배성(dominance)과 독립성(independence)이 증가하였다고 밝히고 있다. 이와 관련해 홍숙자(2010)는 성인 성격의 여러 요인이 변화한다는 증거가 점차 많아지고 있다고 주장한다.

여러 측면에서 반론도 있겠지만, 로렌스 퍼빈(Lawrence Pervin, 1994)은 성격을 안정적이면서 동시에 변화하는 것으로 규정하고 있다. 즉, 정서적 안정성과 외향성, 독단성 등은 비교적 안정적인 데 반하여 여성성과 남성성 등은 연령 증가에 따라 체계적으로 변화하는 경향을 보인다는 주장이다.

2) 노인의 특성과 심리적 욕구

인생 초기에서 중년까지는 성격이 큰 변화가 없다가 성인 후기가 되면서 변화될 가능성이 높다고 퍼빈(1994) 외 여러 학자가 주장하고 있다. 노인은 신체적으로 약화되고 은퇴로 빈곤해지기 쉬우며, 사회적·심리적으로 고립되고 소외되는 경험을 한다. 더욱이 이러한 변화들에 대한 적응 능력 역시 저하되며, 결국 욕구 불만이 생기고 그에 반응하는 노인기 특유의 성향이 생성될 수 있다.

여러 연구자가 제시한 노인의 특성을 홍숙자(2010)가 재정리한 것에 따르면, 노인은 삶의 의존에 따른 무력감, 좌절감, 외로움 등으로 우울해지는 경향이 강하고, 사회보장제도가 미흡한 경우 배우자, 자녀에 대한 의존성이 높다. 또한 죽음이 얼마 남지 않았다는 직감으로 회상을 많이 하고, 내향성이 증가하며, 한번 굳어진 생각을 바꾸기 어렵고 새로운 것을 수용하기가 어려워 과거지향적인 경향이 나타난다. 조심스럽고 신중해지고, 유산을 남기고 싶어 하며, 친숙한 것들에 대한 애착심이 증가한다. 성역할의 변화도 있으며, 현재에서 사망까지 앞으로 남아 있는 시간을 계산하는 시간 조망의 변화도 생기게 된다.

(1) 노인들의 심리적 욕구

노인들은 ① 정신적으로나 경제적으로 안정감을 가지기를 원하고, ② 아직도 무언가 할 수 있음을 보이기 위해 알고자 하고 배우고 싶어 하며, ③ 친구나 자녀들과 정서적이고 감정적인 유대관계를 가지기 원하고, ④ 건강하고 더 오래 살기를 원하며, ⑤ 자신들의 존재 가치를 인정받고 싶어 하는 심리적 욕구를 갖는다.

노년의 활동성 수준과 관련해 레몬 등(Lemon, Bengtson, & Peterson, 1972)이 주장한 활동이론(activity theory)에서는 노인의 활동성이 높게 유지될수록 그 노인은 행복하다고 한다. 즉, 개인들이 젊었을 때 하던 활동과 역할을 유지할 수 있는 능력 정도가 성공적 노화 여부를 결정짓는다는 것이다. 활동이론과 반대 이론으로 커밍과 헨리(Cumming & Henry, 1961)는 은퇴유리이론(disengagement theory)을 제시하고 있다. 노년의 사회적 유리라는 것은 '노인의 사회로부터의 이탈(withdrawal by the elderly from society)'과 '사회의 노인으로부터의 이탈(withdrawal by society from the elderly)' 모두를 의미한다. 따라서 행복한 노인이란 이러한 이탈 과정을 순순히 받아들이고 나아가서는 그러한 이탈을 적극적으로 바라는 사람으로, 이러한 수용이 이루어지지 못하면 어려움을 겪게 될 것이라는 것이다. 늙어 가면서 사회활동이 줄어들지만 여전히 매우 높은 사기를 유지하고 있다는 실증적 결과가 이 이론을 지지하고 있다.

(2) 성격과 심리적 적응

라이커드 등(Reichard, Livson, & Peterson, 1962)은 은퇴한 남성 87명 대상으로 은퇴 후의 성격 및 적응 유형을 다음의 다섯 가지로 분류하고 있다. 윤진(1994)은 노화와 성격 적응을 다섯 가지의 유형으로 정리하였다.

① 분노형(the angry man)

자신의 과거를 절망감과 실패감으로 돌아보면서 실패의 원인을 불행한 시대, 경제 사정, 부모·형제·자녀 등 외적인 것으로 투사한다. 원망과 질책을 타인이나 자신의 외부로 돌리고 타협을 거부한다.

② 자학형(the self-haters)

젊은 시절 인생의 목표를 달성하지 못하고 늙어 버린 데 대하여 비통해하며, 불행을 자기 탓으로 돌리고 자신을 질책한다. 이들은 늙어 간다는 사실을 인정하지 않으려 하며 나이가 들수록 점차 우울증이 깊어지고 부적응과 무가치함을 경험하게 된다.

③ 은둔형(the rocking-chair man)

은퇴와 더불어 일생 지녔던 무거운 짐을 벗어던지고 복잡한 대인관계와 사회적 책임감에서 벗어난 것을 홀가분하게 생각하는 유형이다. 이들은 노년기의 조용한 생활이 젊은 시절에 해 보지 못한 것을 보상해 줄 수 있는 좋은 기회라고 생각하고 손주를 돌보거나 꽃을 가꾸며 편안한 노년을 보낸다.

④ 무장형(the armored)

늙음과 함께 오는 소극성과 무력감, 신체적 능력의 저하를 막아 보기 위해 적극적으로 활동하는 이들이다. 늙어 가는 것에 대한 불안을 방어하기 위하여 젊어서와 같은 사회적 활동이나 기능을 계속 유지하고 활동의 양이나 질에서 보람을 느끼고 생애 만족감을 느끼는 유형이다.

⑤ 성숙형(the matured)

자신의 삶이 잘 보상받았다고 느끼고 과거에 대하여 후회하지도 않으며 현재에도 별 상실감이 없이 살아간다. 이들은 늙는다는 것을 당연하게 여기고 자신은 최선을 다해 살아왔다고 생각하기 때문에 비교적 정신적인 갈등이 없으며, 많은 활동과 인간관계를 통해 참된 만족감을 찾는다.

이 유형들 중 은둔형, 무장형, 성숙형이 비교적 잘 적응하여 성공적인 노후를 보내는 유형인데, 이 세 가지 유형이 중복된 형태로 나타나기도 한다.

3) 노인미술의 적용과 필요성

앞서 제시한 내용을 통한 노인에 대한 이해가 노인미술로 실질적 문제를 해결하는 데 매개체가 될 것으로 본다. 노인이 되면 심리적 변화나 사회적 적응의 어려움이 있는 것을 있는 그대로 받아들이며 가족과 지역사회가 좀 더 적극적으로 노인들을 돌보는 노력을 하여야 할 것이다.

노인들은 젊을 때는 여가시간이 많이 나지 않아 마음껏 취미생활을 할 시간이 없었다. 그러나 노인이 되면서 여가시간이 많이 나기는 하지만 젊은 시절 먹고 사느라 취미생활에 대해 익숙하지 않고 무엇을 어떻게 하고 시간을 보내야할지 잘 모른다. 우리나라의 경우 이는 역사적 맥락에 기인한다고 볼 수 있겠다. 시대의 흐름에 따라 노인들의 여가 활용을 돕고 노인들의 욕구도 높아지기는 하지만 기존의 노인들이 취미생활이 없었기에 새로운 취미생활에 적응하기란 매우 어려운 것이다. 특히 미술 영역이 더욱 그러하다.

많은 노인이 미술이 곧 그림(드로잉)이라고 알고 있으며, 사진처럼 사실적으로 그리는 것을 잘 그리는 것으로 생각하는 노인들도 많다. 그리고 그림은 특수층만 그리는 것으로 생각한다. 더구나 지금도 '노인미술'이라는 이름이 많이 알려지지 않아 미술활동에 익숙하지 않다. 노인들은 그림이 곧 미술이며 그림 그리는 것밖에 없는 것으로 생각할 수도 있지만, 그림 그리는 것(드로잉)은 미술에속하는 작은 부분에 불과하다. 물론 미술을 하기 위해서는 드로잉이 첫째이기는 하지만, 처음 미술을 접하는 노인들에게는 드로잉을 우선시하기보다는 미술을 즐거움과 자기표현의 매개체로 삼게 할 수 있다. '미술(美術)'에는 드로잉 외에 디자인, 콜라주, 회화, 수묵화, 유화, 수채화 등이 포함되어 있으며, 최근에는 미술의 장르가 사라지고 있을 정도로 다양하다. 최근의 노인들은 여가시간이 많이 나면서 다양한 취미생활에 대한 욕구도 높아지고 있다. 특히 미술활동은 손을 많이 사용하고 활동적이며, 미술의 수용적인 학습은 사고력, 인지력 등을 증진시켜 노인들의 치매 예방에 매우 효과적이라는 연구 결과가 있다(제3장 참조). 이처럼 미술교육은 노인들에게 사회 참여의 기회를 줄 수 있으며, 세대 간 소통과 고령화에 따른 적응력과 삶의 질을 높이는 데 매우 활용도가 높은 매개체이다.

제8장

노인의 죽음과 자아통합

1. 노인의 죽음에 대한 인식

삶과 죽음이라는 문제는 인간의 문화가 생겨나면서부터 시작되었다. 죽음을 심각하게 의식한다는 것은 생명에 대한 주체의식이 깨어 있다는 것이다. 죽음을 앞두고 생명에 대해 각성하는 것은 삶의 힘겨움에서 벗어나 비교적 진실하고 자연스러운 마음으로 얼마 남지 않은 생명을 사랑하게 만든다. 죽음은 삶의 과정이며 결과이다.

인간에 있어 삶은 누구나 관심을 갖는 중요한 문제이지만 죽음은 더 중요한 문제라고 할 수 있다. 죽음의 문제는 단순히 하나의 과제가 아니다. 죽음에 대한 인식은 문화권에 따라 차이가 많이 난다. 죽음관은 그 공동체의 사회적·문화적·종교적 사상과 밀접한 관계가 있다. 따라서 죽음에 대한 올바른 이해를 위해서는 다양한 방향에서 죽음을 바라보아야 한다. 죽음에 대한 이해는 죽음을 어떻게 보느냐에 따라 달라진다.

과거에는 죽음이라고 하면 자신의 수명을 다하는 것, 즉 자연사의 의미로 받아들였다. 그러나 오늘날에는 뇌사, 안락사, 존엄사, 자살 등 죽음에 관한 다양한 문제가 있다.

1) 동양의 생사관

동양의 생사관은 모든 존재가 유기적으로 연결되어 있다는, 생명 간에 연관이 있다는 생사관이다.

- 사망도피형(死亡逃避型): 현실적 삶만 중히 여기고 수명을 연장하여 장수하기를 원하는 유형이다.
- 생사단계형(生死段階型): 삶뿐만 아니라 죽음을 생명의 다른 한 차원으로 생각하는 유형으로, 생명을 생(生)과 사(死)의 끊임없는 과정으로 본다.
- 생명연속형(生命連續型): 피할 수 없는 죽음을 이성적으로 이해하고 현실적 삶에 충실하면서 조상의 대를 잇는 일이 바로 생명을 이어 가는 것이라고 생각한다.
- 생사종합형(生死綜合型) 혹은 생사초월형(生死超越型): 생명과 죽음을 하나로 달관하여 죽음이 바로 삶이고 삶이 바로 죽음이라고 본다.
- 생사회의형(生死懷疑型): 삶과 죽음을 자연의 현상으로 보지만 죽음에 대한 민감한 반응으로 의학적 측면 혹은 철학적·종교적 측면에서 죽음에 대해 알려고 노력하는 유형이다(석법성, 2004).

2) 생물학적 죽음 이해

브리태니커 세계대백과사전에서는 죽음을 "모든 생물이 겪는 생명 과정의 완전 정지 상태"라고 정의한다. 그리고 국립국어원의 표준국어대사전에서는 죽음을 "죽는 일" "생물의 생명이 없어지는 현상"이라고 정의하고 있다.

웹스터 사전에서는 죽음은 "동식물에 소생의 가망성이 없는 모든 생체 기능의 영구적 정지, 생명의 종결, 죽는다는 사실이나 행동 및 과정"이고, 임종은 "생명이 끝나는 것, 죽음이 임박한 것, 점차 소멸하는 것"이라고 하였다. 또 세계보건기구(WHO)는 "소생할 수 없는 삶의 영원한 종말"이라고 정의하였다. 이상의 정의는 죽음을 생물학적인 측면에서 정의한 것임을 알 수 있다.

3) 의학적 죽음 이해

의학적으로 죽음의 개념이 명확하게 규정되기까지는 오랜 시간이 걸렸다. 처음에 의사들은 죽음을 환자의 혈액의 움직임이 멈추었을 때로 보았으나 차츰 장기 기능 및 심장의 정지를 죽음으로 규정하였다.

의학적 측면에서 인간의 죽음은 심장과 폐의 활동이 정지되고 뇌전도 검사로 뇌파가 정지된 상태로 정의되었다. 그러나 심폐소생술의 발전으로 죽음의 시점을 정확하게 판단하기 어려워졌으며, 학자들 간에 다양한 견해가 생겨나게 되었다.

의학계에서는 뇌 기능의 영구적 정지를 인간 죽음의 최종적 판단 기준으로 여기는 뇌사설을 주장하게 되었고, 이로 인해 안락사 문제, 장기이식 문제 등이 사회적 이슈가 되었다. 대한의학협회의 죽음정의연구위원회는 1993년 '뇌사에 관한 선언'을 통해 사망을 "심폐 기능의 정지인 심폐사 또는 전뇌 기능의 소실인 뇌사로 판단한다."라며 뇌사를 죽음으로 인정하는 입장을 밝혔다.

4) 법학적 죽음 이해

법학에서는 자연사(natural death)보다는 외부의 물리적 자극이나 정신적인 것에 의한 죽음을 논하게 된다. 법에서는 범죄의 테두리 안에서 인간의 죽음을 바라본다. 형법학에서는 사람의 사망 기준에 관해 몇 가지 간단한 이론을 제기한다. 첫째, 호흡이 중지한 시점을 택하는 호흡종지설, 둘째, 심장의 박동이 중지한 시점을 택하는 맥박종지설, 셋째, 최근의 심장이식 수술이 개발됨에 따라 뇌 기능의 정지를 개체의 죽음으로 보는 경우이다.

이와 같이 법학적 이해에서 죽음은 과정(process)이라기보다는 어떤 시간에 일어나는 사건(event)이다. 현대적 의미의 죽음이라고 할 수 있는 뇌사, 안락사, 존엄사와 자살이라는 인위적인 죽음은 법률적인 문제에 관계된 죽음이라고 볼 수 있다.

5) 철학적 죽음 이해

죽음에 대한 중요한 철학적 문제로 죽음의 공포(fear of death)라는 문제가 있다. 이 문제에 대해서는 다섯 가지 주장이 있다.

첫째, 죽음이 괴로울 것이라는 가정에 근거를 두고 있지만, 죽음 그 자체는 절대로 괴로움이 될 수 없다는 에피쿠로스(Epikuros, 기원전 341~270)의 주장이다. 둘째, 죽음의 공포를 극복하려면 죽음을 항상 염두에 두고 살아야 한다는 스토아 철학자들의 주장이다. 셋째, 인간은 절대로 죽음을 정확히 알거나 직시할 수 없다는 스피노자(Spinoza, 1632~1677)의 주장이다. 넷째, 행복한 사람은 행복한 죽음을 가지고 온다는 주장이다. 다섯째, 죽음 자체에 아무런 의미를 부여할 필요가 없다는 쇼펜하우어(Schopenhauer, 1788~1860)의 주장이다.

현대철학은 크게 현상학, 실존주의, 분석철학, 실용주의로 나눌 수 있다. 철학은 죽음을 철학의 중요한 문제로 취급하는 경향이 있는데, 일반대학의 철학과에는 '죽음과 죽는다는 것(death and dying)'이라는 과목까지 등장하였다. 그러나 죽음은 경험에 의해 지식을 얻거나 탐구할 수 없기 때문에 죽음에 대한 이해는 주관적 관념으로 간주된다.

실존철학의 대표라고 할 수 있는 하이데거(Heidegger)는 존재 문제를 본격적으로 다룬 최초의 사람이라고 할 수 있다. 그는 인간은 신의 존재와 내세의 존재를 가정하지 않더라도 죽음을 직시함으로써 삶의 의미를 발견할 수 있다고 하였다.

6) 심리학적 죽음 이해

심리학 분야에서 죽음에 대해 본격적으로 관심을 갖게 된 것은 1950년대이다. 심리학에서는 죽음을 인간의 삶에 대한 위협이나 위기 상황 또는 스트레스의 근원으로 간주하여 특정 연령집단이 다양한 상황에서 그것을 어떻게 받아들이고 그에 대해 어떤 태도와 가치를 갖는지를 연구한다.

에리히 프롬(Erich Fromm)은 죽음의 공포를 죽음 자체가 아닌 죽음을 통해 잃게 되는 것에 대한 두려움으로 보았다. 그래서 자아의 속박에서 벗어나는 것이 죽음에 대한 공포를 경감시킨다고 보았다.

죽음에 직면한 인간의 반응을 체계적으로 연구한 학자는 퀴블러-로스(Kübler-Ross)이다. 그는 죽음에 직면한 사람들의 심리 변화를 부정, 분노, 타협, 우울, 수용의 5단계로 구분하였다. 그리고 각각의 단계는 고유의 문제점과 욕구가 있으므로 각 단계에 맞는 적절한 대응이 필요하다고 보았다.

이처럼 죽음에 대한 심리학적인 이해는 삶과 죽음의 본능이 가지는 투쟁이라는 측면, 죽음에 대한 불안과 두려움이라는 측면, 죽음에 직면한 사람들의 심리적 변화의 측면 등 접근방법에 따라 다양한 견해가 있다.

7) 종교적 죽음관

죽음관에 가장 큰 영향을 주는 것은 종교이다. 대부분의 종교는 사후세계에 대한 교리를 가지고 있다. 어느 곳에서나 인간이 죽음을 맞이하는 방법은 성스럽고 종교적인 영역에 속하며, 모든 종교는 죽음에 대한 해석을 통해 죽음의 문제를 해결하고자 한다. 각 종교는 죽음을 인생의 종말로 보지 않고 보편적 차원에서 새로운 의미를 부여한다.

현대 한국인의 죽음 관념에는 다양한 양상이 복합적으로 용해되어 있다. 그래서 현재 한국인의 장례와 의례는 불교, 유교, 기독교 등 각종 종교의 여러 형식과 내용이 혼합되어 있다. 이러한 사실은 한국인의 문화적 성격이 탄력적 ·

수용적 성격을 띠고 있음을 보여 준다.

(1) 무속의 죽음관

무속에서는 삶과 죽음, 이승과 저승을 단일 사건의 양면적 모습으로 파악하고 있다. 무속에서는 사람의 영혼을 불멸의 존재로 여겼다. 삶은 사람의 영혼과 육신이 일치되어 있는 상태이고, 죽음은 영혼과 육신이 분리된 상태이다. 무속에서 가장 이상적인 죽음은 천수를 누리면서 건강하게 살다가 죽는 것이다. 반면에 천수를 누리지 못하는 죽음은 아주 애석하게 여긴다. 천수를 누리지 못하고 죽은 사람은 억울하고 슬퍼서 한(恨)이 남게 된다. 이 한을 가진 영혼은 완전한 저승적 존재도, 이승적 존재도 아니므로 방황하게 되며, 산 사람에게 영향을 미친다고 본다.

(2) 유교의 죽음관

유교는 공자를 중심으로 하며, 개인적인 인격 완성과 공동체적인 이상사회 실현을 과제로 삼는다. 유교의 삶과 죽음에 대한 태도는 '어떻게 도리에 어긋나지 않고 진실하게 살 것인가' 하는 것이다. 인간이 물욕이나 지나친 명예에 집착하지 않고 오로지 천리와 천명에 충실한다면 비록 빨리 죽는다 해도 괘념할 것이 없다는 입장이다.

유교의 핵심은 도덕적 질서를 세우는 것인데, 이는 죽음에 있어서도 마찬가지이다. 유교에서는 사후세계에 대한 관념이 희박하다. 삶이란 혼백(魂魄)이 결합된 상태이고, 죽음이란 혼백(魂魄)이 분리되어 자연으로 돌아가는 것이다. 죽음은 존재의 사라짐이 아니라 본래의 상태로 돌아가는 것이다.

유교의 죽음관이 가지고 있는 특징은 두 가지이다. 하나는 죽음을 천명(天命)으로 여기고 자연스러운 현상으로 받아들이는 것이고, 다른 하나는 후손들을 통해 영원한 생명을 보장받는 것이다. 그러나 유교에서 더 중요한 것은 현실 세계에 대한 충실성이다.

(3) 기독교의 죽음관

루터(Luther)의 종교개혁 이후 갈라져 나간 기독교는 시간이 흐르면서 수많은 종파로 나누어졌다. 기독교의 죽음에 대한 이해는 성서에서 그 근거를 찾는다. 하느님은 죽음에 임해서나 죽음 너머에 있어서도 인간의 삶과 죽음 그리고 영생의 존재 근거가 되고 희망이 된다. 개신교의 죽음에 대한 기본적인 이해는 죄의 결과이다. 즉, 죽음을 인간의 죄에 대한 신적 심판으로 이해한다.

기독교에 따르면 성서와 신앙과 은총만으로 구원이 이루어진다고 믿기 때문에 죽음을 맞이하는 순간 모든 인간은 천국과 지옥으로 가게 된다. 또한 모든 인간은 주님의 심판을 거쳐 천국에서 영생을 누리거나 지옥에 떨어진다.

(4) 가톨릭의 죽음관

가톨릭교회는 성서의 이해에 따라 육체의 죽음은 자연스러운 것이지만 그것이 하느님의 뜻이 아니라 죄의 결과로 세상에 들어왔다고 본다. 예수 그리스도의 순명은 죽음을 저주에서 축복으로 변화시켰다.

죽음과 관련해서는 모든 인간은 부활하는데 전인(全人)으로 부활한다는 것과 죽은 자들을 위한 기도와 전례의 필요성, 의인들의 영원한 행복과 죄인들의 영원한 벌, 그리고 정화에 대해 이야기하고 있다. 하느님의 사랑에 온전히 머물기 위해서는 정화의 단계가 필요하다. 가톨릭은 정화, 곧 연옥의 실재를 인정하고 있다. 가톨릭의 죽음관의 특징은 부활 신앙과 연옥 교리이다. 예수 그리스도의 부활로 죽음은 끝이 아니라 새로운 삶으로 나아가는 과정이라고 이해된다.

(5) 불교의 죽음관

불교는 죽음의 문제에서부터 출발한다. 고타마 싯다르타가 출가를 결심하게 된 것은 사람의 늙음과 죽음에 대한 문제를 직시했기 때문이었다. 그는 수행을 통해 생로병사(生老病死)의 고통, '끝없이 반복되는' 윤회의 삶과 죽음에서 어떻게 벗어날 수 있는가에 대한 깊은 통찰로 열반에 도달했다.

결국 삶과 죽음의 문제는 생사윤회를 벗어나는 문제가 된다. 싯다르타에게 문제가 되었던 것은 죽음의 차원에 대한 새로운 인식이었다. 그리고 삶이나 죽음에 번민하지 않는 생명의 추구였다. 이것은 업과 윤회를 벗어나는 경지이며 열반에 들어가는 것을 의미한다.

불교의 죽음관은 윤회 교리를 그 중심에 두고 있으며, 죽음이라는 현실을 있는 그대로 받아들이는 것이 아니라 그것을 뛰어넘어 보다 높은 차원에서 바라보고자 하였다. 무상과 무아를 인식하면 죽음에 대한 생각도 달라진다. 인간의 육체는 오온(五蘊)의 결합이며, 죽음은 이들의 해체로 나타나는 현상이다. 죽음은 변화의 한 과정이므로 괴로워하거나 슬퍼할 일이 아닌 것이다.

불교에서 사람은 여러 세계를 돌아다니면서 생과 사를 끊임없이 되풀이하는 윤회(輪回)를 가진다고 본다. 윤회는 3계(三界) 또는 6도(六途)를 통해 전개된다. 윤회의 삶을 결정짓는 것은 자신의 업(業)이고, 업에 의해서 존재의 모든 것이 만들어진다고 본다.

8) 현대인의 죽음관

의학 기술의 발전과 사회구조의 변화로 인해 현대인들은 죽음에 대해서 각종 종교와는 다른 관점으로 바라본다. 의학 기술의 발전은 현대인들의 사망 원인을 변화시켰고, 산업화로 인한 사회구조의 변화는 임종 장소와 장례식의 변화를 가져왔다.

오늘날 현대인의 죽음관은 부정적이라고 할 수 있다. 죽음에 대한 기피와 부정은 삶에 대한 집착으로 이어졌다. 부정적인 죽음관은 죽음이 가지고 있는 고귀한 가치를 살려 내지 못하게 하고, 죽음의 과정을 통해 계속되는 정신적 성장을 방해한다. 물질주의 집착과 정신적 결핍은 현대에 일어나는 많은 문제의 바탕이 되고 있다.

현대인의 죽음관에 가장 큰 영향을 미친 것은 의료와 과학 기술의 발전이라 할 수 있다. 의학은 자기 영역을 넓혀 죽음이나 임종의 순간마저 결정하고 통제하는 위치에 이르렀다. 현대인들은 죽음 자체에 대한 두려움보다는 오히려 임종을 맞이하기까지의 과정을 두려워한다. 그러나 이제는 전쟁이나 사고와 같은 준비되지 않은 죽음이 자주 일어나 대중매체를 통해 거의 매일 전해지는 타인의 죽음 소식은 죽음을 타자(他者)로 인식하게 한다.

죽음에 대한 의미는 여러 방면에서 총체적으로 이해되어야 한다. 죽음에 대한 올바른 이해를 통해 죽음이 가지는 진정한 의미를 깨닫고, 삶의 올바른 가치를 깨달아 적극적이고 성숙한 삶을 살 수 있도록 전인적인 죽음관을 갖는 것이 중요하다. 이러한 측면에서 고귀한 죽음을 준비하는 교육은 여러 현장이나 연령층에서 골고루 이루어질 필요가 있다.

2. 죽음에 대한 준비교육

1) 죽음에 대한 교육

(1) 죽음준비교육의 개념

죽음준비교육은 죽음학에서 파생된 분야이다. 죽음학(thanatology)은 죽음과 관계된 다양한 주제에 학제적으로 접근하는 것으로 죽음의 과정, 임종 간호, 죽음의 철학, 죽음의 의의, 죽음의 통보, 안락사, 존엄사, 장기 기증, 비탄과 자살, 민족과 문화와 종교에 따른 생사관의 차이, 사후의 생명, 죽음의 공포 등을 다루고 있다. '죽음교육'은 죽음상담의 영역을 포괄하는 개념이다(방선자, 2012).

죽음교육은 죽음에 대한 가치와 태도가 인간의 행동에 어떻게 영향을 미치는지를 인식할 기회를 제공하는 사회적 활동이며(류은지, 2008), 죽음상담은 개인이나 집단이 유의미한 타자의 임종 시 겪게 되는 심각한 상실감의 위기에서 회복하도록 돕는 일련의 과정이다(임진옥, 2008). 죽음교육은 죽음, 죽음의 과정, 사별과 관련된 모든 측면의 교육을 포함하는 것으로 죽음과 관련된 주제에 대한 지식, 태도, 기술을 학습하는 과정이다.

죽음교육은 죽음과 임종에 관한 교육을 지칭하지만 그 이상의 것을 내포하고 있다. 종합하면, 죽음준비교육이란 개인과 사회에서 일어나는 죽음과 죽어 가는 과정에 개입하기 위해 공식적이고 제도적인 프로그램을 구성하여 죽음에 대한 태도와 가치를 바람직하게 갖게 하고, 정보를 학습하고 나눔으로써 죽음에 대한 의미 있는 준비를 하게 하는 교육이라 할 수 있다.

(2) 죽음준비교육의 목적과 목표

죽음준비교육의 목적은 누구에게나 언젠가 다가오는 죽음을 존엄하고 품위 있게 맞이할 수 있게 하는 것이다. 죽음은 모든 인간에게 찾아오는 보편적인 현상이다. 인간은 태어나는 그 순간에 이미 죽음을 갖게 된다. 그러나 죽음의 영역을 경험할 수는 없다. 반복이 불가능하고 외부에서의 관찰이 불가능하기 때문이다. 그래서 인간은 기본적으로 죽음에 대한 두려움을 가지고 있으며, 자신이 살았던 환경과 받은 교육이나 갖고 있는 종교에 따라 죽음을 맞이하는 모습과 두려움의 정도가 달라진다.

사람은 죽음을 맞이하는 과정에서 겪게 되는 어려움을 어떻게 극복하는가에 따라 인생의 마지막 단계에서도 인격적 성숙을 할 수 있다. 이러한 인격적 성숙을 할 수 있도록 도와주는 것이 바로 죽음준비교육이다. 죽음준비교육은 죽음과 죽어 가는 과정에 대한 이해를 돕고, 사별하는 사람들이 겪는 고통과 슬픔을 이해하고 일어설 수 있도록 도와주며, 현재의 삶에 더욱 충실하고 의미 있게 살 수 있도록 해 주는 전인교육이다. 이러한 죽음준비교육은 죽음을 금기시하는 경향이 강한 오늘날에 아주 중요한 역할을 한다.

죽음 분야의 권위자인 퀴블러-로스가 1969년에 「죽음과 죽어 감(On Death and Dying)」이라는 논문을 발표한 이후 죽음학에 대한 관심이 높아졌으며, 점차 죽음준비교육이라는 특수 분야가 개척되었다. 죽음준비교육은 죽음이 인간에게 찾아오는 가장 보편적이고 절대적인 사실임을 받아들이고, 심리적인 안정을 가지도록 도와주며, 이를 통해 자신의 삶에 찾아오는 어려움들을 적극적으로 해결해 나가도록 한다.

서구에서는 미국, 독일, 스웨덴에서 체계적인 죽음준비교육이 이루어지고 있으며, 아시아에서는 예수회 사제 알폰스 데켄(Alfons Deeken)에 의해 일본에서 처음으로 체계적인 죽음준비교육이 이루어졌다. 우리나라에서는 일명 '웰다잉법'이라고 불리는「호스피스·완화의료 및 임종 과정에 있는 환자의 연명의료 결정에 관한 법률」이 2016년 2월 3일에 제정되었다.

여기서는 죽음교육의 선구자 역할을 한 도쿄 죠치대학(上智大學)의 교수 알폰스 데켄의 15단계 죽음 목표를 카톨릭 평화신문(2009. 8. 30., 제1033호)에서 재정리한 것을 제시한다. 우리는 죽음이 있기에 삶의 소중함을 느끼게 된다. 다음과 같은 죽음준비교육의 목표를 참고하고 살아 있는 모든 것에 감사함을 느껴 보기를 바란다.

- 인생의 가치관 재정립: 20세기 독일의 실존철학자 하이데거는 인간을 '죽음의 존재'라고 정의했다. 태어난 순간부터 죽음을 향해 나아가는 유한한 존재라는 의미에서이다. 인간은 죽음을 직시함으로써 자신에게 주어진 시간이 얼마나 짧은지 그리고 얼마나 소중한지 깨닫게 된다. 이는 '짧은 인생을 어떻게 사는 것이 가장 좋을까?'라는 삶에 대한 성찰로 이끈다. 죽음에 대한 사색이 삶에 대한 반성으로 이끄는 것이다.
- 죽음에 대한 공포로부터의 해방: 죽음에 관한 극단적 공포를 줄이고 심리적 부담을 제거하는 것이다. 죽음이라는 말을 입에 담는 것조차 꺼리는 가장 큰 이유 가운데 하나가 바로 죽음에 대한 공포이다. 대다수의 임종 환자들은 죽음에 대한 과도한 공포 때문에 정서가 마비됨에 따라 죽음의 과정을 통해 영적으로 성장할 수 있는 기회를 놓치고 만다.

  환자들이 갖고 있는 죽음에 대한 공포를 덜어 주어야 할 의료진이 죽음에 대해 공포를 갖고 있다면 이 또한 큰 문제이다. 이 경우 임종 환자들과 올바른 소통을 기대하기가 어렵다. 죽음준비교육은 여러 종류의 죽음 공포를 찾아내고 분석함으로써 이런 공포를 긍정적으로 대면할 수 있는 방법들을 알려 준다.
- 내세에 대한 희망: 인생은 죽음으로 막을 내린다. 죽음으로 모든 것이 무(無)

로 돌아간다면 산다는 것이 참으로 허무하게 느껴질 것이다. 그러나 죽음이 새로운 삶의 시작이라면 이야기가 달라진다. 죽어도 지금의 내가 사라지지 않고 계속된다고 상상해 보라. 그것만으로도 죽음에 대한 공포는 크게 줄어들 것이다. 현재의 삶이 내세의 삶에 절대적 영향을 미친다고 한다면 현재의 삶에 대한 자세 또한 달라질 수밖에 없다.

유물론에서 출발한 현대과학으로 사후(死後)의 존재를 증명하기란 힘들다. 물론 죽으면 다 사라지고 만다는 것도 과학적으로 증명할 수 없다. 그러나 과학만이 능사가 아니다. 또 과학도 과학 나름이다. 고통스러운 죽음의 과정을 겪고 있는 환자에게 영적으로 가장 큰 도움을 줄 수 있는 것은 영원한 미래에 대한 소망이다. 죽음준비교육은 죽음이 결코 마지막이 아니라는 희망을 전한다.

- 죽어 가는 과정에 대한 이해: 삶의 마지막 단계에 있는 환자들이 어떤 문제들에 봉착하고, 무엇을 필요로 하는지 이해할 수 있도록 도와준다. 의료진이 더 이상 도움을 줄 수 없는 단계에 있는 환자에게 가장 큰 도움을 줄 수 있는 이들은 가족과 친지들이다. 환자가 필요로 하는 것은 의료적 치료와 함께 따뜻한 인간적 배려이다. 죽어 가는 사람을 영적으로 도와주는 일의 필요성과 방법을 깨닫게 하는 것이 또한 죽음준비교육의 중요한 목표이다. 누구나 언젠가는 죽음에 직면하는 가족과 친지를 대면해야 한다.

죽음 과정에 대한 연구로 유명한 엘리자베스 퀴블러-로스(1926~2004)는 죽을병에 걸린 환자의 반응을 5단계로 설명했다. 첫 번째, 자신은 결코 죽지 않을 것이라며 죽음을 부정한다. 두 번째, 죽어야 한다는 사실에 대해 분노한다. 세 번째, 어떻게 해서든 생명을 연장하고자 타협한다. '몇 달만 더 살게 해 주신다면……' '살게 해 주시면 착하게 살겠다.' '아들 결혼식까지만 살려 달라.'는 식이다. 네 번째, 더 이상 회복 가능성이 없다고 느끼면서 우울증에 빠진다. 다섯 번째, 네 번째 단계까지 다 지나게 되면 환자는 이제 자신이 죽는다는 사실을 받아들이게 된다.

데켄 신부는 여기에 여섯 번째 단계인 소망을 갖게 되는 단계를 추가했다. 회복될 수 있다는 희망을 갖는 것이 아니라 영원한 생명 그리고 자신이 사랑했던 사람과 다시 만날 수 있다는 기대를 갖는 것이다. 내세에 대해 확고한 믿음을 가진 종교인에게 해당하는 경우라고 하겠다.

• 죽음과 관련된 생명윤리 · 의학 · 법학적 이해: 품위 있는 죽음을 위해 무의미한 연명치료는 받지 않겠다는 이들은 미리 '사전의료지시서'를 작성해 두는 것이 필요하다. 또 편안한 임종을 가능하게 하는 호스피스 병원을 알아 두는 것이 좋다. 의미 있는 죽음이 되도록 장기기증이나 시신기증과 관련된 정보를 찾아보고 결정해야 한다.

　법적으로 가장 중요한 문제는 유언장을 작성하는 것이다. 재산 문제뿐만이 아니다. 가족과 친지에게 하고 싶은 말을 미리 작성하는 것은 사랑하는 이들과 현재 자신의 삶이 얼마나 소중한지를 다시 한번 깨닫게 해 준다. 이 모든 것을 죽음에 임박해서가 아니라 평소 준비해 두어야 하는 것이다.

이 밖에도 죽음준비교육은 사랑하는 이를 잃었을 때 성숙하게 대응할 수 있도록 돕고, 자살을 방지하며, 말기 환자의 알 권리에 대한 인식을 새롭게 하고, 자신에게 맞는 장례 형태를 고르게 하며, 죽음에 관한 철학을 갖도록 이끈다. 죽음준비교육의 중요성을 일깨워 주는 연극 대사 한 대목을 들어 보자.

"내가 괜한 소리 하는 것 같지만 죽는 것도 사는 것처럼 계획과 목표가 있어야 한다는 거여. 한 사람의 음식 솜씨는 상차림에서 보여지지만, 그 사람의 됨됨이는 설거지에서 나타나는 법이거든. 뒷모습이 깔끔해야 지켜보는 사람한테 뭐라도 하나 남겨지는 게 있는 거여."(연극 〈염쟁이 유씨〉 중에서)

사는 것도 계획이고 죽는 것도 계획이다. 내세에 대한 희망으로 죽음이 끝이 아니라고 여기고 죽음의 두려움을 줄여 나가며 삶의 마무리를 어떻게 할 것인가 계획을 잡는 것이 곧 지금의 삶을 충실하게 살아갈 수 있는 도전의 기회가 될 수 있을 것이다.

(3) 죽음준비교육의 필요성

20세기에 일어난 두 번의 세계대전으로 인류는 대량학살이라는 경험을 하게 되고, 그 후 20세기 후반에는 죽음이 단순히 생명체의 끝이라는 인식을 하게 되어 죽음을 금기시하고 멀리하게 된다. 그리고 대가족 제도의 해체는 조부모의 임종을 통해 자연스럽게 죽음을 배우는 것을 어렵게 하였다. 또한 대부분의 임종이 병원의 중환자실에서 이루어지는 경우가 많아 가족들과 마지막 이별을 하지 못하게 되고, 현재 의사들 역시 죽음에 관한 교육을 거의 받지 않았기에 죽음이 우리 삶에서 더욱 멀어지게 되었다.

1982년 가을에 상지대학교에서 열린 '삶과 죽음을 생각하는 세미나'를 통해 많은 사람이 자신의 상실 경험을 이야기하는 기회를 가졌으며, 1983년에는 '삶과 죽음을 생각하는 모임'이 정식 발족되었다. 이 모임은 죽음준비교육의 저변 확대와 호스피스의 확산 그리고 사별한 사람들의 회복을 위해 노력하고 있으며, 죽음준비교육의 실천 기록이 되고 있다. 이러한 죽음준비교육의 필요성을 살펴보면 다음과 같다.

첫째, 누구도 경험할 수 없는 죽음이기에 두려움을 갖는 것이 보편적이기는 하나, 죽음준비교육을 통해 구체적으로 죽음을 준비함으로써 죽음에 대한 불안을 줄일 수 있다(이이정, 2004).

둘째, 죽음준비교육을 통해 인간의 존엄성을 회복할 수 있다. 의료기계에 의존하여 임종을 하게 되는 현대의 죽음에 이르는 과정은 인간의 존엄성이 배제된 것으로 가족들에게 달려 있던 죽음 방식의 선택을 노인 스스로 주체적으로 할 수 있어야 한다(송인영, 2015).

셋째, 죽음준비교육은 삶의 회복을 가져온다. 후손들에게 죽음에 대한 새로운 모습을 보여 주고 자신의 삶의 방식을 반성하는 죽음 관련 학습 경험은 선행연구에 따르면 현재의 삶의 중요함을 인식하고 죽음의 대변을 통해 삶의 가치를 재인식하고 새로운 삶을 준비하는 것이다(이병찬, 이철영, 최청자, 2007).

넷째, 우리 사회에서 노인의 자살률이 상당히 높아지면서 이것이 사회 문제로 인식되었는데, 자살이 성숙한 죽음문화의 부재 결과이기에 죽음준비교육을 통해 죽음에 대해 아무것도 모른 채 자살을 감행하는 불행을 막아야 한다(임진옥, 2008).

다섯째, 죽음준비교육은 진정한 삶 교육이다. 죽음준비교육은 죽음의 공포를 이겨 내게 하며, 죽음을 준비하면서 자기 자신에 대한 존엄성을 느낄 수 있게 하여 삶을 가치 있게 느끼고 생의 마지막에 의미 있는 죽음을 맞게 하는 데 도움이 된다.

노년기는 배우자나 가족 또는 친구들의 죽음을 빈번하게 경험하는 시기이다. 죽음으로 인한 상실, 즉 타인의 죽음을 통한 상실감은 자신의 죽음 문제를 생각하는 계기가 된다. 전통적 가치관의 변화와 독거노인들의 증가로 인해 죽음에 대한 적절한 준비가 이루어지지 않게 되면 그 상실감은 가중되고 불행한 죽음을 맞이하게 될 것이다. 죽음에 직면하게 되었을 때 혼란과 고통으로 인해 비참한 죽음을 맞이할 수도 있기에, 죽음준비교육은 우리의 삶에서 반드시 거쳐야 하는 것이다.

2) 호스피스 교육

(1) 호스피스와 완화의료

호스피스란 회복 가능성이 없는 말기 환자와 그 가족을 위한 활동서비스이다. 호스피스는 말기 환자와 가족의 삶의 질을 극대화함으로써 환자가 평안한 죽음을 맞이하고 남은 가족은 사별 후 새로운 삶을 살아갈 수 있도록 대상자의 신체적 · 정서적 · 사회경제적 · 영적 욕구를 충족시켜 주는 총체적인 활동이다(김연하, 김민주, 2015).

호스피스는 한계수명을 가진 사람에 대한 3P, 즉 장소(Peace), 사람(Person), 철학(Philosophy)이며, 죽음에 이를 때 개인의 성취와 감각과 위엄 있는 죽음을 추구하도록 하기 위한 체계적인 돌봄이다. 호스피스의 초점은 환자에게 남은 수명의 삶의 질 향상을 추구하는 데 있다(이인레, 2007).

호스피스는 인간 존중, 인간 이해 및 인도주의에 입각하여 따뜻함, 평온함, 섬을 연상시키며, 말기 진단이 내려진 환자의 삶을 재확인시켜 주고 가치 있는 삶이 될 수 있도록 죽음에 대한 통찰력과 보살핌이 요구되는 활동이다. 호스피스는 인생의 긴 여정에서 참된 쉼을 찾고 사랑을 느끼도록 도와서 말기 환자들에게 의료적 처치를 하는 것보다는 생의 마지막 단계까지 삶의 질을 유지시켜 주는 것을 목적으로 하는 의료복지 서비스 행위로서 능동적인 보호치료와 다양한 보호인력의 총체적 개입을 필요로 한다.

우리나라는 1980년 이후로 전국적으로 병원들을 중심으로 가정형, 병동형 체계로 호스피스 활동이 활발히 이루어지게 되었다. 이후 1991년에는 한국호스피스협회가 발족되었고, 1998년에는 한국호스피스완화의료학회가 발족되어 활발한 활동을 시작하였다. 이처럼 우리나라에서도 호스피스 완화의료에 대한 필요성이 대두되어 2003년에 「암관리법」 제정으로 국내 말기암 호스피스 완화의료가 법제화된 지 12년 만에 그에 적합한 건강보험 수가가 개발·적용되어 생의 마지막 시기를 중환자실이 아닌 일반병실에서 차분하게 정리하게 되었으며, 2016년 7월 15일부터 '가정호스피스' 서비스도 새롭게 시행하게 되었다.

임종의료의 최대 목표는 어디까지나 연명이 아니라 남은 삶을 어떻게 쾌적하고 의미 있게 살아가는가 하는 것이다. 환자와 가족에게 최고의 삶의 질이란 무엇일까? 그것은 죽음을 준비하는 임종자와 그 가족이 결정할 몫이다. 그 의사에 따라 희망이 실현되도록 의료인이 적극 도와주는 것이다. 호스피스에서 치료의 선택은 어디까지나 '환자의 의사'에 달려 있다. 대부분의 말기 환자가 연명치료에 의존하여 죽는 순간까지 삶을 향하여 달려가는 현실 속에서 호스피스 완화의료는 삶과 죽음에 대하여 다시 한번 생각하게 해 준다.

(2) 호스피스 전달체계와 복지사의 역할

① 호스피스와 완화의료의 전달체계

말기 환자의 관리를 위해서는 호스피스 서비스가 필요하나, 호스피스 서비스가 법제화 · 정책화되어 체계적으로 의료체계 내에서 실시되고 있는 선진국과는 달리 우리나라는 제도화가 늦게 이루어졌다. 우리나라에서 호스피스와 완화의료가 제도화된 것은 「호스피스 완화의료 및 임종 과정에 있는 환자의 연명의료 결정에 관한 법률」이 제정되면서부터이다. 이 법은 오랜 기간 찬반 논란을 거쳐 2016년 1월 17일에 국회에서 입법되어 화제가 되었는데, 이에 근거해 2017년 8월 4일부터 호스피스가 시행되었으며, 2018년 2월 4일부터는 연명의료도 시행되어 현재에 이르고 있다.

② 사회복지사의 역할

호스피스 활동은 전인적인 돌봄을 목표로 하기 때문에 의료인과 비의료인팀, 즉 의사, 간호사, 성직자, 사회복지사, 심리상담사, 영양사, 치료사, 자원봉사자 등과 환자 및 가족이 함께 참여하는 다학제적인 팀 활동을 원칙으로 하고 있다.

호스피스 사회복지사는 암 환자와 가족에게 진실을 알리는 것이 중요하다. 이는 진실을 말함으로써 생을 정리하게 하고 남은 삶을 더 유용하게 살 수 있게 하며, 서로가 마음의 문을 열고 내면의 깊숙한 곳에 있는 이야기까지 할 수 있게 한다. 또한 남아 있는 삶 동안 질병에 따른 고통스러운 증상을 완화시키며, 질적 간병을 향상시키고 암 환자 가족의 신체적 · 정서적 안위를 최대한 도모한다.

호스피스의 핵심 철학은 인간 존엄성의 회복이라는 관점에서 사회복지실천의 핵심 가치와도 관계되며, 호스피스 직접 실천의 원칙을 살펴보면 다음과 같다.

- 호스피스 돌봄에 대한 접근
- 호스피스 단위로서의 환자와 가족

- 호스피스의 상호 학문적 팀
- 돌봄을 위한 팀 계획
- 호스피스 서비스의 범위
- 돌봄의 조정과 지속

따라서 호스피스 사회복지사는 여러 분야의 전문가들로 구성된 팀 활동에 적극 참여하고 영적 돌봄을 바탕으로 암 환자를 위한 정신사회적 이해와 통합적인 노력 그리고 호스피스 직접 활동에 필요한 지식을 구축하고 실천하는 능력도 갖추어야 한다.

3. 노년기의 자아통합과 죽음

죽음을 긍정적으로 수용하느냐 또는 부정적으로 수용하느냐 하는 문제는 현재의 삶의 태도와 적응에 큰 영향을 미친다. 노인의 경우 종교가 있고, 현재의 생활에 만족하며, 자신의 삶이 의미가 있었다고 평가하고, 불안이 적으며, 내세가 있다고 생각할수록 죽음을 긍정적으로 수용하는 경향이 있다. 반면에 죽음에 대한 절망감을 가질수록 타인을 원망하며 우울 성향을 짙게 나타내게 되고 죽음에 대해 억울하게 생각하고 죽음을 두려워하게 된다.

인간의 사망은 생물학적 존재가 비존재로 되는 것이고, 육체와 정신이 연합되어 있는 생물이 무생물로 변화되는 것이지만, 의학적으로 볼 때는 일반적으로 자신의 선택에 의해서 생명이 존속되거나 유지될 수 없는 것을 말한다.

죽음은 누구에게나 필연적으로 찾아온다. 죽음에 대한 좋은 인식을 위해서는 젊은 시절부터 죽음에 대한 긍정적인 생각을 가질 수 있도록 하는 것이며, 노인이 되면 죽음에 대한 준비교육이나 평화롭고 품위 있게 죽음을 맞이할 수 있는 철학적 가치관을 가지는 것이다. 퀴블러-로스는 노인기의 자아통합과 죽음에 대한 이해를 위해 죽음학과 호스피스 과정을 통한 죽음의 5단계 이론을 제시하였다(홍숙자, 2010, pp. 351-352).

- 1단계-부정(denial): 부정은 임종에 가까운 사람들이 경험하는 첫 단계로, 자신의 병이 치유될 수 없음을 깨닫게 될 때 절박한 상태에서 말과 행동에 대한 부정의 방어 수단을 사용하는 것이다.
- 2단계-분노(anger): 환자는 "하필이면 내가 왜?"라고 말하면서 자기 자신에게나 사랑하는 사람에게 혹은 병원 직원이나 신에게까지 분노를 직접적으로 표현한다.
- 3단계-타협(bargaining): 타협의 단계에서는 자신의 몸의 일부나 전체를 기증하겠다는 의사 표현도 하지만, 이러한 행동은 다음 단계를 준비하는 것이며, 죄책감도 갖게 되어 심리학적 배려가 필요하다.
- 4단계-우울(depression): 환자는 더 이상 가망이 없기에 그가 사랑했던 모든 사람과 물건, 그 자신과 그에게 중요했던 모든 것을 내려놓는 것에 대한 슬픔으로 조용히 울기도 한다. 그리고 우울에 빠지게 되어 어느 누구도 만나려 하지 않는다.
- 5단계-수용(acceptance): 죽음의 수용은 삶의 마지막 단계를 준비하면서 변화에 대해 잘 대처할 수 있도록 하는 것을 의미한다. 개인차로 인해 대상자의 특성에 따라 5단계를 모두 거치기도 하고, 특정 단계를 뛰어넘기도 한다.

에릭슨(Erikson, 1982)의 사회심리적 발달이론에서는 노년기에 자신의 과거 인생을 긍정적으로 수용하면 자아통합을 이루며, 반대로 자신의 삶을 후회하고 무가치하게 생각하면 죽음에 대한 불안이 높아지고 우울, 외로움을 겪게 된다고 하였다. 결국 인간이 죽음을 수용하는 삶은 만족과 평화로움 그리고 병을 의식하지 않고 지낼 수 있는 것이다.

죽음에 대한 인간의 태도는 아동기에 시작하여 노년기에 이르기까지 장기간에 걸쳐 형성되는데, 노년기에는 죽음이 인생의 자연스러운 부분이라는 사실을 어느 정도 인정할 수 있게 된다. 죽음에 대한 태도는 자아통합성의 성취 정도에 따라 차이를 보인다. 만약 노인이 자아통합에 이르게 되면 자신이 살아온 인생을 수용하고 두려움 없이 죽음에 직면하는 능력이 높아진다. 그러나 절망적으로 사는 경우는 죽음을 수용하지 못하고 타인을 원망하며 우울 성향을 보이게 된다.

노년기의 긍정적인 자아통합은 자신의 과거 및 현재의 인생을 바라던 대로 살았다고 받아들이고 만족스럽고 의미 있게 생각하며 다가올 죽음을 인정하고 기다리는 태도를 갖는 것이다. 이에 비하여 절망적 자아통합은 자기의 과거 및 현재의 인생을 후회스럽고 불만스럽게 생각하고 다시 한번 기회가 주어진다면 다르게 살겠다고 생각하며 죽음 앞에 남은 시간이 너무 짧아 어떻게 할 수 없기에 불안해하고 초조해하는 것을 의미한다.

제2부

노인미술 기법과 작품

제9장

전 생애를 위한 노인미술지도 프로그램

이 장의 계획일지는 어르신 몇 분의 작품을 모아서 만든 것이다. 계획일지에 여러 어르신의 작품을 수록함으로써 어르신들의 사례를 함께 살펴보고자 한다. 이를 활용하려고 하는 지도사는 이 장의 계획일지를 참고하여 어르신 한 분을 꾸준히 만나며 진행하면, 어르신의 자아통합에 도움이 될 것이다. 본 수업에 들어가기 전, 어르신과의 친밀도가 매우 중요하므로 사전에 보호자(어르신을 보호하는 관계자)와의 상의가 이루어지는 것이 좋다. 왜냐하면 우선 미술이 무엇인지 숙지하고 미술활동의 필요성에 대해 어르신과 공감대가 형성된 후에 미술활동을 시작하는 것이 더욱더 효과적이기 때문이다.

다음은 본 수업의 주제 및 학습목표, 수업 진행 과정을 열거한 것이니, 이를 참고하기 바란다.

● 본 수업에 들어가기 전

어르신과의 친밀도와 어르신에 대한 공경심이 있어야 하며, 어르신이 미술활동을 할 수 있는 분위기, 보호자(관계자)와의 조력 부분이 어느 정도인지 파악하여야 한다. 그리고 어르신께서 미술활동의 필요성에 대해 숙지한 후 점, 선, 면 그림을 접하고 본 수업에 들어가는 것이 효과적이다. 그러나 어르신들의 건강 상태를 고려하고 어르신들과의 친밀도를 높이기 위해서는 굳이 점, 선, 면을 그리지 않고 부분적으로 활용해도 무방하다. 단, 처음 미술을 접하거나 미술(드로잉)에 부담을 느끼는 어르신에게는 어려운 주제를 제시하지 말고, 지도자와 친해지면서 미술활동이 재미있다는 것을 느끼도록 한 후에 본 주제를 진행하는 것이 좋다. 미술의 즐거움을 느끼도록 만들기 공예로 시작한 후 본 수업을 진행하는 것도 좋다. 수업을 마친 후 전시회를 할 계획으로 수업을 진행할 것이라고 하면 분명한 목적을 제시하게 되어, 어르신들이 수업에 좀 더 적극적으로 참여할 의지를 나타낼 수 있다. 본 수업을 하면서 지도사는 보호자(관계자)와 전시회 계획을 상의하고 미리 계획을 세워서 진행하는 것이 좋다.

- 본 수업의 주제 및 학습목표
  - 저 노인은 누구입니까?: 노인에 대한 이해 정도 파악 및 공감대 형성
  - 어디가 아픈가요?: 건강 상태 체크 및 친밀감 형성
  - 아동기: 기억력 증진, 표현력, 상상력, 카타르시스, 집중력, 기억력 강화, 자기회상
  - 학교 시기: 자기회상을 통해 즐거운 시간 떠올리기(학교를 다니지 않은 어르신은 이 수업을 하지 않는다. 다만, 학교 시기의 연령대에 무엇을 하셨는지 질문해서 그림으로 완성한다)
  - 힘들었던 시기: 전쟁 시기를 떠올리면서 잘 극복한 자신에 대한 위로와 치유, 사업 실패에서 겪었던 위기감에 대한 위로와 치유, 사업 실패 후 위기를 이겨 내면서 시어머님과 있었던 일상의 이야기를 통한 치유
  - 특별행사: 자기회상, 행복한 기억을 통하여 삶의 활력소 갖기, 삶의 의미와 가치를 높이기
  - 가족: 가족애, 자신감
  - 현재의 모습: 친밀감 형성, 현재 상태 파악

– 나의 삶: 친밀감 형성, 자긍심 고취

● 수업 진행 시 반복적으로 하게 되는 과정

1. 반갑게 인사를 하고 그동안의 근황을 여쭙는다.

2. 오늘의 주제에 대하여 말씀 드린다.

3. 오늘의 주제에 대하여 회상이 잘 이루어지도록 대화를 많이 한다.

4. 작업이 시작되면 잠시 기다린다(작업을 하는 동안 어려워하는 부분이 있으면 격려하고 방법을 알려 드리되, 지도사가 직접 그려 주는 것은 주의해야 한다. 욕구가 강한 어르신들의 경우 자신의 그림에 손을 대면 자존심이 상할 수 있기 때문이다).

5. 마무리 즈음 매우 잘되어 간다고 격려를 아끼지 않아야 하며, 색을 칠해서 완성하도록 한다(하루 만에 되지 않을 경우는 다음에 색을 칠하도록 하는 것도 좋다).

6. 색칠까지 하여 작품이 완성되면 충분한 격려를 해 주는 것이 좋다(지속적으로 그림을 그리도록 하고, 그림에 대한 흥미를 잃지 않도록 하기 위함이다).

1. 저 노인은 누구입니까?

차시	1차시	실시일자	2020. . .
수업 주제	저 노인은 누구입니까?		
학습목표	노인에 대한 이해 정도 파악 및 공감대 형성		
재료, 준비물	도화지, 색연필		
수업 진행 과정	1. 인사를 나누며 담소한다. 2. 노인미술에 대한 설명과 노인미술을 하게 되면 도움이 됨을 설명해 드린다. 3. 그림에 대한 두려움을 가지지 않도록 마음대로 그리기를 하도록 한다. 4. "노인을 한번 그려 보세요!"라고 요청한다. 5. 어르신 본인이 생각하는 노인을 그리도록 한다. 6. 색을 칠하면서 그림 설명을 듣는다. 7. 마무리 후 '잘하셨다'고 격려해 드린다.		
교사평가 및 활동과정	본 수업은 그림에 대한 두려움 해소와 노인에 대한 인식을 알아보는 과정이다. • 지도사는 그림에 대한 두려움을 갖지 않도록 하기 위해 담소도 나누고 스케치북에 낙서를 하면서 미술은 어렵지 않음을 설명해 드리고, 미술을 하게 되면 건강해지고 뇌가 똑똑해져서 치매 예방에 도움이 된다고 설명해 드렸다. • 지도사는 "'노인' 하면 누가 생각나는지요?"라고 어르신께 질문하였더니, "우리 엄마가 생각난다."고 말씀하셨다. • 어르신은 "우리 엄마는 항상 우리 형제들에게 맛있는 것을 함께 먹이곤 했지."라고 말씀하셨다. • 지도사는 "그러면 어르신의 어머님을 그려 보세요!"라고 말을 건넸다. • 어르신은 "내가 잘 그리겠는가?" 하시면서 연필을 잡고 그리기 시작하셨다. • 지도사는 "어르신은 잘 그릴 수 있습니다."라고 지지하면서, 즐겁게 그릴 수 있도록 격려해 드렸다. • 어르신은 한참 동안 그림에 집중하면서 색칠까지 하고 마무리하셨다. • 지도사가 어르신께 "그림이 잘되었다."고 하며 "어르신은 어릴 때 어머님 사랑을 많이 받으셨습니다."라고 말씀 드리고, "어르신은 사랑받은 그 힘으로 남은 생을 더 행복하게 사셔야 합니다."라고 말씀 드리는 중에 그림이 마무리되었다.		

활동 작품

2. 어디가 아픈가요?

차시	2차시	실시일자	2020. . .
수업 주제	아픈 곳은 어디인가요?		
학습목표	건강 상태 체크 및 친밀감 형성		
재료, 준비물	색연필, 도화지		
수업 진행 과정	1. 반갑게 인사를 하고 그동안의 근황을 여쭙는다. 2. 오늘의 주제에 대하여 말씀 드린다. 3. 오늘의 주제는 아픈 곳을 찾는 것으로, 어디가 아픈지 먼저 여쭙는다. 4. 미리 작성된 사람 형태만 있는 그림을 제시하고 그곳에 점을 찍도록 하고 사람 형태를 완성하도록 한다(아픈 곳에 점을 찍는 동안 기다린다). 5. 마무리 즈음에 아픈 곳을 다시 이야기한다(아픈 곳을 이야기하는 동안 이야기를 주로 들어드리고 위로를 해 드리려는 자세가 필요하다). 6. 마무리를 한다.		
교사평가 및 활동과정	• "어머님!~~ 어디 아프신 곳이 있으신가요?"라고 질문을 하면서 사람 형태의 그림을 제시하였다. 어머님들께서는 자신들의 아픈 곳을 이곳저곳 이야기하셨다. • A 어르신은 '팔과 무릎과 머리가 많이 아프고 가슴도 아프다.'고 하셨다. B 어르신은 '어깨와 무릎이 아프다.'고 하셨다. • 서로 아픈 곳을 이야기하면서 지도사는 위로를 아끼지 않았다. • 어르신께서 "아픈 곳을 이야기하니 조금 풀리는 것 같기는 한데, 갈 때가 다 되었구나!"라고 말씀하셨다(지도사는 어르신 말씀에 다시 한번 위로를 해 드리며, 아프지 않도록 병원에 잘 다니시고 약을 잘 드셔야 한다고 말씀 드렸다). • 오늘도 수고하셨다고 인사 드리며 다음을 기약하였다.		
활동 작품	본 수업 어르신 두 분이 수업을 하는 중에 나온 그림이다. A 어르신 그림 B 어르신 그림		

3. 아동기 1

차시	3차시		실시일자	2020. . .
수업 주제	나 어릴 때―할아버지 제삿날 있었던 일			
학습목표	아동기 회상을 통한 추억에 대한 기억력 향상			
재료, 준비물	도화지, 색연필, 연필, 지우개, 붓펜			
수업 진행 과정	1. 반갑게 인사를 하고 그동안의 근황을 여쭙는다. 2. 오늘의 주제에 대하여 말씀 드린다. 3. 오늘의 주제에 대하여 회상이 잘 이루어지도록 대화를 많이 한다. 4. 작업이 시작되면 잠시 기다린다. 5. 마무리 즈음 매우 잘되어 간다고 격려를 아끼지 않고, 색을 칠해서 완성하도록 한다. 6. 색칠까지 하여 작품이 완성되면 충분한 격려를 한다.			
교사평가 및 활동과정	본 수업은 아동기에 조부 제사 때 친구들과 음식을 훔쳐 먹다가 들켜서 혼났던 기억이다. • 지도사는 아동기 때 여러 가지 기억이 떠오르도록 대화를 충분히 나누었다. 한참을 생각한 어르신은 할아버지 제사 때, 제사도 안 지내고 친구들에게 음식을 나누어 주다가 들켜서 혼났다는 이야기를 하셨다. • 지도사는 어르신의 말씀에 공감하면서 그림을 그려 보도록 하였다. • 처음에 어르신은 "그 상황을 어떻게 그리는가?"라고 막연해하셨다. • 지도사는 친구들과 음식을 그리면 된다고 말씀 드렸더니 생각이 나셨는지 그림을 그리기 시작하셨다. 시간이 조금 흐른 뒤에 그림이 완성되었다. "잘 그리셨다."고 격려하며 색칠도 하도록 하였다. 그리고 내용도 함께 써 보시라고 말씀드렸다. • 어르신은 완성된 후 그림이 마음에 드셨는지 웃으셨다. 그러고는 옛날에 나도 개구쟁이였는데 그때 가난한 친구들에게 음식을 나누어 주고 싶어 그랬던 것 같다고 말씀하시며, 그때는 혼이 났는데 "참 큰일 냈지!"라고 말씀하셨다. • 지도사가 어르신께 "그때 어르신의 마음에 착한 마음이 있었던 것 같습니다. 지금 생각하면 그때는 정말 잘못했지만 그래도 순수한 마음과 소중한 추억이 어르신의 삶을 행복하게 한 것 같습니다."라고 마음을 공유하면서 그림이 마무리되었다.			

활동 작품

4. 아동기 2

차시	4차시	실시일자	2020. . .
수업 주제	나 어릴 때—삼촌들과의 추억		
학습목표	아동기 회상을 통한 추억에 대한 기억력 향상		
재료, 준비물	도화지, 색연필, 연필, 지우개, 붓펜		
수업 진행 과정	1. 반갑게 인사를 하고 그동안의 근황을 여쭙는다. 2. 오늘의 주제에 대하여 말씀 드린다. 3. 오늘의 주제에 대하여 회상이 잘 이루어지도록 대화를 많이 한다. 4. 작업이 시작되면 잠시 기다린다. 5. 마무리 즈음 매우 잘되어 간다고 격려를 아끼지 않고, 색을 칠해서 완성하도록 한다. 6. 색칠까지 하여 작품이 완성되면 충분한 격려를 한다.		
교사평가 및 활동과정	본 수업은 아동기에 삼촌들과 있었던 행복했던 기억이다. • 지도사는 아동기 때의 기억이 떠오르도록 여러 가지 이야기를 나누었다, 한참을 생각한 어르신은 "나에게는 여러 명의 삼촌이 계셨는데 셋째 딸이라 셋째 삼촌이 나를 상당히 예뻐해 주셨다."라고 말씀하시며 즐거워하였다. • 지도사는 어르신의 말씀에 공감해 드리면서 그림을 그리도록 하였다. • 어르신은 "그 상황을 어떻게 그리는가?"라고 막연해하셨다. • 지도사는 삼촌도 그리고 어르신도 그리시면 된다고 하였더니, 그림이 구상되었는지 그리기 시작하셨다. 시간이 흐른 뒤에 그림이 완성되었다. 잘 그렸다고 격려를 해 드리며 색칠도 하도록 하였다. 그리고 내용도 함께 써 보도록 하였다. • 어르신은 완성된 후 그림이 마음에 드셨는지 흡족해하셨다. "옛날에는 삼촌들하고 온 식구들이 대가족으로 함께 살았는데, 요즘은 식구들도 적고 옛날과 참 많이 달라졌다."고 말씀하셨다. • 지도사가 "삼촌들께 사랑받은 만큼 그동안 잘 살아오셨습니다. 어린 시절 예쁜 추억처럼 남은 시간도 행복한 추억을 만들며 살아가셔요!"라고 이야기를 나누며 마무리되었다.		

5. 학교 시기

차시	5차시	실시일자	2020.　　.　　.
수업 주제	운동회		
학습목표	자기회상을 통해 즐거운 시간 떠올리기		
재료, 준비물	스케치북, 연필, 지우개, 색연필		
수업 진행 과정	1. 반갑게 인사를 하고 그동안의 근황을 여쭙는다. 2. 오늘의 주제에 대하여 말씀 드린다. 3. 오늘의 주제에 대하여 회상이 잘 이루어지도록 대화를 많이 한다. 4. 작업이 시작되면 잠시 기다린다. 5. 마무리 즈음 매우 잘되어 간다고 격려를 아끼지 않고, 색을 칠해서 완성하도록 한다. 6. 색칠까지 하여 작품이 완성되면 충분한 격려를 한다.		
교사평가 및 활동과정	• 계속해서 그림을 그려 왔기에 오늘 그림에 대한 기대가 크셨다. 그림에 대한 주제 이야기를 듣고 조용히 생각하시더니 6 · 25를 끝내고 얼마 지나지 않아 돌아온 운동회를 떠올리셨다. • 당시에 어르신께서 노래를 불러 주변으로부터 박수를 받은 기억이 좋았다고 이야기하시면서, 그때 청색 옷을 입고 노래를 불렀다며 기억이 생생하다고 하셨다. • 그림을 그리는 동안 행복했던 생각으로 그림이 잘 안 된다고 하면서도 좋아하셨다. • 색이 다 칠해지고 완성되어 더욱더 즐거워하셨고 오늘도 그림이 좋다 하셨다. • 오늘도 수고하셨다고 인사 드리며 다음을 기약하였다.		
활동 작품			

6. 힘들었던 시기 1

차시	6차시	실시일자	2020. . .
수업 주제	힘들었던 시기(전쟁 시기)		
학습목표	전쟁 시기를 떠올리면서 잘 극복한 자신에 대한 위로와 치유		
재료, 준비물	스케치북, 연필, 지우개, 색연필		
수업 진행 과정	1. 반갑게 인사를 하고 그동안의 근황을 여쭙는다. 2. 오늘의 주제에 대하여 말씀 드린다. 3. 오늘의 주제에 대하여 회상이 잘 이루어지도록 대화를 많이 한다. 4. 작업이 시작되면 잠시 기다린다. 5. 마무리 즈음 매우 잘되어 간다고 격려를 아끼지 않고, 색을 칠해서 완성하도록 한다. 6. 색칠까지 하여 작품이 완성되면 충분한 격려를 한다.		
교사평가 및 활동과정	• 힘들었던 기억으로 6 · 25를 떠올리셨다. 그때 어떤 상황이었는지 여쭈었다. 　- A 어르신: 전쟁이 났다 해서 피난을 가야 하는데 어르신은 어렸다고 하신다. 형제들이 있 　　었는데 각자의 짐을 챙기라고 아버지께서 말씀하셨다. 아버지를 따라나섰는데 무서웠다 　　고 하셨다. 　- B 어르신: 피난 동안 비행기가 날아와 정말 무서웠고 폭탄이 터져 무서웠다고 하셨다. 말 　　씀하시는 동안 그때의 기억에 큰 숨을 쉬셨다. 　- C 어르신: 숨어 있을 때 비행기가 큰 소리를 내며 날아가는데 무서웠다고 하셨다. 그런데 　　땅에는 꽃이 피었다고 하셨다. 　　(얼마나 무서웠을지! 잠시 기다렸다가 세 분을 한 분씩 차례로 안아 드렸다.) • 많이 힘드셨음을 공감하면서, 그때 힘은 들었지만 전쟁이 얼마나 무서운 것인지 젊은이들 　을 위하여 그림을 그려 주시기를 요청하였다. • 작업하는 동안 지도사는 어르신 덕분에 우리가 이렇게 잘 살고 있다는 것에 격려와 위로가 　되셨는지 그동안 힘들었던 이야기를 그림을 그리는 동안 계속해서 하셨다. 한동안 시간이 　흐른 뒤 마무리가 되었다. • 마무리가 되고 어르신께서 '이렇게 그림을 그리고 얘기를 하고 나니 속이 다 후련하다'고 말 　씀하셨다. • 색이 다 칠해지고 완성되어 더욱더 즐거워하셨고 오늘도 그림이 좋다 하셨다. • 어려운 시기를 그려 주셔서 감사하다고 말씀 드리며 다음을 기약하였다.		

활동 작품

어르신 세 분이 본 수업을 하는 중에 나온 그림이다.

7. 힘들었던 시기 2

차시	7차시	실시일자	2020. . .
수업 주제	힘들었던 시기(사업 실패 후)		
학습목표	사업 실패에서 겪었던 위기감에 대한 위로와 치유		
재료, 준비물	스케치북, 연필, 지우개, 색연필		
수업 진행 과정	1. 반갑게 인사를 하고 그동안의 근황을 여쭙는다. 2. 오늘의 주제에 대하여 말씀 드린다. 3. 오늘의 주제에 대하여 회상이 잘 이루어지도록 대화를 많이 한다. 4. 작업이 시작되면 잠시 기다린다. 5. 마무리 즈음 매우 잘되어 간다고 격려를 아끼지 않고, 색을 칠해서 완성하도록 한다. 6. 색칠까지 하여 작품이 완성되면 충분한 격려를 한다.		
교사평가 및 활동과정	• 지도사가 "어르신께서 살아오면서 가장 힘들었던 시기라고 하면 언제일까요?"라고 질문했더니, 어르신께서 40년 전 사업 실패로 위기가 있었다고 말씀하셨다. • 어르신은 한때 부동산 사업을 하였는데, 사업이 잘되어 집이 여러 채가 되었다고 하셨다. 그러다 보니 두려운 것이 없었고 자신감이 생겼다고 하셨다. 1980년대에는 신발공장을 시작하게 되었는데. 자신감만 믿고 철저하게 준비하지 않아서 부도가 나고 어려움을 겪었던 이야기를 한참 동안 하셨다. • 지도사는 많이 힘들었겠다고 공감하면서, 그때 힘은 들었지만 잘 이겨 내셨고 지금 이렇게 그림도 그리시니 참 다행이라며 위로를 해 드렸다. • 그림을 어떻게 그릴지 의논하면서 옛집을 그려 보고자 하였다. • 어르신은 그림을 그리면서 이야기를 하셨고, 지도사는 공감하면서 이야기를 들었다. • 어르신은 부도가 나고 모든 재산이 빚으로 다 넘어가고 나서 작은 집으로 이사를 하게 되었지만, 이사 후 바로 다음 날 주변 비료공장에 가서 일하기 시작했고, 어르신이 실제로는 종업원이지만 그 일을 사장의 마음으로 하였다고 말씀하셨다. 사장에서 종업원으로 바뀌었지만, 마음을 가다듬고 최선을 다하여 일하며 그곳에서 인정받게 되는 과정과 사업 실패로 어르신의 시어머님, 남편, 자녀들을 잘 돌보지 못하여 미안하다는 말씀도 하셨다. • 지도사는 긴 이야기를 들으면서 어르신께서 사업 실패를 한 것은 사실이지만, 부도 이후 어르신의 훌륭한 행동에 대해 격려를 많이 해 드렸다. 그리고 자녀들은 어려움을 잘 극복하는 어르신을 보면서 존경하게 되었을 것이고, 그로 인하여 더 강한 자녀들이 되었을 것이라는		

이야기도 해 드렸다. 물론 부모님과 남편, 자녀들에게 미안할 수 있지만, 일부러 그런 것도 아니고 인생에는 어려움이 올 수 있을 때 잘 견디고 이겨 내는 과정이 무엇보다 중요한데, 어르신은 그것을 잘해 내셨다고 격려를 아끼지 않았다.

- 어르신은 지도사의 격려에 자신이 그동안 힘은 들었지만 잘 살아왔음을 잠시나마 인정받는다고 여겼는지, 웃으시면서 "그래. 잘 살았다."라고 말씀하면서 그림을 완성하였다.
- 색이 다 칠해지고 작품이 완성될 즈음, 오늘 옛이야기를 하니 속이 시원하다고 하셨다.
- 사업에 실패는 했지만 극복한 어르신이 정말 멋진 분이라고 하면서 다음 시간을 기약했다.

활동 작품

8. 힘들었던 시기 3

차시	8차시	실시일자	2020. . .
수업 주제	힘들었던 시기(사업 실패 후)		
학습목표	사업 실패 후 위기를 이겨 내면서 시어머님과 있었던 일상의 이야기를 통한 치유		
재료, 준비물	스케치북, 연필, 지우개, 색연필		
수업 진행 과정	1. 반갑게 인사를 하고 그동안의 근황을 여쭙는다. 2. 오늘의 주제에 대하여 말씀 드린다. 3. 오늘의 주제에 대하여 회상이 잘 이루어지도록 대화를 많이 한다. 4. 작업이 시작되면 잠시 기다린다. 5. 마무리 즈음 매우 잘되어 간다고 격려를 아끼지 않고, 색을 칠해서 완성하도록 한다. 6. 색칠까지 하여 작품이 완성되면 충분한 격려를 한다.		
교사평가 및 활동과정	• 지도사는 "어르신께서 지난주에 사업 실패로 이사하신 이야기를 하셨는데, 또 생각나는 것은 없으신가요?"라고 질문을 했더니 있다고 말씀하셨다. • 어르신은 부도 후 예전에 살던 집에 비하여 매우 작은 집을 이사하게 되었고, 시간이 지나면서 적응을 하던 중 시어머님을 모시고 옥상에서 있었던 에피소드를 말씀하셨다. 어르신은 에피소드를 이야기하면서 웃으셨고, 지도사도 함께 웃으며 공감했다. • 어르신께서는 '그리 살면서 고생은 하였지만, 자녀들이 잘 성장하였고, 부도 이후 쉬지 않고 열심히 일하여 이제는 회복되었다.'고 말씀하셨다. • 어르신은 에피소드에 대한 드로잉을 하였고, 지도사는 그때 상황에 대한 구도를 잘 잡도록 도움을 드렸다. 드로잉이 완성되고 난 후 색을 칠했다. • 색이 다 칠해지고 완성되어 오늘 이야기를 하면서 '고생은 했지만 그래도 이렇게 살게 되어 감사하다.'고 말씀하셨다. 그러나 여전히 자식들을 고생시킨 것에는 마음이 아프셨는지 또 말씀하셨다. '딸기 하나 제대로 먹고 싶다고 해도 못 사 주었다.'고 하시면서 아쉬워하셨다. • 지도사는 어르신의 말씀을 듣고 위로하며 지금 이렇게 자녀들이 잘 살고 있으니 걱정하실 것 없다고 말씀드리며, 애써 노력하신 어르신이 본보기가 되었을 것이라고 공감했다. • 어르신은 살면서 사업은 실패하고 고생도 하고 부도가 났지만 이를 극복하고 난 후 돌아보니 인생의 참맛을 알 것 같다고 말씀하셨다. 지도사는 위기를 지혜롭게 잘 극복한 자만이 진정한 '삶의 의미'를 알 수 있을 것이라고 어르신께 말씀 드렸다. 부도가 나서 어려움은 있었지만 매우 소중한 경험이었음을 이야기해 드리며 젊은이들에게 '한마디' 하시라고 하였더니, '위기는 올 수 있지만, 용기를 가지고 포기하지 않고 도전할 때 기회가 다시 오더라.'고 말씀하셨다. 그리고 다음 시간을 기약했다.		

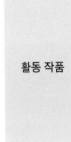

활동 작품

9. 특별행사 1

차시	9차시	실시일자	2020.　　.　　.
수업 주제	나의 결혼식		
학습목표	자기회상, 행복한 기억을 통하여 삶의 활력소 갖기		
재료, 준비물	스케치북, 연필, 지우개, 물감, 색연필, 붓		
수업 진행 과정	1. 반갑게 인사를 하고 그동안의 근황을 여쭙는다. 2. 오늘의 주제에 대하여 말씀 드린다. 3. 오늘의 주제에 대하여 회상이 잘 이루어지도록 대화를 많이 한다. 4. 작업이 시작되면 잠시 기다린다. 5. 마무리 즈음 매우 잘되어 간다고 격려를 아끼지 않고, 색을 칠해서 완성하도록 한다. 6. 색칠까지 하여 작품이 완성되면 충분한 격려를 한다.		
교사평가 및 활동과정	• 인사를 하고 어르신의 결혼식은 어땠는지 여쭈었다. • 어르신은 "그때는 결혼식이라고 있나! 그래도 신식 결혼식을 했지!"라고 말씀하셨다. (지도사가 그때의 상황을 귀 기울여 들었다.) • 어르신은 신이 나서 그때의 상황들을 즐거운 마음으로 이야기하셨다. • 지도사는 오늘의 주제가 결혼식장을 그리는 것이라고 한 후 그림을 그리실 수 있도록 했다. • 어르신은 "어떻게 그릴 수 있을까?" 하시며 연필을 들고 그림 그릴 준비를 하셨다. • 이야기를 하며 그림을 스케치하셨다(지도사는 옆에서 격려하면서 기다렸다). • 스케치가 완성된 후 색을 입히면서도 즐겁게 이야기를 하셨다. '처음에 결혼 시기는 힘들었는데 참 잘 살았다.', 남편도 결혼 시기는 정말 어려웠는데 이제는 성공했다고 이야기했다고 하시면서 그때를 회상하셨다. 지도사는 많은 공감을 해 주었다. • 그림을 그리고 나니 기분이 좋다고 말씀하셨다. 다음을 기약하며 마무리하였다.		
활동 작품			

10. 특별행사 2

차시	10차시	실시일자	2020.　.　.
수업 주제	태몽		
학습목표	자기회상, 삶의 의미와 가치를 높이기		
재료, 준비물	스케치북, 연필, 지우개, 물감, 색연필, 붓		
수업 진행 과정	1. 반갑게 인사를 하고 그동안의 근황을 여쭙는다. 2. 오늘의 주제에 대하여 말씀 드린다. 3. 오늘의 주제에 대하여 회상이 잘 이루어지도록 대화를 많이 한다. 4. 작업이 시작되면 잠시 기다린다. 5. 마무리 즈음 매우 잘되어 간다고 격려를 아끼지 않고, 색을 칠해서 완성하도록 한다. 6. 색칠까지 하여 작품이 완성되면 충분한 격려를 한다.		
교사평가 및 활동과정	• 계속해서 그림을 그려 왔기에 오늘 그림에 대한 기대가 크셨다. 그림에 대한 주제 이야기 중 특별한 기억이 무엇인가 하였더니 큰아들과 작은아들을 낳았을 때라고 말씀하셨다. 큰아들을 낳았을 때의 기쁨은 지금도 잊히지 않는다고 하셨고, 작은아들은 막내로 늦게 낳은 아들인데 그때는 좀 살 만해서 좋았다고 하셨다. 그런데 태몽을 '내가 어떻게 그릴 수 있겠는가?'라고 하면서 어려워하셨다. (지도사는 충분히 하실 수 있다고 말씀 드리고, 못하는 부분은 도와드릴 수 있다고 하며 그림을 그릴 수 있도록 하였다.) • 하루는 태몽 이야기를 들었고, 그다음 주에 다시 뵙고 그림에 대한 스케치를 시작했다. 큰아들, 작은아들의 태몽 밑그림이 완성되어 가니 자신감이 생기셨다. (지도사는 지속적으로 어르신을 독려하였다.) • 두 주에 걸쳐 색을 칠하고 작품을 완성하셨다. • "아들이 이 그림을 보면 얼마나 좋아할까?"라고 하며 좋아하셨다. 다음 미술활동도 기대된다고 말씀하셨다. • 본 작품은 어느 때에 전시회를 하자고 말씀 드리며 마무리하고 다음을 기약했다.		

활동 작품

큰아들 태몽

작은아들 태몽

11. 가족

차시	11차시	실시일자	2020.　.　.
수업 주제	가족 그리기 '남편과 함께한 기억 ─ 시장 가는 날'		
학습목표	가족과의 유대감 파악 및 기억력 향상		
재료, 준비물	도화지, 색연필, 연필, 지우개, 붓펜		
수업 진행 과정	1. 반갑게 인사를 하고 그동안의 근황을 여쭙는다. 2. 오늘의 주제에 대하여 말씀 드린다. 3. 오늘의 주제에 대하여 회상이 잘 이루어지도록 대화를 많이 한다. 4. 작업이 시작되면 잠시 기다린다. 5. 마무리 즈음 매우 잘되어 간다고 격려를 아끼지 않고, 색을 칠해서 완성하도록 한다. 6. 색칠까지 하여 작품이 완성되면 충분한 격려를 한다.		
교사평가 및 활동과정	본 수업은 남편과 함께한 기억들이다. • 지도사는 가족에 관한 이야기를 질문해 보았다. 가족 관련 질문에 남편과 함께했던 기억을 떠 올리셨다. 그래서 "어떻게 보내셨는지 좋은 기억이 있으면 말씀해 주세요!"라고 하였다. • 어르신은 "그때가 참 좋았다. 영감하고 장에 가서 고기도 사고, 콩나물도 사고, 돼지고기도 사고 했지!"라고 말씀하면서 행복을 떠올리셨다. • 지도사는 "함께 장에 갔던 것을 그림으로 그려 보면 좋겠습니다."라고 하였다. • 어르신은 "그것을 어떻게 그리나? 큰일 났네!"라고 말씀하시며 연필을 잡으셨다. 지도사는 잠시 동안 기다리면서 그림을 완성하도록 격려해 드렸다. • 어르신은 완성된 후 그림이 마음에 드셨는지 좋아하셨다. 완성 후 "우리 영감이 보고 싶다."고 하셨는데, 보고 있는 지도사도 마음이 찡했다. • 지도사가 어르신께 "함께했던 좋은 추억이 있기에 이렇게 힘 있게 살아가시는 것이지요. 다음에 하늘에서 서로 만날 때, '당신은 나 없이 뭐 했나!'라고 말씀하시면, '당신 없이 나는 그림 그리면서 열심히 살았지.'라고 이야기할 수 있게 열심히 그리도록 하세요!" 하며 장단을 맞추며 이야기하는 동안에, 그림이 마무리되었다.		

활동 작품

12. 현재의 모습

차시	12차시	실시일자	2020. . .
수업 주제	요즘 나의 모습, 우리 아들과 함께		
학습목표	노인에 대한 이해 및 현재 상태 파악		
재료, 준비물	도화지, 색연필, 연필, 지우개, 붓펜		
수업 진행 과정	1. 반갑게 인사를 하고 그동안의 근황을 여쭙는다. 2. 오늘의 주제에 대하여 말씀 드린다. 3. 오늘의 주제에 대하여 회상이 잘 이루어지도록 대화를 많이 한다. 4. 작업이 시작되면 잠시 기다린다. 5. 마무리 즈음 매우 잘되어 간다고 격려를 아끼지 않고, 색을 칠해서 완성하도록 한다. 6. 색칠까지 하여 작품이 완성되면 충분한 격려를 한다.		
교사평가 및 활동과정	본 수업은 아들과 함께한 시간 중 기억나는 내용이다. • 지도사는 "최근에 기억나는 것이 뭐가 있을까요?"라고 질문해 보았다. 어르신은 "최근에는 작은아들과 함께 큰아들 집에 갔다 오면서 행복한 시간이 생각나네!"라고 말씀하셨다. • 지도사는 "그중에서 어떤 것이 생각나세요?"라고 질문을 했다. • 어르신은 "울산 큰아들과 잘 지내고, 작은아들이 운전하고, 나는 뒷좌석에 앉아 오는 것이 생각나네!"라고 말씀하셨다. • 지도사는 "그러면 아들이 운전하고 며느리가 옆에 있고 어머님이 뒷좌석에 앉은 모습을 그리시면 되겠네요!"라고 말씀드렸더니 어르신께서 "그럼 한번 해 보자."라고 하시며 연필을 잡으셨다. 지도사는 잠시 기다리며 완성할 때까지 응원해 드렸다. • 어르신은 완성된 그림을 보고 매우 행복해하며 좋아하셨다. "아들이 이렇게 내게 잘하니 얼마나 고마운지." 하시다가, 고맙다는 말뿐이야."라고 하셨다. • 지도사는 "자제분들이 어르신을 생각하는 마음이 크시니 정말 복 많은 어르신이세요."라고 말씀 드렸다. 그랬더니 어르신께서 "그런가?"라고 하시면서 "기분 좋다"고 하셨다. 다음 시간을 기대한다고 말씀하시며 그림이 마무리되었다.		

활동 작품

13. 나의 삶

차시	13차시	실시일자	2020. . .
수업 주제	나의 일상		
학습목표	자기에 대한 이해 및 삶의 가치를 높여 나간다.		
재료, 준비물	도화지, 색연필, 연필, 지우개, 붓펜		
수업 진행 과정	1. 반갑게 인사를 하고 그동안의 근황을 여쭙는다. 2. 오늘의 주제에 대하여 말씀 드린다. 3. 오늘의 주제에 대하여 회상이 잘 이루어지도록 대화를 많이 한다. 4. 작업이 시작되면 잠시 기다린다. 5. 마무리 즈음 매우 잘되어 간다고 격려를 아끼지 않고, 색을 칠해서 완성하도록 한다. 6. 색칠까지 하여 작품이 완성되면 충분한 격려를 한다.		
교사평가 및 활동과정	본 수업은 나의 일상에 대한 내용이다. • 지도사는 "어르신, 요즘은 무엇을 하시며 시간을 보내시나요? 코로나도 있고 해서 밖에도 못 나가시는데!"라고 했다. • 어르신께서는 아무 걱정 없다는 듯이 "나는 그림을 그리지! 그림이 나의 친구야!"라고 말씀하셨다. "노후에 이렇게 좋은 친구가 생겨 얼마나 좋은지 몰라! 처음에는 그림 그리라고 하면 '돈도 안 되는데 그것을 무엇 때문에 하느냐!' 했는데, 요즘은 그림이 없으면 재미가 없어!"라고 말씀하셨다. 그리고 어르신이 "코로나로 나가지도 못하는데, 이 그림이 없으면 어찌 할 뻔했노!"라고 덧붙이셨다. • 지도사는 "그러면 어머님! 요즘 청년들이 많이 힘들잖아요! 그런 청년들에게 그림으로 한마디 해 주시죠!"라고 했더니, 어르신께서 '좋다'라고 하시면서 연필을 잡으셨다. • 어르신은 막상 그리 말씀하시고선 "어떻게 그리나!"라고 걱정하셨다. • 지도사는 "너무 걱정하지 마시고 어르신께서 좋아하시는 꽃을 그리시고, 거기에 어르신이 젊은이들에게 하고 싶은 말을 쓰시면 되겠는데, 어떠세요?"라고 말씀드렸더니 생각이 나셨는지 꽃을 그리기 시작하셨다. • 지도사는 잠시 기다리면서 그림이 완성될 수 있도록 격려해 드렸다. • 어르신은 완성된 후 "글이 잘 안 된다."라고 하시면서 "이러면 될까?"라고 지도사의 말을 듣고자 하셨다. • 지도사가 "많은 청년이 이 그림을 보면 정말 좋아할 거예요!"라고 크게 격려를 해 드리자, 그림을 마무리하셨다.		

활동 작품

제10장

노인미술 사례

　이 장에 수록된 그림들은 노인미술 수업에서 80세 노인이 완성한 작품이다. 이 노인은 초등학교 중퇴 학력을 가졌으며, 2남 1녀의 자녀를 둔 여성 노인으로 부유한 집안에서 자랐고, 남편은 교육공무원으로 퇴직하였으며, 남편의 사망 후 혼자 생활하고 있다. 남편이 떠난 빈자리를 느끼던 중 자녀의 권유로 그림을 그리게 되었다.

　초기 그림(2010년 3월)은 그림으로서의 형식을 갖추지 못했고 표현에는 미숙하였으나, 1년 정도 시간이 흐르는 과정에서 지속적인 촉구와 격려를 통하여 그림 표현 정도나 생활태도 등의 변화가 나타났다. 다만, 여전히 미술 전공자처럼 세련되게 표현할 수 있거나 기교적인 부분은 없었다. 그러나 자신만의 스타일로 공들여 그림을 그리고자 노력하였으며, 초기에는 구조적인 구도나 형태를 평면에 넣는 것 자체가 이해가 되지 않았으나 시간의 흐름 속에서 구조화된 표현이 나타났다. 그리고 생활 면에서도 가족 간에 변화가 일어났다. 자녀와의 대화도 '식사했는가?' 정도의 단순한 대화가 그림을 매개로 한 주제로 다양해졌고, 노인 본인도 그림이 나의 친구라고 칭하시기도 했으며, 자녀들도 노인에게 미술도구를 구입해 주기도 하였다.

이 노인은 처음에 그림에 대한 관심이 전혀 없었다. 이 노인은 2010년 3월에 그림을 그리기 시작했다. 노인미술을 알고 나서부터는 새벽이나 저녁 늦게 혼자 있을 때도 그림을 그리면서 자신의 여가시간을 활용하였고, 자연이나 주변의 것들에 관심을 가지면서 그림을 그리고 싶어 하였다. 그림을 접하기 전에는 "내가 그것 해서 뭐해! 돈도 안 되는데!"라고 하시던 분이 "저 산을 보면 그림이 그리고 싶어진다." "저 꽃을 보면 그림을 그리고 싶어진다."라고 하는 모습에서 이제는 이 노인에게 그림이 일반화가 되었다고 느꼈다. 그동안 자녀들이 이 노인에게 그림 그리기를 종용하고 촉구하였고 지속적인 관심으로 인하여 노인이 혼자 있어도 그림을 그리고 싶어 하는 모습을 보면서, 그림을 그리고 싶은 내적 동기가 생긴 것을 알 수 있었다.

그림지도를 받은 것은 집에서 자녀들이 조금씩 지도해 준 것이 전부로 아동이 부모에게 약간의 지도를 받는 정도에 불과했다. 이는 노인에게 미술지도를 전문적으로 하고 싶어도 노인을 지도해 주는 곳도 없으며, 바쁜 자녀들이 부모님의 미술지도에만 시간을 할애할 여건이 되지 않는 현실적인 한계가 있기 때문이다.

이러한 현실을 극복할 수 있는 길은 젊은이들이 자기 자신의 삶이 중요하듯 나의 부모님의 삶 또한 중요하다는 것을 인지하는 것이다. 자신의 자녀들을 위하여 교육을 시키듯, 나의 부모님이 나를 위하여 교육해 주셨듯, 나의 부모님을 위하여 관심을 가지고 공부하도록 지도해 주는 것이다. 이는 곧 미래의 나 자신을 돌보는 것과 같다. 지금부터라도 부모님의 여가활동과 교육에 관심을 가져야 한다. 그리고 개인적·사회적으로 권장해 가야 한다.

여기에서는 단 한 사람의 그림을 제시했지만, 많은 노인이 함께 그림을 그릴 수 있기를 바란다. 그림을 그리는 데 전혀 관심이 없다는 분께도 노인미술을 많이 알려 개인적으로는 자기표현의 기회를 갖도록 하고, 사회적으로는 노인에 대한 인식 변화에 도움이 되었으면 한다. 자신의 부모님에게 그림을 그리도록 권장하는 이유는 이후 나의 부모님이 그려 놓은 작품이 유작으로 남는다면, 그것은 부모님을 위한 것이기도 하지만 결국은 자식인 나를 위한 것이기도 하기 때문이다.

여기 수록된 그림을 참고하면 노인의 그림이 아동 또는 일반 성인의 그림과 어떻게 다른지 그 차이를 알 수 있을 것이다. 초기 그림(2010년)과 이후의 그림(2014년 이후)을 비교해 보자. 수록된 그림 중 작품 1, 2는 최초의 작품으로 5세 수준의 그림처럼 보였다. 이후 자녀의 촉구 속에서 현재까지 그린 그림이 이 장과 부록 2에 수록되어 있다. 그림지도를 받지 못했음에도 불구하고 그림을 그리는 것 자체만으로 표현력이 향상되었다는 것을 알 수 있다. 그러나 여전히 정확하게 구별이 안 되는 부분이 있는 것은 노인에게 굳이 사실적인 표현이 중요하지 않기 때문이다. 무엇보다 중요한 것은 노인에게 자유로운 표현을 유도하기 위해서는 드로잉할 수 있는 점, 선, 면의 기초를 충분히 지도하여야 한다는 것이다. 그 이후의 것은 스스로 자기화하여 그림으로 표현하도록 맡기면 된다.

부록 2의 그림들은 주로 색연필을 사용하여 드로잉 위주로 표현된 그림으로 아동의 그림도 아니고 일반적인 성인의 그림도 아닌 노인만이 가지는 특성이 드러나 있다. 사실적인 그림이라기보다는 사실적 그림에 가깝지만 경험으로 기억했던 것을 표현한 것이다. 그러나 어느 정도는 실제와 유사성이 있으며, 아동들의 의사실기적인 표현과 사실적인 표현이 중복되어 나타나는 경향도 있다. 주로 상상화, 경험화, 응용화 등으로 과거의 경험을 지금의 생각으로 나타내거나, 과거의 경험에서 즐겁거나 그립거나 하는 것들을 표현하거나, 며칠 전에 있었던 경험을 재생해 내거나, 자신이 생각한 것을 응용하여 표현해 보거나 하는 과정에서 창의성이 향상되는 것을 볼 수 있다. 그러나 구도나 원근감은 크게 중요하지 않게 여긴다는 것도 알 수 있다. 오히려 그림에서 7세 정도의 아동과 같은 과장과 축소가 나타나기도 한다.

또 다른 특징은 노인이 그림을 그리는 동안 자신의 감정을 알아차리고 수습하고 위로하는 과정을 거치므로 정신적인 면에서 도움이 되며, 표현 기술도 향상된다는 것이다. 이렇게 표현을 할 수 있게 하려면 노인들에게 기본적인 점, 선, 면의 드로잉을 자유롭게 하도록 연습시키고 다양한 매체를 사용하는 경험을 쌓도록 해 주어야 한다.

　이상의 설명이 모든 노인에게 해당된다고 할 수는 없으며, 노인미술의 일반화를 위해서는 지속적으로 여러 사례를 자료로 통합하고 연구해야 한다. 참고로 여기서 80세 노인(그림 초기는 71세)의 작품을 완성된 순서대로 제시한 것은 초기 작품 속에 나타난 특징을 보면 이후 작품에서 얼마나 발전했는지를 알 수 있고, 노인미술을 통해 어르신의 표현 기술 향상과 자기통합이 어떻게 가능한지를 가늠할 수 있게 했기 때문이다.

작품-1

작품-2

작품-3

작품-4

따라 그려보기

작품-5

우리친구들 그려볼례 고 연습하는한그림

작품-6

2011년 12월 6일자

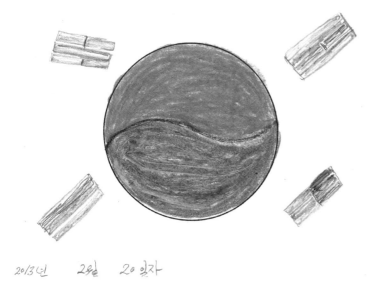

2013년   2월   20 일자

작품-8

2013 년 2월   23일

작품-9

2o/3 2월 23일자

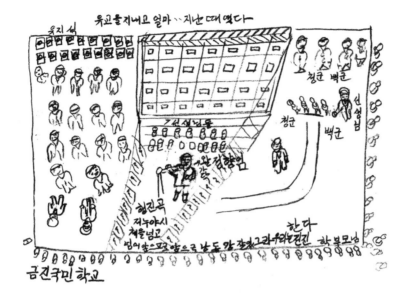

편사포을 쓰고 머리식에 마올여고 준비하는 모습

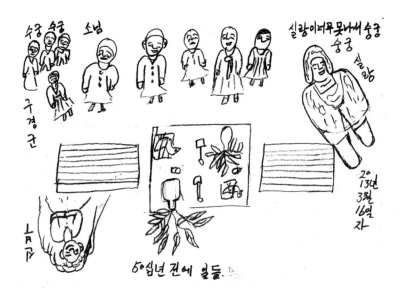

수궁 수궁 소님
구경군
실랑이더무뭇나서 수궁
수궁
실랑
5십년 전에 일들
2013년 3월 16일 자

작품-13

얼굴을 다시 드려다
이 그림을 그리고나이 가슴이 조금 시원 하다

2013년 3.11일 새벽 4시 --

작품-14

우리영감은 하늘나라로

영감 좋은곳에 갈 계십시요

부처님 말씀잘듣고 편안하게 잘 계시지요

2013년 3월 16일

아슬프다 슬 퍼 그리운당신

정향없 울고있는 모습

따라갈수없는 사황

개인과 집단의 노인미술지도

1. 개인 노인미술지도(홈케어 노인미술)

＊ 미술감각을 익히는 과정

〈수업 시작 전에 친밀감을 형성한 후, 선 그리는 연습을 하고 선을 이해하는 모습〉

〈수업 진행 중 그림 설명을 잘하였다고 격려하고 난 후, 다른 매체로 집중하는 모습〉

〈"노인미술 재미있어요!"〉

✻ 공예 작품 진행 과정

타공지를 활용한 입체 삼각 접기를 할 때는 입체 삼각 안에 커피콩, 계피(향) 등을 넣어 활용할 수 있다. 색종이를 접는 동안 집중력, 흡응력, 손의 압력 등을 높일 수 있으며, 특히 완성 후 실생활에 활용될 수 있어서 만족도가 높은 편이다.

① 색종이 반 접기

② 색종이를 한 번 더 반으로 접기

③ 색종이 꼭지 맞추기

④ 색종이 삼각 접기

⑤ 삼각 접기 완성 후 계피(향) 넣기

⑥ 계피(향) 넣은 입체 삼각 꾸미기

⑦ 여러 가지 색으로 된 완성 작품

⑧ 완성 후 좋아하심

*나무 꾸미기 진행 과정

나무 형태의 그림을 제시한 후 어르신이 작품을 완성하도록 한다.

가위질이 가능하면 나무 형태를 오리도록 하고, 어려워하는 부분이 있으면 도와주도록 한다. 오려진 나무 자극도를 스케치북에 붙인다. 그다음, 나무 자극도에 무엇이 빠졌는지 여쭈어보며 그림을 완성해 갈 수 있도록 한다. 그림이 어느 정도 완성되어 가면 "이 나무는 어디에 있는 나무일까요?"라고 물어본다. 그러면 어르신이 그동안 봐 왔던 나무가 떠오르게 되고, 그 나무로부터 과거에 있었던 일들을 회상해 보도록 이끌어 갈 수 있다. 옛 추억을 떠올리면서 좋았던 기억, 힘들었던 기억을 이야기할 수 있도록 하며, 위로할 것이 있으면 충분히 위로해 드리고, 좋아할 것이 있으면 함께 좋아하며 수업을 진행한다. 과정 중에는 색연필(물감) 등으로 색칠을 하도록 하여 그림의 완성도를 높이도록 한다.

나무 그리기를 통해 단순히 나무 그림을 완성하는 것도 중요하지만, 그림을 그려 가는 과정에서 어르신이 이야기하는 것을 잘 들어 주는 것 자체가 지도사의 역할이며, 어르신은 작업을 통해 집중력, 회상, 자아존중감 등을 높일 수 있다.

이 어르신은 어릴 때 본 나무라고 하면서, 나무 주변에 장독도 있고 우물도 있었다고 말씀하셨다. 우물가에서 물을 길던 시절이 있었는데, 엄마가 보고 싶다고도 하셨다. 이 말을 듣고 의도적으로 "어르신의 어머님 덕분에 어르신도 잘 자랐습니다."라고 공감했다. 그리고 '나도 잘 컸다.'는 글을 써넣도록 하였다. 그림이 좀 더 완성되도록 주변 상황들을 질문하거나 그림을 그리는 동안 위로나 격려를 통해 그림에 더욱 집중하도록 하면 더 좋은 지도가 된다.

① 나무 형태의 그림

② 나무 형태의 그림을 오린 후 스케치북에 붙이기

③ 나무 형태의 자극도에 그림 완성하기

④ 그림을 그리는 중에, 어디에 있는 나무인지 생각하기

⑤ 어릴 때 보았던 나무 떠올리기

⑥ 그림 완성

2. 집단 노인미술지도

여러분들 부자   되세요

부록 2

80대 노인의 미술작품

1. 상상화

상상화-01

상상화-02

상상화-03

상상화-04

상상화-05

상상화-06

상상화-07

상상화-08

상상화-09

상상화-10

상상화-11

상상화-12

2. 인물화

인물화-01

인물화-02

인물화-03

인물화-04

인물화-05

인물화-06

인물화-07

인물화-08

인물화-09

인물화-10

인물화-11

인물화-12

인물화-13

인물화-14

인물화-15

인물화-16

인물화-17

인물화-18

인물화-19

3. 정물화

정물화-01

정물화-02

정물화-03

정물화-04

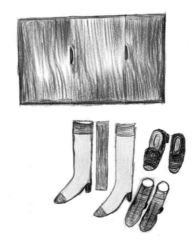

정물화-05

정물화-06

정물화-07

정물화-08

정물화-09

정물화-10

정물화-11

정물화-12

4. 수묵화

수묵화-01

수묵화-02

수묵화-03

수묵화-04

수묵화-05

수묵화-06

수묵화-07

수묵화-08

수묵화-09

수묵화-10

수묵화-11

수묵화-12

수묵화-13

수묵화-14

수묵화-15

수묵화-16

수묵화-17

수묵화-18

향기로운 구월 국화꽃
향기로운 구월국화
향기로운 국화꽃
황혼인생 멋지게
황혼의 인생멋있제 정향임

수묵화-19

수묵화-20

꿈에서 본 밥력
민정이가 고시 공부를 하기했다
날이서면 이사를 간다
그런되 간밤에 꿈에 5톤
추럭에 쓰러기이사짐 속에
이 밥그럭이
지니고 눈에 다 엿다 하청색 빗을 지니고 눈에 더 엿다 이상해
꿈에서 본 밥력
이그림를 그리게도 엿네 참으로 꿈도
참으로 희환하다
이꿈은 민정이 밥그럭으로
해몽 되 였다 참좋은 꿈

수묵화-21

아주운 겨울 지나가고
거은 안나다 써로
좋은 사람들과
함게 가을을 줄
즐기게 정향임

수묵화-22

5. 아크릴화

아크릴화-01

아크릴화-02

아크릴화-03

아크릴화-04

아크릴화-05

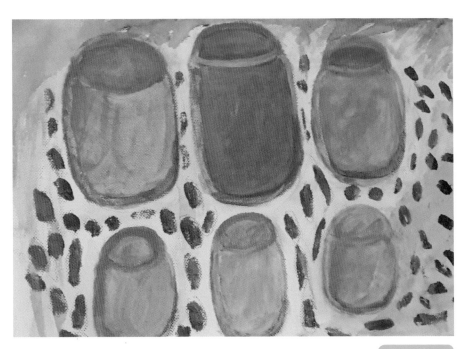

아크릴화-06

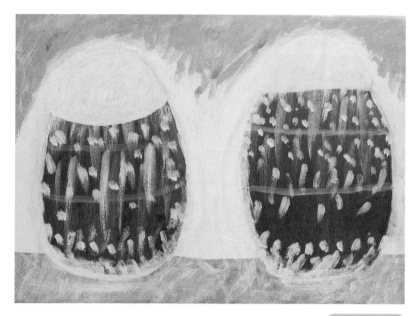

아크릴화-07

아크릴화-08

아크릴화-09

아크릴화-10

아크릴화-11

아크릴화-12

아크릴화-13

아크릴화-14

아크릴화-15

아크릴화-16

아크릴화-17

아크릴화-18

아크릴화-19

아크릴화-20

아크릴화-21

아크릴화-22

참고문헌

강용규(2003). 현대케어복지개론. 서울: 교육과학사.

고일선(2010). 간호실습. 서울: 은하출판사.

고현, 김종임, 민형덕, 박광숙, 박신영, 배서영, 신철호, 조근호(2018). 미술교육과 미술치료. 서울: 창지사.

공소정(2013). 창의적 표현력 향상을 위한 추상적 표현 연구: 음악적 요소와 시각적 표현을 중심으로. 경상대학교 교육대학원 석사학위논문.

교육과학기술부(2009). 개별화교육과정 수립 · 운영 자료. 경기: 창원문화.

구영순(2006). 인지증(치매)을 두려워하지 말자. 서울: 도리.

구자홍, 오치영(2007). 통합 아동미술교육. 경기: 양서원.

국슬기(2010). 사회복지로서의 노인미술교육 활성화방안 연구. 부산대학교 교육대학원 석사학위논문.

국회입법조사처(2013. 9. 30.). 이슈와 논점. 호스피스 · 완화의료 활성화: 문제점 및 과제.

권구선(2012). 호스피스 활성화 방안에 관한 연구. 호서대학교 행정대학원 석사학위논문.

권육상(2000). 노인복지론. 서울: 유풍출판사.

권육상 외(2002). 케어복지개론. 서울: 유풍출판사.

권중돈(2005). 노인에 의한 교육프로그램의 세대통합 효과에 관한 연구. 한국노년학, 25(2), 15-33.

권중돈(2019). 노인복지론(7판). 서울: 학지사.

김균진(2002). 죽음의 신학. 서울: 대한기독교서회.

김금순, 윤은자, 김숙영, 김옥숙, 소향숙, 이명선, 서연옥, 이명숙, 이은남, 이은자, 석소현 외(2017). 성인간호학(8판). 경기: 수문사.

김기선(2014). 노년층의 스마트폰 격차와 자아통합감. 숙명여자대학교 대학원 석사학위 논문.

김남경(2009). 노인 · 아동 세대통합프로그램에 관한 연구. 영남대학교 행정대학원 석사 학위논문.

김선현(2013). 색채 심리학: 몸과 마음을 치유하는 컬러. 경기: 한국학술정보.

김선현(2015). 임상미술치료의 이해(2판). 서울: 학지사.

김성균(1991). 한국노인교육의 실태와 그 문제점에 관한 연구: 서울시 소재의 노인학교 를 중심으로. 명지대학교 사회교육대학원 석사학위논문.

김숙희(2008). 웰다잉(well-dying)의 죽음교육 및 사회복지사의 역할 연구. 경안신학대 학원대학교 석사학위논문.

김승국, 정대영, 강영심, 정정진, 신현기, 김동일, 전병운, 이성봉, 구광조, 김호연, 김삼 섭, 한성희, 남정걸, 박원희, 이효자(1997). 학습장애 아동 교육의 이론과 실제. 서울: 교육과학사.

김승혜 외(1990). 죽음이란 무엇인가: 여러 종교에서 본 죽음의 문제. 서울: 창.

김안젤라(2003). 회상을 주제로 한 집단미술치료가 노인의 자아존중감과 자아통합감에 미치는 영향. 원광대학교 보건환경대학원 석사학위논문.

김애정, 김정혜, 김현실, 백성희, 백훈정, 윤숙례, 조혜숙(2005). 노인간호와 복지(4판). 서 울: 정담미디어.

김연하, 김민주(2015). 호스피스 자원봉사자의 직무 스트레스와 감성지능 간의 관계. 한 국호스피스 · 완화의료학회지, 18(2), 112-119.

김영훈(1999). 죽음의 미학. 서울: 시와 사회.

김익기(1999). 한국 노인의 삶: 진단과 전망. 서울: 미래인력연구센터.

김인주(2011). 해결중심상담을 적용한 자기표현훈련 프로그램이 청소년의 자기표현과 교우관계 증진에 미치는 효과. 침례신학대학교 상담대학원 석사학위논문.

김정(1990). 미술교육총론. 서울: 학연사.

김정, 김춘일, 김혜숙, 노부자, 노용, 박은덕, 박한진, 백금남, 이부연, 이수경, 이주연 (1998). 미술교육학원론. 서울: 예경.

김종서(1984). 노인문제와 노인교육에 관한 연구세미나 보고서. 노인교육의 교육과정개 발 유네스코 한국위원회 편.

김종서, 김승환, 황종건, 정지웅, 김신일(1994). 평생교육 원론. 서울: 교육과학사.

김종서, 남정길, 정지웅, 이용환(1982). 평생교육의 체제와 사회교육의 실태. 서울: 한국정신문화연구원.

김중영(2011). 불교의 죽음관에 대한 기독교철학적 연구. 백석대학교 기독교전문대학원 박사학위논문.

김지영(2010). 고령화 사회에 따른 노인 미술교육의 필요성과 활성화 방안 연구. 영남대학교 교육대학원 석사학위논문.

김지영(2013). 세대통합 프로그램에 대한 유아교・보육기관의 운영실태와 교사의 인식 및 요구. 경성대학교 교육대학원 석사학위논문.

김춘일, 박남희(1996). 조형의 기초와 분석(중판). 서울: 미진사.

김충원(2008). 스케치 쉽게 하기: 동물 드로잉. 서울: 진선출판사.

김현주(2007). 노인 미술교육 프로그램 개발연구. 한국조형교육학회 제30집.

김혜자(1994). 호스피스 이론과 실천. 사목, 190.

김희경(2002). 현대 한국인의 죽음에 관한 인식과 태도. 동국대학교 불교대학원 석사학위논문.

나소리(2008). 평생교육에서 노인 미술 교육의 전문성 신장방안. 국민대학교 교육대학원 석사학위논문.

남세진, 조흥식(1995). 한국사회복지론. 서울: 나남.

류은지(2008). 죽음준비교육에 관한 연구: 성인의 죽음에 대한 태도를 중심으로. 동국대학교 불교대학원 석사학위논문.

류종훈, 임창덕, 윤인호, 김동식, 오지혜(2002). 노인교육의 이론과 실제. 서울: 학문사.

박경숙, 서이종, 장세훈(2012). 세대 간 소통 및 화합방안 마련을 위한 조사 연구. 서울: 사회통합위원회.

박라미(2003). 어린이가 프로포즈하는 미술재료 다시보기. 서울: 다음세대.

박명화, 김정선, 김효정, 박연환, 송준아, 양진향, 오희영, 윤숙례, 이지아, 임경춘, 홍귀령 외(2017). 노인간호학. 서울: 정담미디어.

박석돈, 박순미, 이경희(2018). 노인복지론(제3판). 경기: 양서원.

박석련(1969). 죽음의 제정에 있어서의 Sydney 宣言에 대한 考察. 대한의학협회, 가을호.

박성연, 백지숙, 안지영, 오미경, 이사라, 이주연, 임희수, 전춘애, 지연경, 한세영(2011). 인간발달. 서울: 파워북.

박주열(2013). 기독교 상담학적 죽음준비교육에 관한 연구. 호남신학대학교 기독교상담대학원 석사학위논문.

방선자(2012). 죽음준비교육이 죽음에 대한 태도에 미치는 영향에 관한 연구. 인제대학교 사회복지대학원 석사학위논문.

변순옥(1986). 노년기 교육의 이론과 정책에 관한 연구. 숙명여자대학교 대학원 석사학위논문.

보건복지부(2013. 10. 8.). 말기암 투병 환자─호스피스완화의료 선택의 길이 넓어진다. 보도자료.

보건복지부(2016). 요양보호사 표준교재. 서울: 도서출판 들샘.

보건복지부(2017). 요양보호사 양성 표준교재. 서울: 도서출판 들샘.

서사현(2011). 노인의 의사소통 기술과 자아존중감과의 관계. 건국대학교 대학원 석사학위논문.

석법성 편저(2004). 사망학: 죽음과 삶의 지혜. 서울: 도서출판 운주사.

송연숙, 안부금, 최애경, 최진원(2009). 개정 교육과정에 따른 유아조형교육. 서울: 파란마음.

송인영(2015). 성화죽음준비교육이 축복가정의 죽음태도에 미치는 영향 연구: 대구가정교회를 중심으로. 선문대학교 신학전문대학원 박사학위논문.

시각디자인연구소(2008). 색의 기본 1: 하룻밤 만에 색채 전문가가 된다!. 경기: 종이나라.

신현종(2004). 세대공동체를 위한 노인과 아동 통합 프로그램의 운영실태에 관한 연구. 대전대학교 경영행정 · 사회복지대학원 석사학위논문.

심상태(2004). 그리스도교 역사에 나타난 죽음관. 한국문화신학회 논문집, 7, 99-122.

심영옥(2006). 평생교육으로서 노인미술교육 프로그램 개발을 위한 기초 연구. 조형교육, 27, 131-152.

양경희(1997). 21세기를 위한 열린 아동미술교육. 서울: 학지사.

양광희 외(2001). 노인건강관리의 실제와 전망. 서울: 수문사.

양선희 외(2018). 기본간호학(제3판). 서울: 현문사.

양옥남, 김혜경, 박화옥, 정순둘(2016). 노인복지론. 경기: 공동체.

오영희(2012). 노인의 여가활동과 정책과제. 보건복지포럼, 192. 한국보건사회연구원.

우채영(2004). 노인들의 학습 참여에 따른 삶의 만족도 변화: 영주지역 노인교육 참여자 중심으로. 계명대학교 교육대학원 석사학위논문.

원종순 외(2007). 기본간호수기. 서울: 현문사.

유경(2009). 후회 경험에 대한 대처양식의 차이가 노년기 심리적 적응에 미치는 영향. 한국연구재단.

유경, 유경호, 강연욱, 이주일, 김지현(2014). 노화와 심리. 서울: 학지사.

유영은(2009). 노인주간보호시설 미술치료의 실태와 발전방안에 관한 연구. 명지대학교 사회교육대학원 석사학위논문.

윤선희(1993). 노인교실의 미술프로그램에 관한 조사. 이화여자대학교 교육대학원 석사학위논문.

윤진(1994). 성인 · 노인 심리학: 성인기 이후의 발달과 노화과정. 서울: 중앙적성출판사.

윤향미(2012). 자기표현훈련 프로그램이 농촌 중학생의 자아존중감 및 학교생활 적응에
　　미치는 영향. 전남대학교 교육대학원 석사학위논문.

이가옥(2010). 더불어 만드는 삶과 희망: 노인복지의 현황과 과제. 서울: 나남출판.

이규선, 김동영, 류재만, 전성수, 최윤재, 권준범, 김정선, 손지현, 류지영, 강병직, 김정
　　효, 이지연, 강주희, 최명숙, 고홍규, 이은적(2019). 미술교육학(4판). 경기: 교육과
　　학사.

이달엽(2008). 재활과학론. 서울: 형설출판사.

이병찬, 이철영, 최청자(2007). 죽음준비교육과 삶: 죽음준비교육의 이론과 실제. 서울: 효사랑.

이성은(1994). 총체적 언어 교육. 서울: 창지사.

이수연(2010). 남녀 노인의 세대갈등 현황과 통합방안 연구. 서울: 한국여성정책연구원.

이순형, 이성옥, 권혜진, 이소은, 황혜신, 이혜승, 한유진, 정윤주, 이영미, 이옥경, 성미
　　영, 권기남, 김지현(2013). 보육과정(4판). 서울: 학지사.

이영휘, 김남초, 김명옥, 김춘길, 김희정, 박명숙, 박명화, 박재순, 송준아, 이지아, 임경
　　춘, 장성옥, 하은호(2012). 노인요양 실무지침서. 서울: 정담미디어.

이이정(2004). 노인 학습자를 위한 죽음준비교육 프로그램 개발 연구. 연세대학교 대학
　　원 박사학위논문.

이인례(2007). 노인의 죽음에 대한 태도 및 호스피스에 대한 인식. 동국대학교 불교대학
　　원 석사학위논문.

이장호, 김영경(2013). 노인상담: 경험적 접근(개정판). 서울: 시그마프레스.

이재광(2005). 호스피스 환자의 죽음에 대한 가족의 이해. 한남대학교 학제신학대학원
　　석사학위논문.

이지영(2007). 세대통합 프로그램에 참여한 유아의 노인에 대한 인식 및 노인참여자의
　　태도 분석. 성신여자대학교 대학원 석사학위논문.

이현림, 김지혜(2006). 성인학습 및 상담(2판). 서울: 학지사.

이화여자대학교 교양체육편찬위원회(1984). 움직임과 건강(제2판). 서울: 이화여자대학교
　　출판부.

임종식(1999). 생명의 시작과 끝: 생명의료윤리입문서. 서울: 도서출판 로뎀나무.

임진옥(2008). 죽음준비 상담교육 연구. 전북대학교 대학원 박사학위논문.

임창복(2004). 노인 기독교교육. 서울: 한국장로교출판사.

전세일(2011). 재활치료학(개정판). 서울: 계축문화사.

전시자 외(2001a). 성인간호학(上1). 서울: 현문사.

전시자 외(2001b). 성인간호학(上2). 서울: 현문사.

전시자 외(2001c). 성인간호학(下1). 서울: 현문사.

전시자 외(2001d). 성인간호학(下2). 서울: 현문사.

정경희 외(2004). 지역별 노인복지의 현황과 정책과제. 보건복지포럼, 92권 0호. 한국보
        건사회연구원.

정달용(1980). 철학적으로 본 죽음. 사목, 제70호.

정동호(2004). 철학, 죽음을 말한다. 서울: 산해.

정상양, 김옥희, 엄기욱, 이경남, 박차상(2012). 한국노인복지론(4판). 서울: 학지사.

정여주(2018). 노인미술치료(2판). 서울: 학지사.

정은선(2014). 영국의 생애말기 돌봄 전략. HIRA, 8(3). 서울: 건강보험심사평가원.

정재우(2014). 비암성 질환의 말기 환자에게도 호스피스 · 완화의료를. 국회보 통권 576호.

정현희(2018). 실제 적용 중심의 미술치료(2판). 서울: 학지사.

정현희, 이은지(2017). 실제 적용 중심의 노인미술치료(2판). 서울: 학지사.

조경욱(2005). 여성 노인의 건강 지위, 사회적 지지와 여가 활동에 관한 연구. 노인복지연
        구, 27, 203-229.

조성진(2007). 호스피스 · 완화의료와 정신의학. 한국호스피스 · 완화의료학회지, 10(3),
        109-119.

조순연(1995). 사회교육으로서의 노인교육에 관한 연구. 경상대학교 교육대학원 석사학
        위논문.

조유향(1996). 노인간호. 서울: 현문사.

주영숙(1999). 우리나라 노인교육의 현황과 문제점에 관한 연구. 교육연구, 7.

주영일(2013). 교회의 사명으로서 임종자에 대한 역할과 실천적 과제: 죽음에 대한 이해
        와 호스피스를 중심으로. 광주가톨릭대학교 대학원 석사학위논문.

주유진(2012). 노인미술교육 활성화를 위한 프로그램 연구. 단국대학교 교육대학원 석사
        학위논문.

지유경(2008). 행복한 노년을 위한 미술: 노인 미술교육 프로그램 시안을 위한 연구. 건국
        대학교 교육대학원 석사학위논문.

진발호(1983). 형법각론. 서울: 대왕사.

차미영(2006). 웰다잉을 위한 죽음의 이해. 서울: 상상커뮤니케이션.

최문정(2010). 미술활동이 노인의 우울증 개선과 자존감 향상에 미치는 효과 연구: 요양
        병원 수용노인을 중심으로. 한남대학교 교육대학원 석사학위논문.

최선남, 김갑숙, 전종국(2007). 집단미술치료. 서울: 학지사.

최성재 편(2012). (모든 세대가 함께하는) 고령화사회: 선진국의 경험과 한국의 정책 방향. 서울:
        서울대학교출판문화원.

최외선, 이근매, 김갑숙, 최선남, 이미옥(2006). 마음을 나누는 미술치료. 서울: 학지사.

충청남도교육청(1999). 특수교육 수업연구 대회 우수 사례집.

한국노인인력개발원(2013. 3. 4.). 사회참여를 통해 노년의 삶 긍정적으로 변화－노인 사회참여 사례관리 개선에 관한 연구. 보도자료.

한국미술치료학회 편(1996). 미술치료 이론과 실제. 대구: 동아문화사.

한유정(2014). 감정싸움 필요 없는 소통의 기술: 소모적인 관계를 생산적으로 바꾸는 프로들의 소통법. 경기: 위즈덤하우스.

한정란(2005). 노인교육의 이해. 서울: 학지사.

허정무(2007). 노인교육학개론. 경기: 양서원.

허준수(2002). 도시노인의 여가활동에 영향을 미치는 요인들에 관한 연구. 한국노년학, 22(2), 227-247.

현외성, 장필립, 홍태용, 김은자, 조추용, 김혜경, 손덕옥, 남정자, 김용환, 윤은경(2001). 노인케어론. 서울: 양서원.

홍기형, 나항진(2002). 노인의 학습 요구분석에 관한 연구. 노인복지연구, 17, 가을호.

홍미화(2014). 노인의 노인 돌봄 경험이 자아통합감과 영적 안녕에 미치는 영향. 건양대학교 대학원 석사학위논문.

홍숙자(2010). 노년학 개론(개정판). 서울: 도서출판 하우.

홍순영(2016). 자아통합을 돕기 위한 노인미술. 대구: 한국통합미술교육협회.

홍순영, 최점분, 김미아, 박혜숙, 우영길, 최서은(2013). 노인미술교육의 이론과 실제. 대구: 한국통합미술교육협회.

황선영(2008). 노년기 치료적 미술 활동 필요성에 관한 연구. 성신여자대학교 교육대학원 석사학위논문.

다와라 구니테루 저(2003). 노인복지와 미술지도: 고령자미술학습의 견해와 배경. (김지균, 김향미, 황향숙 공역). 서울: 홍익재.

후레디 마쯔가와(1998). 치매를 물리치는 89가지 비밀. (김현훈, 이윤정 공역). 서울: 동인.

히구치 가츠히코(1995). 죽음에의 대비교육. (이원호 역). 서울: 문음사.

Agruso, V. M. (1980). Guiding the older learner. *Contemporary Educational Psychology, 5*, 363-377.

Anderson, T., & Milbrandt, M. K. (2007). 삶을 위한 미술교육: 미술의 실제적 교수·학습을 중심으로 (*Art for life: Authentic instruction in art*). (김정희, 최정임, 신승렬, 김선아, 손지현 공역). 서울: 예경.

Birkett, D. P. (1991). *Psychiatry in the nursing home: Assessment, evaluation, and intervention*. Binghamton, NY: Haworth.

Birren, J. E., & Birren, B. A. (1990). The concepts, models, and history of the psychology of aging. In J. E. Birren & K. W. Schaie (Eds.), *The handbooks of aging. Handbook of the psychology of aging* (pp. 3-20). San Diego, CA: Academic Press.

Blazer, D., George, L. K., & Hughes, D. (1991). The epidemiology of anxiety disorders: an age comparison. In C. Salzman, & B. D. Lebowitz (Eds.), *Anxiety in the elderly: Treatment and research* (pp. 17-30). New York: Springer Pub. Co.

Bowman, A. M. (1992). The relationship of anxiety to development of postoperative delirium. *Journal of Gerontological Nursing, 18*, 24-36.

Cumming, E., & Henry, W. E. (1961). *Growing old: The process of disengagement.* New York: Basic Books, Inc.

Eisner, E. W. (1995). 새로운 눈으로 보는 미술교육 (*Educating artistic vision*). (서울교육대학교 미술교육연구회 역). 서울: 예경.

Elder, G. H. (1974). *Children of great depression*. Chicago: University of Chicago Press.

Erikson, E. H. (1963). *Childhood and society* (2nd ed.). New York: Norton.

Erikson, E. H. (1982). *The life cycle completes: A review*. New York: Norton.

Feldman, N. S., & Sweeney, S. W. (1989). Lifelong education for lifelong needs. *Adult Learning, 1*(3), 14-17.

George, L. K., & Bearon, L. B. (1980). *Quality of life in older person: Meaning and measurement.* New York: Human Sciences Press.

Gould, R. L. (1978). *Transformations: Growth and change in adult life.* New York: Simon & Schuster.

Helson, R., & Moane, G. (1987). Personality change in women from college to midlife. *Journal of Personality and Social Psychology, 53*(1), 176-186.

Ignatavicius, D. D., & Workman, M. L. (2009). 성인간호학 I, II: 협동적 관리를 위한 비판적 사고 (*Medical-surgical nursing: Critical thinking for collaborative care*). (박정숙 외 공역). 서울: 엘스비어코리아.

Kalat, J. W. (2006). 생물심리학 (*Biological psychology*). (김문수, 문양호, 박소현, 박순권 공역). 서울: 시그마프레스.

Kaplan, M. (1960). *Leisure in America.* New York: Jonh Wiley and Sons, Inc.

Kertzer, D. I. (1983). Generation as s socialogical problem. *Annual Review of Sociology, 9*(1), 125-149.

Kilts, C. D., Kelsey, J. E., Knight, B., Ely, T. D., Bowman, F. D., Gross, R. E., et al. (2006). The neural correlates of social anxiety disorder and response to pharmacotherapy. *Neuropsychopharmacology, 31*, 2243-2253.

Kübler-Ross, E. (2000). 인간의 죽음 (*On death and dying*). (성염 역). 경북: 분도출판사.

Lemon, B., Bengtson, V., & Peterson, J. (1972). An exploration of the activity theory of aging: activity types and life satisfaction among in-movers to a retirement community. *Journal of Gerontology, 27*(4), 511-523.

Levinson, D. (1978). *The season's of a man's life*. New York: Knopf.

Lowenfeld, V., & Brittain, W. L. (1993). 인간을 위한 미술교육: 어린이와 청소년을 중심으로 (*Creative and mental growth*). (서울대학교 미술교육연구회 역). 서울: 미진사.

Mandel, M. R., Severe, J. B., Schooler, N. R., Gelenberg, A. J., & Mieske, M. (1982). Development and prediction of postpsychotic depression in neuroleptictreated schizophrenics. *Arch Gen Psychiatry, 39*, 197-203.

Neulinger, J. (1981). *An introduction to leisure*. Boston: Allyn and Bacon.

Osgood, N. J. (1991). Psychological factors in late-life suicide. *Crisis, 12*(2), 18-24.

Papalia, D., Camp, C., & Feldman, R. (1996). *Adult development and aging*. Washington: The McGraw-Hill.

Pervin, L. A. (1994). Personality stability, personality change, and the question of process. In T. F. Heatherton & J. L. Weinberger (Eds.), *Can personality change?* (pp. 315-330). American Psychological Association.

Peterson, D. A. (1983). *Facilitating Education for Older Learners*. Jossey-Bass Inc., Publishers, PO Box 62425, San Francisco, CA 94162.

Reichard, S., Livson, F., & Petersen, P. G. (1962). *Aging and personality: A study of eighty-seven older men*. New York: John Wiley and Sons, Inc.

Ridder, M. de. (2011). 우리는 어떻게 죽고 싶은가?: 첨단 의학 시대에 우리가 알아야 할 죽음의 문화 (*Wie wollen wir sterben?: ein ärztliches Plädoyer für eine neue Sterbekultur in Zeiten der Hochleistungsmedizin*). (이수영 역). 서울: 학고재.

Riegel, K. F. (1976). The dialectics of human development. *American Psychologist, 31*, 689-700.

Sherron, R. H., & Lumsden, D. B. (Eds.) (1990). *Introduction to educational gerontology* (3rd ed.). New York: Hemisphere Publishing Corp.

Staudinger, U. M., Smith, J., & Baltes, P. B. (1992). Wisdom-related knowledge in a life review task: Age differences and the role of professional specialization. *Psychology and Aging, 7*(2), 271-281.

Warr, P. (1987). *Work, unemployment, and mental health.* Oxford: Clarendon Press.

Weisberg, N., & Wilder, R. (2001). *Expressive arts with elders: A resource.* Philadelphia: Jessica Kingsley Publishers.

김익수(2013. 12. 3.). 유교의 효사상이 내재한 우리 민족의 경로문화. http://www.cha. go.kr/cop/bbs/selectBoardArticle.do;jsessionid=jZUAbsIO8tcfklCmdlFMQsDhllZ j7PTQ0Cfqa38EBNSDoOabyhCtse6qdHRRJ69U.cha-was01_servlet_engine1?nttId =15795&bbsId=BBSMSTR_1008&pageUnit=0&searchtitle=&searchcont=&searchk ey=&searchwriter=&searchWrd=&ctgryLrcls=&ctgryMdcls=&ctgrySmcls=&ntcStart Dt=&ntcEndDt=&mn=NS_01_09_01

시인뉴스포엠(2017. 9. 10.). 유엔이 재정립한 평생 연령 기준.

중앙선데이(2014. 9. 14.). 아산정책연구원 공동기획 우리 선조들, 삶 마무리 때도 평정심 잃지 않아 한국문화 대탐사 〈25〉 품위 있는 죽음맞이.

KBS 〈생로병사의 비밀〉 300회 특집.

국가건강정보포털 http://health.mw.go.kr

국가치매지식정보포털 http://www.edmentia.or.kr

네이버 지식백과 http://terms.naver.com

다음 백과사전 http://100.daum.net

대한의학회 http://www.kams.or.kr

대한치매학회 http://www.dementia.or.kr

위키백과 http://www.ko.wikipedia.org

한국치매가족협회 http://www.alzza.or.kr

한국치매협회 http://www.silverweb.or.kr

저자 소개

홍순영
(Hong Sunyoung)

〈학력〉
동의대학교 미술학과 졸업
대구대학교 교육대학원 미술교육학과 석사
대구대학교 대학원 재활심리미술치료 박사수료

〈자격〉
미술치료사(KART, 대구대학교)
임상미술심리상담사 1급(한국미술치료학회) 외 다수

〈경력〉
대구대학교 평생교육원 미술심리 강의(2004~현재)
한국통합미술교육협회 총괄책임교수(2010~현재)
노인미술 프로그램 개발 민간자격 등록(2015)
부산예술대학교 복지예술치료상담과 미술치료, 노인미술 강의(2018~현재)
전국 대학 평생교육원, 시 · 군별 교육지원청, 평생교육원 등에서 강의 및
    강사 배출 외 다수

〈현 소속 및 직책〉
한국통합미술교육협회 총괄책임교수
부산예술대학교 복지예술치료상담과 외래교수

〈대표 저서 및 논문〉
『노인미술 이론과 실제』(한국통합미술교육협회, 2013)
『자아통합을 돕기 위한 노인미술』(한국통합미술교육협회, 2016)
「미술치료가 말더듬 아동의 언어와 행동에 미치는 효과」(대구대학교 교육
    대학원 석사학위논문, 2001)

노인미술지도

Senior Art Instruct

2021년 1월 30일 1판 1쇄 발행
2023년 1월 20일 1판 2쇄 발행

지은이 • 홍 순 영
펴낸이 • 김 진 환
펴낸곳 • (주) **학지사**

　　　　04031 서울특별시 마포구 양화로 15길 20 마인드월드빌딩 5층

대표전화 • 02) 330-5114　　　팩스 • 02) 324-2345

등록번호 • 제313-2006-000265호

홈페이지 • http://www.hakjisa.co.kr
페이스북 • https://www.facebook.com/hakjisabook

ISBN 978-89-997-2000-0 93370

정가 **18,000원**

출판미디어기업 학지사

간호보건의학출판 **학지사메디컬** www.hakjisamd.co.kr
심리검사연구소 **인싸이트** www.inpsyt.co.kr
학술논문서비스 **뉴논문** www.newnonmun.com
원격교육연수원 **카운피아** www.counpia.com